Agite antes de usar.

SERVIÇO SOCIAL DO COMÉRCIO
Administração Regional no Estado de São Paulo

Presidente do Conselho Regional
Abram Szajman
Diretor Regional
Danilo Santos de Miranda

Conselho Editorial
Ivan Giannini
Joel Naimayer Padula
Luiz Deoclécio Massaro Galina
Sérgio José Battistelli

Edições Sesc São Paulo
Gerente Iã Paulo Ribeiro
Gerente adjunta Isabel M. M. Alexandre
Coordenação editorial Clívia Ramiro, Francis Manzoni, Cristianne Lameirinha
Produção editorial Thiago Lins
Coordenação gráfica Katia Verissimo
Produção gráfica Fabio Pinotti
Coordenação de comunicação Bruna Zarnoviec Daniel

Agite antes de usar.
Deslocamentos educativos, sociais e artísticos na América Latina

ORGANIZAÇÃO
Renata Cervetto
Miguel A. López

TRADUÇÃO
José Feres Sabino

Título original: *Agítese antes de usar. Desplazamientos educativos, sociales y artísticos en América Latina*
© MALBA e TEOR/éTica, 2016
© Edições Sesc São Paulo, 2018
Todos os direitos reservados

1ª reimpressão, 2020

Tradução José Feres Sabino
Preparação Tatiane Godoy
Revisão Elba Elisa de Souza Oliveira e Sílvia Balderama
Projeto gráfico e diagramação Negrito Produção Editorial

Dados Internacionais de Catalogação na Publicação (CIP)

Ag49   Agite antes de usar. Deslocamentos educativos, sociais e artísticos na América Latina / Organização de Renata Cervetto; Miguel A. López; Tradução de José Feres Sabino. – São Paulo: Edições Sesc São Paulo, 2018.
    276 p.

   ISBN 978-85-9493-109-2

   1. Arte. 2. Educação. 3. Cultura. 4. Sociedade. 5. Estudo. 6. América Latina. 8. Mediação. 9. Curadoria. I. Subtítulo. II. Cervetto, Renata. III. Lopez, Miguel A. IV. Sabino, José Feres.

                                                                CDD 707.7

Edições Sesc São Paulo
Rua Serra da Bocaina, 570 – 11º andar
03174-000 – São Paulo SP Brasil
Tel. 55 11 2607-9400
edicoes@edicoes.sescsp.org.br
sescsp.org.br/edicoes
/edicoessescsp

Nota à edição brasileira

Nas últimas décadas, os processos educativos desenvolvidos em museus, bienais e demais espaços de arte têm buscado não apenas encurtar as distâncias e desfazer as barreiras entre os públicos e as obras artísticas: mais do que isso, alguns desses processos procuram se constituir e se afirmar publicamente como *práticas específicas*, dotadas de problemáticas, ferramentas e procedimentos próprios.

A esse campo plural de atuação – que não se limita a facultar o acesso aos bens culturais já reconhecidos e legitimados como tais – se atribui o nome de *mediação cultural*. Ela é instaurada por experimentos marcadamente heterogêneos, embora seus critérios muitas vezes coincidam. Muitos deles conjugam preocupações sociais, educacionais e políticas, produzindo precedentes hábeis em alavancar novas plataformas de interação coletiva.

Nesta coletânea de textos e entrevistas organizada por Renata Cervetto e Miguel A. López, temos um apanhado da produção sobre o tema em território latino-americano nas três últimas décadas. Publicado originalmente em espanhol, a partir de uma parceria entre MALBA – Museo de Arte Latinoamericano de Buenos Aires e TEOR/éTica, de San José, Costa Rica, este conjunto de reflexões é agora incorporado ao catálogo das Edições Sesc São Paulo, tornando-se acessível aos leitores de língua portuguesa. Com isso, a bibliografia acerca das muitas interfaces imagináveis entre educação e arte encontra espaço para se diversificar ainda mais, uma vez que o livro agrega outros referenciais a um debate que, no Brasil, tem se orientado principalmente pelas abordagens da arte-educação.

11 Introdução
    O horizonte transformador da educação
    Renata Cervetto e Miguel A. López

Propostas para uma mediação crítica

23 *Sofía Olascoaga*
    Advertência: mais perguntas que respostas.
    Questionário invertido sobre a prática artístico-pedagógico-
    -curatorial

28 *Valeria Galarza*
    Fazer juntas? Implicações e colaborações entre educadoras
    de museus e território na região do Mercado de San Roque, Quito

39 *Luiz Guilherme Vergara*
    Curadoria educativa: percepção imaginativa/consciência do olhar

46 *Carmen Mörsch e Catrin Seefranz*
    Fora do *cantinho*. Arte e educação na 24ª Bienal de São Paulo (1998)

67 *José Luis Blondet*
    Mal-educados

Espaços de formação e políticas de aprendizagem

79 *Pablo Helguera*
Uma má educação. Entrevista por Helen Reed

91 *Tania Bruguera*
Declaração docente

94 *Tania Bruguera*
Cátedra Arte de Conduta: declaração

96 *Michy Marxuach*
Uma escola de arte hoje: tecendo a textura que sustenta a frase. Acender algo numa ilha do Caribe

110 *María Villa*
Uma ponte não é uma ponte até que alguém a atravesse. Reflexões sobre a arte contemporânea e diálogos significativos

Atravessar a cena neoliberal a partir da educação artística

125 *Luis Camnitzer*
O ensino de arte como fraude

138 *Max Hernández Calvo*
Embargar a aula: expectativa, frustração, incerteza e poder em três iniciativas pedagógicas de estudantes

144 *Eduardo Molinari*
O homem de milho. Entrevista por Renata Cervetto

154 *Andrea Francke*
Escolas de arte, maternidade e ativismo. A experiência do *Invisible Spaces of Parenthood*

Protestos, crises e reconstrução dos modelos educativos

167 *Mônica Hoff e Cayo Honorato*
Mediação não é representação: uma conversa

182 *Felipe Rivas San Martín*
Uma educação *sexy*. Dissidência sexual e espaços estudantis.
Entrevista por Miguel A. López

193 *Lisette Lagnado*
Parque Lage: notas para adensar uma atmosfera

Dinâmicas afetivas: intercâmbios, colaboração, corpo e contexto

205 *Iconoclasistas*
Conhecimentos colaborativos.
Entrevista por Renata Cervetto e Miguel A. López

216 *Mónica Mayer*
Educação artística e feminismo. Entre a educação amorosa e a educação por osmose

238 *Proyecto Secundario Liliana Maresca*
Ferramentas relacionais, de carinho e projeção.
Entrevista por Renata Cervetto e Miguel A. López

252 *Patricia Belli*
Não ensinar, aprender.
Os experimentos educativos em EspIRA.
Entrevista por Miguel A. López

265 Sobre os autores
275 Agradecimentos

Introdução

O horizonte transformador da educação

Em setembro de 2016, estávamos escrevendo, de Buenos Aires e de San José, a introdução para a primeira edição deste livro. Dois anos depois e com muita alegria, apresentamos agora a tradução para o português de *Agite antes de usar*, produzida pelo entusiasmo e interesse das Edições Sesc.

Ao escrever esta nova introdução, não podemos deixar passar por alto certos acontecimentos que nos últimos dois anos transformaram a paisagem social e política da América Latina. A ascensão de Donald Trump como presidente dos Estados Unidos, em 2017, os resultados eleitorais em países como Chile, Honduras, Argentina e Peru, a abrupta transição no Brasil e a destituição da presidenta Dilma Rousseff dão conta de um retorno dos discursos conservadores e de um projeto neoliberal que têm implicações fundamentais no âmbito da cultura e da educação. Do mesmo modo, os furacões que atingiram Porto Rico, Cuba e várias ilhas do Caribe, e o rastro de devastação que ainda não foi devidamente atendida nos permite ver como a destruição não é apenas efeito de um fenômeno natural, mas consequência de uma longa história de subordinação colonial, econômica e política.

Diante desse clima regressivo, várias organizações e coletividades (migrantes, comunidades indígenas, trabalhadores e a sociedade civil como um todo) ocuparam o espaço público com mobilizações massivas, que também foram lugares de educação cidadã. Dentre todas as mobilizações, foram as marchas de centenas de milhares de mulheres contra o feminicídio e a favor da igualdade de gênero que tiveram um impacto decisivo nos meios de comunicação e também na administração das instituições culturais e artísticas. Os protestos exigiram uma revisão crítica das estruturas patriarcais que dominam os modos de funcionamento do mundo da arte, confrontando as relações de poder que perpetuam a desigualdade e o abuso, e exigindo que se tornem visíveis e sejam discutidos publicamente. Esse processo nos recorda mais uma vez que uma educação libertadora é necessariamente feminista, como assinalam também várias das contribuições deste livro.

Esses episódios, entre muitos outros, propõem novos desafios para a educação e a cultura na América Latina. A forma de habitar e construir os terrenos da arte e da educação se encontra atravessada pela necessidade de redefinir nossa própria cidadania e de reimaginar o projeto democrático com princípios éticos, buscando recompor um tecido social fragmentado pela violência, pela discriminação e pela intransigência.

Disparadores e conteúdos

Algumas das primeiras perguntas que orientaram nossa pesquisa foram: como geramos esse horizonte transformador da educação? Por que hoje em dia é tão importante pensar os projetos curatorial-artísticos em termos educativos ou pedagógicos? Como este renovado interesse por parte de instituições para empoderar os "públicos" ou "usuários" conflui com o trabalho de educadores ou mediadores que trabalham fora delas? Como se transformou a figura do "educador" nestes últimos dez anos, e quais são seus novos campos de ação? De que maneira a sociedade assume, concorda ou lida com suas ideias e formas de se expressar?

A partir delas, esboçamos cinco eixos para explorar como se manifestam estes deslocamentos educativos, sociais e artísticos que inicialmente propusemos. Eles não são excludentes nem fechados, mas dialogam entre si e consideram marcos intencionais de referência e da arte durante os últimos anos.

O primeiro eixo, "Propostas para uma mediação crítica", reúne experiências e projetos inovadores de trabalho tanto no campo da mediação institucional como também fora dela. Vale esclarecer que, em países como a Argentina, a palavra "mediação" é comumente usada na esfera legal, e não tanto como termo derivado do trabalho pedagógico. Sofía Olascoaga propõe um questionário inverso sobre o que ela define como o "campo híbrido de prática artística, pedagógica e curatorial", realizado como uma resposta ao seminário "Reconfiguração do público: arte, pedagogia e participação", realizado pelo Núcleo Experimental do Museu de Arte Moderna do Rio de Janeiro, em 2011. Muitas dessas perguntas são retomadas pela educadora e artista Valeria Galarza, que repassa os desafios do trabalho em grupo entre educadoras no contexto do Mercado São Roque e outros locais de Quito, Equador. O ensaio "Curadoria educativa: percepção imaginativa/consciência do olhar", escrito por Luiz Guilherme Vergara, em 1996, fala pela primeira vez de uma "curadoria educativa" considerando a arte como construtora de consciência por meio da experiência física. Este texto estabelecerá as bases para muitos debates posteriores sobre o tema, diluindo as fronteiras entre ambas as disciplinas em favor de uma nova abordagem. Carmen Mörsch e Catrin Seefranz, por sua vez, realizam uma desmontagem minuciosa dos processos de incorporação de práticas educativas na história da Bienal de São Paulo para apontar como a 24ª edição, de 1998, apresentou um salto nos modos de imaginar o compromisso pedagógico do próprio evento. Finalmente, o curador venezuelano José Luis Blondet reflete, baseado em seu trabalho em Dia Art Foundation, Nova York, sobre o papel do educador num museu.

"A escola, que foi transformada em antítese da vida, tem que ser a própria vida"[1]. Com esta frase, Lina Bo Bardi clamava já em 1958 como pensar e re-habitar esse espaço. A ressonância de suas ideias sobre o que requer uma escola pode ser encontrada nas experiências dos autores agrupados no segundo bloco, intitulado "Espaços de formação e políticas de aprendizagem". Pablo Helguera recorda, ao ser entrevistado pela pesquisadora e artista Helen Reed, quais foram suas primeiras inquietações e interesses como educador no Art Institute of Chicago, e como, a partir dessa experiência, foi distinguindo as particularidades e complexidades que residem nas práticas artísticas comprometidas socialmente dentro e fora dos museus. Tania Bruguera assume o desafio com dois escritos breves, mas estimulantes. O primeiro reflete sobre a aprendizagem, baseado em sua tarefa e responsabilidade como docente; ao passo que o segundo joga com o potencial de uma "cátedra" para gerar um espaço alternativo de pensamento e prática artística em Cuba, entre 2002 e 2009. O ensaio seguinte reflete o estilo

---

1   Lina Bo Bardi, "La escuela y la vida", em *Lina Bo Bardi por escrito. Textos escogidos 1943-1991*, México: Alias, 2014, p. 112.

lúdico e catalítico da artista e curadora porto-riquenha Michy Marxuach. Cofundadora do espaço Beta-Local, em 2009, Marxuach compartilha inquietações sobre as vicissitudes dessa plataforma educativa experimental no Caribe e o significado de uma escola de arte hoje, assim como as possibilidades de imaginar um novo vocabulário sobre o educativo. Por último, a experiência de María Villa dá conta de como o museu e os espaços de arte contemporânea podem se converter em espaço de aprendizagem por meio da experiência, do diálogo e das interações vivas, tomando como ponto de partida alguns projetos em Bogotá, Colômbia.

O terceiro eixo, intitulado "Atravessando a cena neoliberal com a educação artística", destaca as complexas camadas que subjazem aos modelos educativos atuais, formatados e idealizados a partir de interesses econômicos e políticos alheios à construção de um pensamento crítico e autônomo que seja resultado do pensamento artístico. Luis Camnitzer abre a discussão propondo "o ensino da arte como fraude". A partir de sua experiência como docente em universidades norte-americanas, neste ensaio de 2007, o autor narra as contradições da estrutura contemporânea de um ensino da arte em grande medida oposta a um ideal democrático, alimentado por uma lógica de consumo e que ignora a ideia de bem-estar social. Em seguida, o artista e educador Max Hernández Calvo apresenta as experiências de três de seus alunos da Faculdade de Arte e Desenho da Universidade Católica do Peru tanto para compartilhar as iniciativas nas quais eles assumem o controle do próprio processo de aprendizagem quanto sua frustração ao se deparar com a impossibilidade de modificar as estruturas universitárias rígidas guiadas pelo temor, pela desconfiança e pela competitividade. De sua experiência como docente na Universidade Nacional de Artes, em Buenos Aires, o artista Eduardo Molinari repassa as sucessivas mudanças e transformações da principal instituição artística pública da cidade, ressaltando a visível necessidade de manter sua gratuidade e as dificuldades na hora de compatibilizar novas abordagens ligadas à prática e ao pensamento artístico. Encerrando esta reflexão, o texto da artista peruana Andrea Francke relata as complexidades de ser mãe e artista no contexto universitário de Londres, mas também as possibilidades de organização colaborativa e ativismo. A crise financeira de 2009 trouxe como consequência fortes cortes em todo tipo de gasto considerado de necessidade secundária na universidade, afetando os estudantes em geral e as mães em particular.

O fechamento da creche, que cuidava dos filhos de docentes, de funcionários administrativos, artistas e estudantes da universidade de arte, deflagrou um projeto que buscou dar visibilidade à desigualdade de acesso para as estudantes que são mães, assim como instaurar uma reflexão feminista sobre os trabalhos de criação e os espaços invisíveis de paternidade.

A quarta parte, intitulada "Protestos, crises e reconstrução dos modelos educativos", reúne vozes de educadores, teóricos e artistas, que, de seus próprios contextos, analisam e dão alternativas concretas para habitar nossas instituições educativas de uma maneira mais consciente, crítica e produtiva. Mônica Hoff e Cayo Honorato discutem o impacto das ocupações de colégios e escolas realizadas pelos estudantes secundaristas em todo o Brasil contra as reformas educativas, interpretando esses protestos como um novo tipo de mediação dos espaços educativos em seu vínculo com a sociedade. O artista e ativista *queer* Felipe Rivas San Martín reflete, a partir do trabalho do Coletivo Universitário de Dissidência Sexual (CUDS) – o primeiro coletivo transfeminista surgido no ambiente universitário chileno –, sobre as formas encobertas de violência de gênero na educação, assim como a repolitização sexual dos movimentos estudantis e suas demandas de uma educação não sexista e não patriarcal. Retornando ao Brasil, a crítica e professora universitária Lisette Lagnado conta os primórdios da Escola do Parque Lage, localizada no Rio de Janeiro e fundada por Rubens Gerchman, em 1975, para chegar até as problemáticas que a circundam atualmente. Lagnado reflete sobre os desafios que as recentes crises fiscais impõem ao país, assim como os esforços dos profissionais e sua tradição pedagógica experimental para enfrentar as graves ameaças de fechamento que recaem sobre ela em tempos recentes.

O quinto e último bloco, "Dinâmicas afetivas: intercâmbios, colaborações, corpos e contexto", toma como ponto de partida a cooperação, os vínculos e o afeto como uma maneira de construir instâncias de um aprendizado coletivo que atravessa a experiência e o corpo. O coletivo argentino Iconoclasistas almeja dar visibilidade às problemáticas e particularidades de cada contexto com seus habitantes, por meio de oficinas destinadas a produzir novas ferramentas de comunicação. Os resultados são mapas de criação coletiva que servem para imaginar novas formas de ação e resistência e o que eles denominam uma "nova gestualidade política". A artista Mónica Mayer reflete sobre os princípios de uma educação feminista da arte e suas possibilidades de construir dinâmicas ativas, libertadoras e empoderadoras. Partindo de sua experiência no Woman's Building, em Los Angeles, nos anos 1970, e de várias oficinas desenvolvidas posteriormente no México, Mayer explora as práticas de aprendizagem baseadas em dinâmicas coletivas e de confiança que ponham a experiência de vida como fonte fundamental para a criação de uma arte significativa. Os integrantes do Projeto Secundarista Liliana Maresca contam os primórdios desse empreendimento educativo particular: uma escola secundária superior com orientação para artes visuais localizada no bairro La Cava de Villa Fiorito, na província de Buenos Aires. Na entrevista, eles ressaltam o vínculo e a colaboração com outros docentes e com as famílias do bairro e destacam as adversidades do contexto político e social que a educação pública atravessa hoje na Argentina. Finalmente, a artista e educadora Patricia Belli traça as transformações dos programas pedagógicos que ela iniciou na Nicarágua, em 2001, que reposicionaram os modos de pensar a educação artística na América Central. Belli conversa sobre as possibilidades da educação como uma prática transformadora, assim como os desafios de gerar espaços de formação cujo compromisso seja dialogar criticamente com seu presente e seu próprio contexto.

Ativações em contexto

Desde seu lançamento, esta publicação tem horando seu título. Seu conteúdo foi agitado em diversas oportunidades em oficinas, debates, encontros de escrita, atividades coletivas em parques e até mesmo na escuridão de um auditório. Um livro que fala sobre projetos que mobilizaram as pessoas em situações e contextos tão diversos deve, no mínimo, incitar os leitores a participar de experiências e de ativações ao vivo.

Dessa forma, para sua apresentação no MALBA e em TEOR/éTica, em março de 2017, realizamos as jornadas "Hábitos de aprendizagem. Desafios em comum". Em Buenos Aires, contamos com a colaboração de Mônica Hoff, Jordi Ferreiro, Caridad Botella e Daina Leyton para as oficinas e apresentações, e com o artista Diogo de Moraes, que realizou uma *mediação documental* de ambos os dias. Em diálogo com as perguntas que propõe a publicação, as jornadas pretendiam reavaliar e questionar as maneiras em que se incorporam os hábitos que moldam nossa maneira de *ser-fazendo*. Por que aprendemos o que aprendemos, e como descartamos ou acrescentamos formas de conhecer à medida que crescemos? Como desfazer os caminhos estabelecidos para a aprendizagem por meio do diálogo, da prática e da colaboração? A intenção foi refletir sobre o modo em que conformamos nossos hábitos de aprendizagem, repensando, a partir de experiências próprias, como se estabelecem os valores que se atribuem aos conhecimentos. Poucas semanas depois, em San José, em colaboração com ZUMO (Projeto Escola de Arquitetura TEC), foi realizada a conversação coletiva "Pedagogia, desconhecimento e exploração" sobre os espaços inesperados de aprendizagem compartilhados, assim como as formas pelas quais os participantes tinham de se relacionar com o pedagógico. Depois, foi realizada uma oficina de uma semana em TEOR/éTica com Renata Cervetto, uma continuação das conversações de Buenos Aires sobre as complexidades e implicações das noções de "educação" e "público". Além da educação formal ou não formal, acreditamos que a arte reivindica o lugar da intuição, da dúvida e dos espaços latentes. O pensamento e o fazer artísticos implicam uma interdisciplinaridade que permite focalizar em como incorporamos as ideias, acontecimentos ou conhecimentos em geral. É por isso que em ambas as sedes, MALBA e TEOR/éTica, trabalhamos incorporando as necessidade e experiências que os participantes trouxeram consigo.

Uma terceira ativação ocorreu no MALBA, em agosto de 2017, com a colaboração do coletivo Iconoclasistas e do artista e curador Santiago Villanueva. Naquela oportunidade, os participantes se dividiram em três grupos para dialogar, primeiro separadamente e depois em conjunto, sobre as plataformas da *comunidade*, a *escola* e o *museu*. Cada grupo foi montado por Santiago, Julia Risler (integrante de Iconoclasistas) e Renata, que levaram em conta as profissões de seus integrantes, tentando sair de nossas zonas habituais de trabalho para pensar a partir de outro lugar. No intercâmbio, cada grupo repensou os objetos que fazem essas instituições, seus integrantes, seus papéis dentro delas, e de que maneira trabalham ao mesmo tempo por objetivos comuns. O conceito de "comunidade", diferentemente de "escola" e "museu", foi abordado levando em conta a experiência dos integrantes do grupo. Pensou-se coletivamente sobre suas potencialidades e fraquezas, diversas formas de agenciamento dentro delas, a horizontalidade na distribuição do poder e as bases para sua consolidação.

Em setembro de 2017, ocorreu o encontro "Palavras na costa. Encontro de oficina, debate e digestão", em Projeto CasaMario, em Montevidéu. Estas foram duas jornadas em que, a partir da leitura de certos capítulos do livro, trabalhamos com docentes escolares e universitários, artista locais e educadores de museus. As dinâmicas e as oficinas, conduzidas por Renata, se dedicaram a incendiar a discussão sobre temas relevantes para os participantes, como o papel docente nas universidades de arte, a relação do artista com o público e o trabalho das instituições em Montevidéu. Do mesmo modo, a realização das dinâmicas no espaço exterior habilitou experiências corporais e emocionais, gerando um marco de confiança e contenção diferente para as pessoas.

Mais recentemente o livro participou também de atividades como "Ler a educação", um encontro de conversa e reflexão sobre a literatura recente de arte+educação em castelhano, organizado por Felipa Manuela, em Madri, e também em "Hipervínculo. Laboratório de mediações", organizado pela Fundação Antoni Tàpies de Barcelona.

Ideias finais

Esperamos que este livro sirva para complementar os esforços de reavaliar e pensar sobre os diversos processos artísticos e educativos que vêm sendo realizados na América Latina nesses últimos anos. Mais que refletir uma única maneira de entender o pedagógico, os processos educativos e os de mediação, estes textos mostram as múltiplas maneiras de conceber esse espaço comum. Importa ressaltar o compromisso das ideias postas em jogo e seu desejo de imaginar o futuro da educação fora das expectativas convencionais existentes. Olhar com atenção esses aspectos pode ajudar a construir coletivamente uma esfera pública diferente dentro do campo da arte.

É especialmente importante para nós que este livro possa circular pelo Brasil e que estas ideias e experiências possam dialogar ativamente com um contexto que contribuiu para redefinir os debates sobre a educação no continente há mais de três décadas. Nosso desejo é que esta publicação contribua para incendiar novos debates e reativar os já existentes.

Se tal como disse o filósofo italiano Franco "Bifo" Berardi, "[...] a compreensão, antes de ser um ato intelectual, é um fenômeno físico e afetivo"[2],

---

[2] Bifo Berardi, Franco, *Fenomenología del Fin. Sensibilidad e mutación conectiva*, Caja Negra Editora, Buenos Aires, 2017.

apelamos à busca incessante de outras maneiras de *estar*, que disparem formas de experimentação criativas e arriscadas para sairmos de nós mesmos; e que nos impulsionem a perguntar desde quando e de onde a educação se torna central em nossas práticas cotidianas.

Renata Cervetto e Miguel A. López

Propostas para uma mediação crítica

Sofía Olascoaga

Advertência: mais perguntas que respostas. Questionário invertido sobre a prática artístico-pedagógico-curatorial[1]

> *Meu problema é essencialmente a definição dos sistemas implícitos nos quais nos encontramos prisioneiros; o que eu gostaria de entender é o sistema de limites e exclusão que praticamos sem saber; gostaria de tornar aparente o inconsciente cultural*[2].
>
> MICHEL FOUCAULT

O primeiro formato que imaginei como uma possibilidade para desenvolver esta contribuição consistia em um questionário a ser realizado pessoalmente em uma série de entrevistas, durante o seminário "Reconfigurações do público: arte, pedagogia e participação", realizado pelo Núcleo Experimental do Museu de Arte Moderna do Rio de Janeiro, em 2011. Minha intenção inicial era registrar as vozes dos colegas e participantes do simpósio a partir daquilo que circunscrevi como eixos centrais para um questionamento produtivo do campo híbrido da prática artística, pedagógica e curatorial. A compilação das respostas proporcionaria um mapa polifônico de perspectivas e um registro de conversas ativadas nesse encontro privilegiado que o seminário proporcionou e construiu. No entanto, como é costume acontecer com os diálogos que se seguem a uma mesa redonda ou a uma apresentação, as perguntas realmente boas não surgem em tempo real e orgânico, mas quase

---

1 Ensaio publicado originalmente na revista *Concinnitas*, vol. 2, nº 21, dezembro de 2012.
2 Michel Foucault, citado em Judith Butler, *A vida psíquica do poder: teorias da sujeição*, tradução de Rogério Bettoni, Belo Horizonte: Autêntica Editora, 2017, epígrafe do capítulo 3.

sempre depois de ter passado certo tempo para assimilarmos as apresentações, posições, debates e diálogos formulados no cenário.

De maneira similar, as duas noites e três dias de estadia no Rio de Janeiro, ainda que muito agradáveis, não me permitiram desenvolver a profundidade e a diversidade de trocas que eu imaginava ao mesmo tempo em que ocorriam. Não podendo contar com as vozes e respostas de meus colegas, decidi investir neste texto o formato de questionário e propor as perguntas derivadas dos eixos de discussão que fui registrando como significativos durante aqueles dias. Mais que uma visão sintética da amplitude dos temas abordados no programa, procuro propor algumas linhas que considero pontos de partida para a problematização e para continuar desenvolvendo e respondendo a partir da própria prática. Ao compartilhar essas perguntas, espero que outros interstícios se produzam para alimentar novas conversações, o mapa das perspectivas pessoais a esse respeito.

> A função pública do museu é construir espaços de diálogo crítico, amplos, complexos, mesmo quando produzam cenários que confrontem os participantes com suas próprias contradições e com as contradições do museu...

É possível ser simultaneamente promotores do intercâmbio e autocríticos? Pode o museu de arte ser uma arena crítica para questionar e confrontar as implicações políticas dos encontros entre indivíduos, por meio de diferentes modelos de diálogo como meio de ação e representação? Pode a atividade curatorial, artística e educativa dos museus gerar uma experiência que questione seus próprios papéis e promover estratégias alternativas e produtivas para o trabalho organizado coletivamente? É possível explorar novas abordagens da função pública dos museus por meio de um terreno comum que envolva um diálogo direto com os distintos profissionais e processos implicados na produção de uma exposição e atividades relacionadas? É possível expandir o papel social do museu em termos públicos? Que tipo de relações ativas podem ser pedidas e propostas à sua audiência? Como pode se integrar a prática da arte comprometida socialmente com os limites espaciais e institucionais do museu? Como pode o museu promover um diálogo direto com o pensamento artístico e a interação com seus visitantes para além do objeto artístico?

A prática educativo-curatorial fomenta um espaço de intercâmbio entre a instituição e seu(s) público(s); a orientação, o objetivo e o desenvolvimento dessa prática ativam a posição em que nos concebemos dentro de tal contexto...

É nossa função produzir espaços de diálogo? Como? Por quê? Onde? Para quem? Como definimos nossa prática? Qual relação tem essa definição com nossa formação? Onde testamos os formatos para o diálogo?

Todos fomos à escola e tivemos experiências de aprendizagem formais e informais; todos temos, então, um ponto de referência pessoal sobre a experiência educativa...

Como nós, educadores, artistas, curadores, gestores, nos formamos? Que experiências educativas formais e informais marcaram nossa relação com a prática pedagógica? É possível fazer uma autoanálise, ou uma socioanálise, para identificar a composição de nosso *habitus* (diria Bourdieu) educativo? Como nossas histórias educativas pessoais determinam o que desenvolvemos como educadores de arte? Que instrumentos de nossa própria história educativa podemos resgatar para usar quando elaboramos experiências educativas?

Como membros, participantes, espectadores, alunos e promotores do mundo da arte, repetimos constantemente uma série de modelos de eventos e apresentações públicas das quais somos consumidores assíduos e também produtores. E, ainda mais especificamente, quando falamos de programações para públicos em museus: a conferência, a mesa-redonda, a entrevista pública são gêneros que representam modelos históricos para a socialização do conhecimento, que se conservam com a repetição e que são característicos do âmbito discursivo na arte contemporânea...

Quantas horas, pessoas, recursos, concentração, atenção investimos constantemente neles? Que tipo de estruturas políticas, históricas, arquitetônicas, hierárquicas reproduzimos ao organizar de maneira repetida o conhecimento por meio desses modelos? Que tipo de aprendizagem real possibilitam ou obstaculizam esses formatos de diálogo e de comunicação?

É necessário desenvolver novos modelos de intercâmbio, entender aqueles nos quais estamos imersos, aqueles que repetimos e perpetuamos, e experimentar outros que se ajustem às necessidades pessoais e das comunidades às quais pertencemos e com as quais trabalhamos...

É o diálogo uma utopia? É possível gerar formas de sensibilização, de transformação da fala e da escuta por meio da conversação coletiva? Que papel tem a experimentação no processo de abrir novos formatos de diálogo? São necessários? É o círculo de diálogo uma alternativa? Quais são seus limites e seu potencial? É possível fazer da horizontalidade uma plataforma que acolha as contradições, quer as próprias, quer as dos participantes?

As pessoas que chegam ao museu nem sempre vão em busca de diálogo; para muitos é precisamente um oásis de silêncio. Escapar do ruído diário, desacelerar-se, contemplar, ficar em silêncio. Se nos exigem falar, expressar, comunicar em diversos dispositivos midiáticos, sistematicamente, continuamente, cotidianamente, o museu pode ser um oásis, um lugar onde se possa fazer uma pausa pelo menos temporal, embora breve. Mas pode ser também o espaço de construção de conhecimento crítico, em que podemos exercer formas de falar que se afastam de outros espaços de comunicação convencionais. Onde se pode falar (às vezes se pede que se fale) do que não cabe, ou acontece, ou não é permitido em outros espaços sociais. Diálogos em que a percepção subjetiva é valiosa, e válida...

De qual lugar posicionamos, acreditamos, articulamos o desenho e a prática educativa? Quais são as premissas pessoais? Como e onde reconhecemos nossa posição na trama contextual? Quais são as coordenadas, localizações hierárquicas, comerciais, interconectadas e mutuamente contamináveis entre, de um lado, a instituição (museu), os processos e, de outro, as obras artísticas, o público e nós? Para quem e com quem trabalhamos simultaneamente? Quais são os interstícios produtivos, tensões e válvulas de escape que podemos ativar, localizar, provocar a partir da posição intermediadora?

Falamos de práticas transformadoras: transformar a instituição em seu interior. Transformar um espaço de vínculo com o público. Propor outra maneira de nos relacionar com a arte, os objetos e as práticas. Transformarmo-nos a nós mesmos. Tudo, simultaneamente. Na medida em que a área, os limites, as formas de aproximar e definir, de colocar em prática as propostas que desenvolvemos na vibrante interseção educativo-artístico-curatorial continuam processos experimentais, em constante redefinição. E, além disso, enraizados na prática. Estas experiências pessoais implicadas no processo criativo se tornam chave...

A estrutura é o meio. O meio é a estrutura...

É possível mover os mastodontes burocráticos que definem os códigos nos quais se enquadra e opera um projeto "transformador", "pedagógico", "crítico", "autocrítico"? Nosso interesse é gerar fissuras, tensões, tornar visíveis os buracos dessa estrutura? Dialogar com, ou trabalhar com organização interna, a estrutura e infraestrutura institucional? Quais processos produtivos podem ser gerados nesses espaços de resistência, confrontação, atrito? É nossa função mediar com outras estruturas sociais, convencionais, culturais, externas? Com que objetivo? Com que pretexto?

Enfrentamos na prática uma constante (re)negociação de limites: arte, pedagogia, curadoria. Na vibração que se produz os cruzamentos, a interseção, o apagamento, a indefinição dos limites, está a pulsão!...

Deixar em aberto e/ou definir? É necessário definir com maior clareza a terminologia, os limites disciplinares e o campo disciplinar no qual trabalhamos? Como balancear entre a abertura e a experimentação e a necessidade de ser específicos, de nomear o que fazemos, de definir como e em que um projeto é distinto do outro? Como trabalhar simultaneamente em ambas as direções? Como manter, enquanto se delimita o campo e sua prática, as entradas para uma propagação constante?

O seminário terminou com uma pergunta colocada por Ricardo Bausbaum e retomada por Pablo Heguera: "Por que é necessário considerarmos estas transformações sociais a partir da arte?"

Se defendermos a função pedagógica da arte, é possível inscrever no imaginário coletivo, pouco a pouco, uma disposição diferente para socializar, entender, consumir, construir e desconstruir nossa cultura e as estruturas sociais que reproduzimos ao realizá-la. A arte parece oferecer como campo a possibilidade de tornar visível e, portanto, analisável essas estruturas inconscientes, como menciona Foucault na citação de abertura deste texto. A arte parece oferecer possibilidades de tornar consciente, de reconfigurar e nos reconfigurar...

Valeria Galarza

Fazer juntas? Implicações e colaborações entre educadoras de museus e território na região do Mercado de San Roque, Quito

Apontamentos iniciais

Este texto narra um processo compartilhado entre educadoras de museus e comunidades específicas[1]. Transcorreu num momento de oportunidades institucionais e de fissuras em suas formas convencionais que nos permitiram desenvolver novos trajetos e condições para encontrar-nos, comprometer-nos e imaginar outras formas de estar e fazer juntas.

Sua narração se constrói com a memória, a reflexão, o trabalho e o afeto entre muitas pessoas[2]. Sistematizar e recuperar memórias que deem conta dos espaços vinculados a ações e relações educativas de caráter invisível e silencioso são tarefas das mais complexas no campo educativo. Este texto pretende juntar esboços do trabalho colaborativo que realizamos, buscando a construção de um espaço de encontro, discussão e reflexão.

Como educadoras, compreendemos a educação crítica na reflexão e na ação. Isso supõe uma posição teórica e política. Ela se expressa como esforço deliberado, como expectativa de nos compreendermos a nós mesmas no território a partir da conscientização de sujeitos que aprendem e ensinam.

---

1 Mais adiante designadas como mediadoras educativas e mediadoras comunitárias.
2 Um reconhecimento especial a María Dolores Parreño, parte da equipe de pesquisa educativa de mediação comunitária, que realizou o trabalho de gerar as narrativas da maioria dos espaços de encontro.

Projeto "Minga Huerta", 2015. Imagem: cortesia da autora.

Oficina com donas de casa para a elaboração da horta e do calendário agrofestivo, 2015. Imagem: cortesia da autora.

O mundo, em seu sentido amplo, é o mediador dos processos de aprendizagem e construção da prática[3].

É importante assinalar que a iniciativa que compartilhamos, semelhante à área que a coordenava, foi interrompida[4]. Confiamos que as aprendizagens construídas, como saberes incorporados à prática, resistam. No entanto, essa quebra institucional denota a fragilidade de processos não convencionais, ao pôr em tensão os lugares de poder entre território/comunidade e instituição.

Por último, adotamos uma postura narrativa, denominando a educadoras e educadores no feminino. Esse lugar da linguagem explicita, não de maneira arbitrária, um reconhecimento das habilidades sociais feminizadas, atribuídas ao trabalho pedagógico em museus, campo de tensão onde este se desenvolve[5].

Cidade-território

Descreveremos o contexto cidade-território em que se identificou a prática, as características gerais da fundação na qual se ancorou o trabalho e vamos nos referir à mediação comunitária (MC), grupo que teceu e coordenou este e outros processos nesse território.

Esta seção não pretende ser apenas descritiva. Ela busca nos aproximar e questionar a ocupação de privilégios históricos que as instituições culturais incentivam e como estas marcam o ritmo dos processos comunitários-institucionais. A seção propõe um entendimento dos espaços como territórios em disputa por significações e geração de práticas de intercâmbio econômico, cultural, social e político, reconhecendo uma necessidade pedagógica de observação e escuta ativa.

---

3 Paulo Freire, *Pedagogia do oprimido*, São Paulo, Paz e Terra, 2013, e M. Garcés, *Un mundo común*, Madrid: Bellaterra, 2013.
4 Essa decisão foi tomada sob as diretrizes da nova administração municipal, sugerindo um discurso que vitaliza o acesso cultural por meio do espetáculo e do incremento na quantidade de público. Mais informação em: <https://goo.gl/eSHpJq>.
5 "Conhecimentos e habilidades sociais, comunicativas e emocionais, a capacidade e, sobretudo, a disposição para o *caring and sharing* – cuidar e compartilhar. Provavelmente usa táticas como a camuflagem, a farsa, a negociação permanente [...] a persuasão e a sedução. [...] com paciência e cuidado prova até onde se pode chegar em cada situação". C. Mörsch, em A. Cevallos e A. Macaroff (eds.), *Contradecirse una misma* (trad. N. Landkammer J. Rodrigo e C. Molestina), Quito: Fundación Museos de la Ciudad, 2015, p. 11. Disponível em: <https://goo.gl/KOVLbx>.

Quito é uma cidade de herança colonial. Em 1978[6], foi declarada patrimônio cultural da humanidade pela Unesco[7]. Nos anos 1990, as políticas neoliberais se intensificaram em nível nacional, favorecendo e sendo motivo de apostas no turismo corporativo e na especulação imobiliária patrimonial da cidade. Isso produziu um agressivo endividamento e um aumento do investimento privado para o resgate arquitetônico e urbanístico colonial, branco-mestiço, concentrado principalmente no Centro Histórico.

A política cultural desempenha um papel essencial na disputa simbólica e territorial, em que certas populações, em especial as indígenas urbanas envolvidas fundamentalmente no comércio popular, atravessam processos de discriminação e expulsão e, ao mesmo tempo, de ressignificação e de resistência[8].

Um exemplo é a região do Mercado de San Roque, localizado no Centro Histórico. Segundo o último censo nacional de população e moradia[9], em Quito, vive 4,1% da população que se autoidentifica como "indígena"; dela, 22% vivem na região do Mercado de San Roque, sendo que 73% dos trabalhadores deste mercado são indígenas.

No mercado fica a escola Amawta Richari[10]. É a única escola intercultural bilíngue pública, situada entre o Centro Histórico e a zona urbana da cidade. Foi criada pela autogestão de mães e pais, como resposta à exclusão e discriminação sistemática na oferta educativa do setor. Esse espaço de educação busca a revalorização das culturas indígenas e da língua quíchua. Três dos cinco museus com os quais trabalhamos estão localizados nesse eixo.

Instituição âncora

A Fundação Museus da Cidade é uma organização privada administrada com fundos públicos, através da prefeitura de Quito[11]. Em 2015, com a Fundação

---

6 Juntamente com a Cracóvia, na Polônia, foram as primeiras cidades que obtiveram esse reconhecimento.
7 Organização das Nações Unidas para a Educação, a Ciência e a Cultura.
8 E. Kingman Garcés (ed.), *San Roque: indígenas urbanos, seguridad y patrimônio*, Flacso: Equador, 2012, e E. Kingman Garcés e B. Muratorio, *Los trajines callejeros: memoria y vida cotidiana, Quito, siglos XIX-XX*, Flacso: Equador, 2014.
9 A informação provém do levantamento de informações elaborado pelo Instituto da Cidade, principalmente sobre a base do CPV 2010, publicado em sua seção de Boletins em 2015. Disponível em: <https://goo.gl/qOalmj>.
10 A escola Amawta Richari, antes Cedib-Q, foi nossa colaboradora no território para o desenvolvimento do processo que este texto descreve e que mais adiante detalha.
11 Mais informação em: <https://goo.gl/pq3MDd>.

Teatro Sucre[12], ela administrava 50% dos recursos públicos para a gestão cultural da cidade. Desde 2000, sua constituição responde às recomendações do Banco Interamericano de Desenvolvimento (BID) para fomentar e promover políticas de cultura e patrimônio, embora sua institucionalidade responda diretamente à vontade política da administração pública em exercício. Exceto por programas específicos, seus canais de participação cidadã são restritos[13].

Ela é constituída por cinco museus que operam de maneira temática: o Museu da Cidade (MDC); o Museu Interativo de Ciência (MIC); o Museu de El Carmen Alto (MCA); o Parque Museu da Água Yaku (Yaku) e, por último, o Centro de Arte Contemporânea (CAC). Cada um dos museus conta com um coordenador, uma chefia de operações, uma de museografia e outra de museologia educativa[14], que integra as funções de pesquisa, planejamento e mediação nas salas.

Mediação comunitária

Entre 2010 e 2016, a equipe de mediação comunitária era composta de pessoas que vinham da arte, da agricultura urbana, da sociologia, da antropologia, da arquitetura, do desenho e da educação. Contava com autonomia orçamentária e de execução e trabalhava com uma agenda que, diferentemente dos museus, não respondia a objetivos temáticos, mas a linhas específicas de colaboração e negociação, sustentadas na relação entre o território-comunidades e os museus.

O objetivo era conectar os museus com seu entorno social. Buscou-se a configuração e geração de condições institucionais para que processos organizativos e de participação social encontrassem possibilidades de negociação e incidência nas formas que determinam as políticas e práticas dos museus. Isso envolveu um entendimento da noção de "democratização cultural",

---

12 Mais informação em: <https://goo.gl/6pL668>.
13 O estatuto da fundação permite a participação de dois integrantes da cidadania em seu diretório, máxima autoridade institucional. No entanto, esses ditos cidadãos não têm voto, só palavra. Do mesmo modo, em nenhuma parte do estatuto se definem os mecanismos para selecionar esses integrantes, os quais são eleitos pelas próprias autoridades municipais em exercício. Mais informação em: <https://goo.gl/gmwEhY>.
14 Consideramos central mencionar, diante da precarização de educadoras e mediadoras nas instituições culturais em outros contextos, que as equipes da fundação contam com todos os direitos trabalhistas estabelecidos pela lei, mediante um contrato de trabalho, seja este temporal ou indefinido.

unindo – em espaços de assembleias e de produção coletiva – interesses, contradições e aspirações diversas. O princípio de colaboração era o centro de reflexão e ação; os objetivos e metas de trabalho buscavam manter a tensão e a incerteza próprias da relação conflituosa instituição-comunidade.

Nossas práticas nos configuram como seres em e com o mundo nessa caracterização do contexto[15]. Para nós, educadoras, somente daí se pode gerar uma prática educativa crítica. Uma prática pedagógica isolada não existe. É no território onde nos inserimos e habitamos que a vida biológica se constitui como biográfica, num relato com e para os outros[16]. Um tecido que, desde o educativo (como relação, como pergunta), pode ser questionado e, no melhor dos casos, transformado.

O processo: destino turístico/interculturalidade na região do Mercado de San Roque

As políticas educativas de museus e seus programas de trabalho comunitário ganharam um crescente interesse nos discursos culturais[17]. Sua implementação, em muitos casos, parece ter eludido reflexões sobre as tensões sociais nas quais se desdobram, assim como as formas em que redistribuem capitais. Isso gera uma prática neutra, que convida públicos e programas educativos a uma ação de entretenimento e de ócio, configurados como "bens de consumo"[18]. Essa atitude minimiza possíveis debates sobre os capitais simbólicos e econômicos que envolvem essas transações: sua união com o público e o cotidiano[19].

---

[15] A linha de pesquisa, de recorte mais acadêmico, foi uma ferramenta chave para isso, e nos permitiu obter informação bibliográfica, teórica e de arquivo mais rigorosa para o debate. Designar um tempo de trabalho para gerar esse tipo de insumos é imprescindível para problematizar o contexto.

[16] P. Freire, *op. cit.*

[17] A. Cevallos e A. Macaro (eds.), *op. cit.*; C. Mörsch (ed.), *Documenta 12. Education: Between Critical Practice and Visitor Service: Results of a Research Project*, University of Chicago Press – Diaphanes, 2009; Javier Rodrigo, *Políticas de colaboración y prácticas culturales: redimensionar el trabajo del arte colaborativo y las pedagogías. Inmersiones*, Proyecto Amarika y Diputación Foral de Álava Vitoria-Gasteiz, 2010, pp. 230-49 (disponível em: <https:// goo.gl/pYtlwJ)>, e L. Smith, *Theorizing Museum and Heritage Visiting*, em *The International Handbooks of Museum Studies*, John Wiley & Sons Ltd., 2015.

[18] Uma caracterização dessas práticas é a avaliação institucional baseada em contagem de visitantes, capacidade dos espaços e programas, níveis de satisfação do público por meio do caderno de comentários ou pesquisas de satisfação do cliente, para dar alguns exemplos.

[19] R. Deutsche, "Ideas recibidas", em *Museu d'Art Contemporani de Barcelona*, 2007, e M. Garcés, *op. cit.*

O processo que compartilhamos tentou romper as maneiras convencionais de pensar programas educativos. Ensaiamos um espaço que permitiu a performatividade[20] diante da instituição e, ao mesmo tempo, possibilitou gerar processos de afetação e relação de escuta, a de *nós mulheres,* cognoscente e intersubjetiva. Assim se afirmaram uma experimentação e um jogo por parte do educando e da educadora, problematizando a mesma estrutura de poder que encerra a instituição cultural e educativa.

Inícios e antecedentes: encontros entre museus e escolas

Para delinear este projeto, foi necessário nos conhecer e nos encontrar. Isso implicou diversas visitas entre as equipes educativas, que duraram em torno de quatro meses. Durante esse período, mantivemos conversas e participamos de oficinas em que discutíamos nosso trabalho, interesses, desafios; como nos víamos como mediadoras, como nós representávamos o contexto territorial e institucional. Para muitas educadoras, esse foi o primeiro espaço para se reunir e discutir esses temas.

Desse primeiro momento, resgatamos a possibilidade de reunir informação para negociar institucionalmente nossas demandas[21]. Conseguimos encurtar distâncias e gerar um sentido coletivo de trabalho, assumindo compromissos presenciais. A partir desse momento, foi difícil evitar a criação de agendas comuns. Conseguimos desenhar uma plataforma para imaginar projetos coletivos vinculados a exposições permanentes; leituras em matéria de gênero no MDC[22]; oficinas de capacitação sobre temas e metodologias que nos interessavam, ancorados em processos que estávamos desenhando ou facilitando[23], ou exposições temporais, como *Quebradas*[24].

---

20 *"Performance"*, conceito-chave na hora de entender a forma como negociamos as dimensões conflitantes de nossas práticas cotidianas.
21 A informação obtida nestes espaços foi utilizada para justificar nossas demandas sobre as condições de trabalho das equipes: salários, utilização do tempo e necessidade de espaços de profissionalização e autoformação.
22 Mais informação em: <https://goo.gl/fhLaa2>.
23 Configuração invertida e o papel dos museus interativos na formação da cidadania; teorias e modelos educativos; educação em espaços de encontro artístico; educação crítica e popular; educação intercultural bilíngue; estratégias educativas em contextos não dirigidos; inclusão e educação; educação com pertinência linguística e cultural; educação e gênero.
24 Mais informação em: <https://goo.gl/g8U1Ro>.

Três museus atuaram nesse projeto: MDC, MCA e Yaku, com a MC. No total, eram entre quinze e dezessete educadoras. No território, participaram mães, pais, meninos, meninas e educadoras da escola Amawta Richari.

Um ano antes, em 2013, a MC e o MDC fizeram um mapeamento coletivo com professoras da escola Amawta Richari. Foi identificado como os meninos e as meninas se relacionavam com o espaço de trabalho, de jogo e de ócio. Indagou-se também sobre a percepção que eles tinham da insegurança, da contaminação e das conexões entre o mercado e seus lares.

O Yaku precisava aprofundar seu trabalho na sala Achachay[25] por meio de um roteiro educativo para grupos específicos. Sua intenção era aproximar-se de uma escola do setor e elaborar um plano-piloto. A pertinência territorial e as linhas de interculturalidade e inclusão eram transversais em sua proposta de trabalho. O MCA, em seu roteiro museológico, tinha uma aproximação intercultural pela tradução das legendas do museu para o quíchua. Isso significava aprofundar as possibilidades metodológicas de ativação com comunidades específicas.

A escola Amawta Richari requeria explorar metodologias da educação não formal que incorporassem conhecimentos ancestrais sobre as comunidades para planificar aulas extracurriculares e desenvolver um calendário comunitário agrofestivo educativo. As perguntas e os interesses eram diversos, mas delimitados a noções de interculturalidade, uso da língua e contexto educativo. Nos quinze anos que os museus coexistiram com os espaços de comércio indígena e popular no Centro Histórico, jamais haviam sido geradas linhas de trabalho sustentadas no território.

Des/aprendizagens e desafios. Sobre o tempo e a participação

O processo teve uma duração total de um ano. Necessitou de momentos de planejamento e de execução de oficinas na escola e nos museus, a elaboração reflexiva de uma caixa de ferramentas e a sistematização dos resultados. Isso gerou uma memória coletiva, assim como recursos para o planejamento educativo de férias de cada museu[26]. Também se implementou uma

---

25 Espaço lúdico para meninos de 3 a 6 anos vinculado à agricultura urbana.
26 As férias são uma proposta educativa que se realiza há quatro anos pelos museus da fundação, em que atividades para meninas, meninos e jovens são oferecidas no período de férias escolares. O público provém em geral da classe média branco-mestiça.

horta na escola, que conectou a agricultura urbana com práticas de cultivo ancestrais por parte das comunidades que a assistem[27]; e foi criado um calendário, em espanhol e quíchua, como ferramenta pedagógica para uso da escola e dos museus[28].

As ferramentas foram fruto de acordos. Reuniões de planejamento coletivo, geração de instrumentos de observação e sistematização[29], assembleias de avaliação posteriores a cada atividade, *mingas*[30] etc. Além disso, os resultados alcançados, as responsabilidades e os tempos de compromisso marcaram os pontos de reflexão sobre nossos objetivos.

Nos museus, o tempo das educadoras é restrito, sobretudo, a mediação nas salas. Esse processo alcançou, após muitas negociações institucionais, uma aposta por reconhecer outras formas de trabalho. Para conseguir isso, foi imprescindível expor e compartilhar os objetivos específicos de cada grupo de trabalho.

Os benefícios e os interesses em relação à prática educativa são excluídos nas tomadas de decisões institucionais; no entanto, o trabalho coletivo reforçou essa necessidade e a converteu numa demanda. Com o empoderamento, por meio do diálogo e da reflexão, foi possível visualizar e conformar um discurso mais sólido para dar conta disso diante da instituição.

Como educadoras, o período de trabalho também adquiriu outros sentidos, permitindo-nos colocar a colaboração e o encontro no centro de um trabalho educativo crítico. A necessidade de rápidos resultados nega os espaços em que tecemos relações para um trabalho colaborativo. Foi muito importante esperar as companheiras para uma sessão, reconhecer os tempos de silêncio como espaços de encontro e as intervenções para voltar a falar do que tinha se conversado em sessões prévias até chegar a acordos. Esses tempos adquiriram sentido à medida que os laços e a confiança se firmavam entre nós.

---

27 Pruhá, cayampi, otavalos, guarankas, afro-equatorianos, mestiços, panzaleos procedentes de diferentes zonas do país.
28 Mais informação em: <https://goo.gl/aEgkYa>.
29 Para isso, foi útil o trabalho em pares em cada ativação coletiva. Uma acompanhava a atividade, e a outra a observava e narrava, numa memória escrita sob critérios estabelecidos nos espaços de planejamento.
30 *Minga* ou *minka* é a palavra quíchua para denominar o trabalho comunitário em torno do coletivo.

Planejamento coletivo. Assembleias, momentos que nos dão um empurrão

Na hora de pensar em programas educativos em nível institucional e de planejamento, percebemos que a equipe não contava com as capacidades para manejar ferramentas educativas ou a possibilidade de gerar novas práticas com o intercâmbio de experiências. Os espaços criados nesse processo permitiram trocar saberes a partir dos conhecimentos prévios das educadoras e avaliá-los coletivamente por meio da experimentação para, depois, integrá-los na prática. Cada estratégia proposta era ensaiada pela equipe que ia acompanhá-la. Em seguida, discutíamos coletivamente o que havíamos sentido, se era pertinente para o objetivo da atividade e quais os resultados que pretendíamos alcançar.

Os momentos de assembleia foram os que nos permitiram compreender o contraste entre o planejamento, a postura pessoal, o lugar institucional e os alcances esperados. Entendida como metodologia, a assembleia torna possível firmar uma postura crítica, assim como vivificar outras reflexões. O confronto tem lugar por meio da palavra compartilhada, com nossos preconceitos e próprios limites. Essas reuniões nos impeliram a nos compreender entre nós como educadoras e educandos de uma atitude intencionada e acompanhada. A redação e narração dos encontros foi muito importante para retomar essa lembrança cada vez que era necessário. Em geral, não é costume ter uma pessoa destinada a registrar as lembranças desses processos, já que as equipes são reduzidas e seus membros costumam ter papéis de ativação em vez de sistematização.

Intuímos que esses espaços questionam o lugar do educador transformando seus próprios saberes e práticas, descobrindo que a reflexão coletiva nos abre para novas possibilidades. A relação com a comunidade é chave; é a interlocutora num contexto real que se configura numa situação de convivência, que nos interpela e questiona na própria experiência do fazer.

Em suma, onde nos pomos em jogo como educadoras?

Falar do educativo no contexto da instituição cultural traz consigo um risco, ao mesmo tempo que evoca uma dúvida. No entanto, pode ser a oportunidade de desdobrar recursos, habilidades e possibilidades para atravessar aquilo que se apresenta como estático, invariável e inapreensível nos formatos convencionais de trabalho.

A relação educativa é o que é tecido entre diferentes elementos que podem, sempre como possibilidade, surgir de nosso lugar específico[31]. Como educadoras/educandos, aprofundamos as possibilidades de estar no mundo, ser interpelados e afetados por ele. Entretanto isso não é possível sem as garantias de um espaço onde está assentada a segurança de transgredir aquilo que se apresenta como absoluto, social e unitário. É necessário recorrer a um novo olhar sobre o que se considera possível na área da educação e das instituições e nos convoca em conjunto. Ao que Nora Sternfeld denomina "solidariedades"[32], nós acrescentaríamos "afetos e cuidados".

O período de férias com pertinência territorial não continuou dentro das agendas dos museus, mas nós, educadoras que passamos pela experiência, por um momento, pudemos nos comprometer com outras formas que estávamos determinadas a fazer.

---

31 P. Freire, *op. cit.*
32 N. Sternfeld, "Jugando bajo las reglas del juego. Participación en el museo post-representativo", em S. Gesser, A. Jannelli e S. Lichtensteiger (eds.), *Das partizipative Museum. Zwischen Teilhabe und User Generated Content. Neue Anforderungen an kulturhistorische Ausstellungen*, Bielefeld, 2012 (disponível em: <https://goo.gl/nvNJJM>), e N. Sternfeld e L. Zjaja, *What Comes After the Show? On Post-Representational curating*, Liubliana, 2012.

Luiz Guilherme Vergara

Curadoria educativa: percepção imaginativa/ consciência do olhar[1]

> *"Nós vivemos numa época na qual a arte muitas vezes parece ser uma língua estrangeira."*
> PHILIP YENAWINE[2]

Introdução

A proposta deste texto é justamente levantar as bases de uma reflexão sobre uma atitude estética formadora de um olhar que se fundamente numa prática do encontro com a arte contemporânea. No que consiste a vivência de significados da arte contemporânea? – seja ela uma língua estrangeira para o grande público ou deslocamentos de objetos achados em nosso dia a dia. Estes dois pontos antagônicos, a simultânea distância e proximidade entre a arte contemporânea e o mundo cotidiano, se desdobram na problemática do que essas tendências demandam por parte do sujeito da experiência estética. Que relações e atitudes estéticas são estimuladas para o encontro e o diálogo com os significados desses objetos/espaços metafóricos ou arqueologia contemporânea?

Diante dessas premissas, pode-se dizer que aquilo que (se) por um lado é um sintoma de distanciamento da arte, vista como "língua estrangeira" por

---

[1] Ensaio publicado originalmente em Luiz Guilherme Vergara, *Curadorias educativas*, Rio de Janeiro: ANAIS ANPAP, 1996.
[2] Philip Yenawine, *How to look at Modern Art*, Nova York: Harry Abrams Inc. Publishers, 1991.

Philip Yenawine, por outro invoca uma ação de descoberta, de revelações e conquistas por parte deste sujeito da obra de arte, o anônimo público, nunca antes explorada.

A consciência do olhar

A arte contemporânea se encaminha para uma atitude temporal, perceptiva, que mais adiante abordarei como percepção imaginativa. Desde os anos 1960, os artistas minimalistas, com as instalações chamadas *site specific* ("*site specific installations*"), Richard Serra, Robert Morris, entre outros, declaravam o fim da escultura como tal, ao mesmo tempo que criavam interferências em espaços arquitetônicos que, se deslocadas, seriam destruídas. "*To remove the work is to destroy the work*!" O fim da escultura se desdobra em redefinição e expansão da arte. A então nova proposta de arte (1960) se expande para um espaço/tempo não específico da tradição do mundo da arte. Douglas Crimp[3] relata a incompreensão do grande público diante de uma obra de Richard Serra. Quais eram as prerrogativas necessárias por parte do sujeito para entender tais interferências urbanas minimalistas? Sem dúvida, uma *língua estrangeira*! Pois as rupturas que estavam ali expressas envolviam um complexo percurso da história da arte e também da filosofia. O que estava em foco eram os espaços institucionais – o museu, o pedestal e os materiais que formaram a história da escultura e da arte. Mas toda essa discussão só era compartilhada por um restrito número de pessoas dentro do campo do mundo da arte. Para o grande público, mais uma vez, a incompreensão. Era mais um truque da história da arte moderna ou já pós-moderna?

A escultura *site specific*, proposta nos anos 1960 pelos artistas minimalistas, figura também como uma materialização pioneira da relação sujeito/arte/mundo. O meu interesse aqui, ao mencionar esse momento, é registrar quão importante esse movimento foi na expansão de fronteiras entre arte e vida. Ali se encontram as sementes do idealismo da nova escultura – a própria *desmaterialização* da arte – ou *materialização* desta como consciência no mundo. Ao mesmo tempo, essas instalações demandam um esforço da consciência com um espaço integralmente fenomenológico. A arte então

---

3 Douglas Crimp, *On the Museum's Ruins. Redefining Site Specificity*, Massachusetts (USA): The MIT Press Cambridge, 1995. p. 153.

quer ser construtora de consciência: *a consciência do olhar*. Os espaços (interno e externo) das instalações são fisicamente percorridos pelo sujeito. Essa situação é totalmente inédita. É extremamente interessante investigar a relação entre arte e filosofia no estudo deste período dos anos 1960 na história da arte. Merleau-Ponty publicava em inglês a obra *The Primacy of Perception* e, quase ao mesmo tempo, Gaston Bachelard publicava em Paris a *Poética do espaço* (1957). Ambos os trabalhos exploram relações entre percepção, espaço e a construção de consciência, que estão extremamente afins com as propostas minimalistas.

A arte passa a propor muito mais que história e memória: a construção de consciência, que aqui será referida como consciência do olhar. Pois se ela deve emergir do encontro com a arte, da experiência estética, ela é da esfera do *"primado do olhar consciente"*.

A arte se torna matéria filosófica, matéria mental e poética pura, pois ela conquistou o direito/responsabilidade (?) de levantar questões sobre a condição humana, a realidade, a mente humana, o meio ambiente, o pensamento, a percepção e a interpretação estética. Acima de tudo a arte se constitui ou oferece um espaço metafórico de experiência que reflete as transformações na relação sujeito/objeto, sujeito/mundo. E, ainda assim, ela é tida como incompreensível língua estrangeira.

A principal tendência ao final de nosso século é representada pelas instalações intermídias ou multimídias. Do fim do suporte tradicional da pintura (de limites bidimensionais), ou do pedestal na escultura, já muito discutido, a arte se expande para objetos, daí para espaços públicos (*site specific art*), arquitetura, cenários. A todas as manifestações eu chamaria de materialização de espaços metafóricos e, parafraseando Arthur Danto, "transfiguração do lugar comum", no qual o sujeito é parte penetrante da obra. Ao contrário do que se chama desmaterialização da arte, o que se nota é que, paradoxalmente, esta se esforça para redefinir sua inserção ou sua relação com a matéria ou material que constitui o universo cotidiano. Isso se dá através de apropriações e deslocamentos desse universo para o espaço "sagrado" dos museus e galerias – a arte volta ao MUSEU! Mas quer trazer o mundo reunido dentro de si para dentro do museu. Ao mesmo tempo, cresce o desentendimento e a distância para se acessar a intenção estética da produção artística contemporânea.

Essa questão foi muito bem explorada pelo New Museum of Contemporary Art, em Nova York, numa instalação com o título *Rhetorical Image*

Resource Room, que solicitava ao visitante que respondesse num cartão às seguintes perguntas: *Onde está o significado da arte? No próprio objeto? No sujeito, no observador? Ou no contexto onde este objeto está sendo exibido?*

Todas essas estratégias e discussões são consequências do problema de fragmentação e busca de integração entre arte e sociedade, mas, acima de tudo, da crise sujeito/mundo. Quanto mais nos aprofundamos no conhecimento do nível crescente de complexidade que atinge a sociedade contemporânea no processo irreversível de transformações (globalização), por mais ativos culturalmente que sejamos, ainda nos sentimos impotentes ou apenas passageiros deste trem chamado humanidade.

Arte e ação cultural – Curadoria educativa

Uma curadoria educativa tem como objetivo explorar a potência da arte como veículo de ação cultural. Ela se baseia num estudo iniciado em Nova York em três situações institucionais da arte bastante distintas. São elas: o Metropolitan Museum of Art, The New Museum of Contemporary Art, e as curadorias de Arte Pública de Mary Jane Jacob (*Culture in Action – Public Art*). O que existe em comum entre todos estes casos são os seus esforços para expandir os conceitos de curadoria para tornar as exibições naquilo que Mary Jane Jacob aponta como foco de uma ação cultural. Tornar a arte acessível a um público diversificado é torná-la ativa culturalmente. Esse é um ponto que tem sido crucial em debates e simpósios internacionais sobre museus de arte e sua redefinição. Ação cultural da arte supõe a dinamização da relação arte/indivíduo/sociedade – isto é, a formação da consciência e do olhar. Pode-se dizer que essa questão é muito embrionária aqui no Brasil. Reconhecendo o pouco valor e investimento que é dado para a expansão do horizonte relacional das exibições de arte e a sociedade, realizadas em espaços culturais públicos, essa preocupação se torna emergente como um embate contra a situação geral do sistema de artes vigente no Brasil. Nesse sentido, ao se propor a exibição de arte como ação cultural, tem-se como objetivo criar uma perspectiva de alcance para a arte ampliada como multiplicadora e catalisadora dentro de um processo de conscientização e identificação cultural. Sem dúvida, é preciso fundamento teórico/prático para transformar a experiência estética junto às exposições em um centro de interações multidisciplinar e diversificado acessível para vários níveis de público. Isso não significa uma subtração de potência da arte *per si* em favor de prioridades didáticas. Pelo contrário, expandir o conceito da relação arte/sociedade segundo perspectivas já apontadas por John Dewey (*Art as an Experience*, 1930) e, mais recentemente, por Joseph Beuys.

Estratégias de engajamento do público na experiência da Arte Contemporânea

A consciência do olhar: percepção imaginativa

Perspectivas fenomenológicas para a experiência estética

Esta abordagem, que, principalmente, enfoca um estudo da experiência estética, tem na fenomenologia sua base filosófica e metodológica. A questão fundamental está na relação arte e consciência, que implica paralelamente num conceito de arte como experiência sujeito/objeto. A construção de consciência através da experiência estética é o ponto-chave para se explorar a potencialidade da arte com essa abordagem fenomenológica. Resgatando a abordagem de John Dewey (*Art as an Experience*, 1930) para a relação experiência-consciência:

> Consciência não é algo *a priori* em si que então também entra em relação com algo – outro. A relação com o outro entra na própria essência do ato consciente. Assim, segue que a consciência é codeterminada pelo outro com o qual esta se relaciona.

O que aqui se torna ponto de interesse nessa relação recíproca de construção sujeito/mundo através da dialética entre consciência e experiência, que se dá no encontro com o objeto artístico. A construção da "consciência do olhar" será a nota chave desta abordagem. O olhar de Cézanne, a tensão entre percepção e consciência, que Merleau-Ponty e, mais tarde, Argan vão elaborar como reflexão do estar no mundo do artista.

A construção e formação do olhar que se dá através da experiência estética é sem dúvida um veículo de materialização da consciência – Estar e Ser no mundo – se revelando pelo tempo e experiência (consciência). Talvez, ao se apontar para a desmaterialização da arte, se considere a desmaterialização de suas fronteiras com a vida e a matéria cultural. Ao mesmo tempo, o que a experiência da arte contemporânea pede é a materialização dessa "consciência do olhar", desse ente que tanto foi ponto de questionamento de Heidegger. Ele vai resgatar no pensamento grego a resposta para Ser e Tempo (experiência): "Os gregos denominam o ser, ente, de *ousia*, que significa 'estância'... O seu modo de ser ou 'estância' tem, portanto, sentido temporal de presença..."[4].

Daí o que se propõe como questão: a potência para a arte está na esfera da experiência do olhar que é, acima de tudo, a experiência da consciência ativa. A arte é a materialização de uma consciência ativa (do artista) que se faz multiplicada em cada tempo/experiência no sujeito que se abre para essa experiência. O que se invoca é a supremacia do olhar/consciência com estância – o emergir do ente, do ser no tempo.

Arte como ponto de encontro/estranhamento – admiração e reconhecimento

Tempo 1: experiência perceptiva (individual) – estranhamento e/ou admiração.

Tempo 2: ato crítico/perceptivo – descrição e reconhecimento; (individual/ grupo).

Tempo 3: emergência de um ser poético/Imaginação ativa – associações, interpretação (interação em grupo).

A fruição e posse da obra de arte, isto é, quando a obra se abre para o sujeito, significando a vivência de significados, só se dá quando esse sujeito atinge o tempo 1.

A emergência desse ser poético, consciência poética, não é, *a priori*, anterior à experiência; esta se faz numa relação recíproca de despertar que envolve simultaneamente estranhamento/admiração, percepção/imaginação. O que se propõe aqui é uma aplicação em nível de metodologia daquilo que constitui o sentido fenomenológico de experiência estética de John Dewey[5].

---

4 Loparic Zeljko, "O ponto cego do olhar fenomenológico. O que nos faz pensar", vol. 1, n° 10. PUC/RJ, 1996.
5 Nota de revisão em 11 de abril de 2011: esta dimensão de aquisição de linguagem e pedagogia existencial vem sendo retomada em vários outros textos, como *Antropofagia contínua* (2004). A

Se existe a possibilidade de se reintegrar a arte a uma dimensão de ação cultural, o que está sendo proposto é que esse caminho se abra pela experiência do olhar – um despertar e construção de consciência. A consciência do olhar.

proposta de uma pedagogia existencial toma Paulo Freire para a formação de uma fundamentação teórica em que o aprendizado pela arte contemporânea exposta nos museus e centros culturais se desdobre da alienação (estranhamento) para a conscientização de relações entre o mundo da arte e a arte no mundo. Na 24ª Bienal de São Paulo, Paulo Freire foi tomado como uma das fontes para uma leitura transcultural, em que do estranhamento perante a diversidade dos discursos artísticos contemporâneos, em sua maioria expressando questões de engajamento com culturas locais (ênfase da curadoria de Paulo Herkenhoff – Antropofagias), se propunha uma atitude dialogal de potencialização do eu – identidade cultural. Admiração (*odd-miration*), o aprendizado de uma linguagem pelo encontro com o estranho, atinge uma dimensão também de ato de antropofagia contínua como processo educativo.

Carmen Mörsch e Catrin Seefranz

Fora do *cantinho*. Arte e educação na 24ª Bienal de São Paulo (1998)[1]

Em 1975, ano da 13ª Bienal de São Paulo, um grupo de artistas, entre eles Fred Forest, reuniu filmagens, entrevistas e restos materiais dos arredores do parque Ibirapuera para produzir artefatos para a "Bienal do Ano 2000", uma projeção arqueológica do futuro da própria bienal[2]. De fato, a bienal de 2000 quase não ocorreu: a edição planejada para o milênio foi postergada em duas ocasiões. Havia um déficit considerável no orçamento, demitiram o curador Ivo Mesquita, e o presidente da Fundação Bienal saiu no tapa com um dos artistas[3]. Segundo informações da imprensa, a Fundação atravessava "talvez a pior crise desde sua criação"[4]. Quando finalmente se realizou a 25ª edição, em 2002, a recepção por parte do público foi tímida[5]. No entanto, quatro anos

1 Ensaio publicado originalmente como "Out of the *cantinho* – Art Education at the 24th Bienal de São Paulo", em Lisette Lagnado y Pablo Lafuente (org.), em *Cultural Antropophagy: The 24th Bienal de São Paulo 1988*, London: Afterall Books, em associação com Center for Curatorial Studies, Bard College, 2015, pp. 188-204.
2 Juntamente com Hervé Fischer e Jean-Paul Thenot, o artista Fred Forest era integrante do Collectif d'Art Sociologique, que desenvolveu uma prática de pesquisa artística baseada em teoria sociológica. Forest participara da Bienal de São Paulo em 1973, na seção de Vilém Flusser, "Arte e Comunicação", e foi preso pela polícia durante o transcurso de uma de suas ações. Em 1975, ele produziu a "Bienal do Ano 2000" para o Museu de Arte Contemporânea da Universidade de São Paulo (MAC-USP). Ver Isabel Whitelagg, "The Bienal de São Paulo: Unsenn/Undone (1969-1981)", *Afterall*, nº 22, 2009, pp. 107-13.
3 Celso Fioravante, "Feud for Thought", *Artforum*, vol. 39, nº 3, 2000, p. 37.
4 *Ibid*.
5 As edições 25ª e 26ª tiveram como curador Alfons Hug, que reintroduziu a ordem "veneziana" de representação nacional, cujo efeito foi uma crítica negativa. "A 'Bienal da Antropofagia' [...] teve grande repercussão internacional e elogios, mas isso não foi suficiente para salvar a bienal de ingressar numa

antes, ocorrera uma Bienal de São Paulo, a 24ª, com muito mais potencial para realizar uma arqueologia do futuro das exposições, assim como para delinear o futuro da educação artística[6].

Entre as relíquias dessa 24ª edição (1998), imaginemos um discreto cubículo de metal e cristal coberto pela vegetação do Ibirapuera, com o logo do HSBC sobressaindo-se do mato. Tratava-se de uma sobra da Sala de Educação, uma estrutura levantada no piso térreo do Pavilhão Ciccillo Matarazzo, que uma vez funcionou como base de operações para as iniciativas educativas da bienal – um dos aspectos menos analisados, mas mais relevantes desta hoje reconhecida exposição. Esse *cantinho* para a educação artística foi concebido principalmente como um espaço para facilitar intercâmbios e oferecer informação aos professores visitantes (inicialmente se chamou "Sala do Professor"), mas, na verdade, foi muito mais que isso: para a 24ª edição, a educação já tinha se transformado num pilar fundamental da bienal. Este papel, no entanto, vinha acompanhado de certas ambivalências. No fim das contas, a sala estava localizada no piso térreo, na área de serviço, que era utilizada como vitrine para os sócios corporativos e patrocinadores. Havia ali, além disso, quiosques de revistas e jornais que colaboraram com o evento ou estandes de casas fotográficas, como a Kodak.

Tomando como ponto de partida a imagem do contêiner rejeitado e desenterrado das profundezas, podemos escrever uma modesta arqueologia do projeto educativo na 24ª edição da bienal. Podemos, ao mesmo tempo, reconstruir e contextualizar suas políticas e sua prática da educação artística, que foram ambiciosas e avançadas para sua época. O que surgiu desse *cantinho* entrou num campo de força cultural em que se misturavam interesses de ordem política, curatorial, econômica, de políticas públicas e de educação das artes. Essa arqueologia revela uma continuidade que desempenhou um

---

grave crise durante os anos posteriores". Ver Kiki Mazzucchelli, "The São Paulo Bienal and the Rise of Brazilian Contemporary Art", em Hossein Amirsadeghi (ed.), *Contemporary Art Brazil*, London: Thames & Hudson, 2012, p. 22.

6 Nós, as autoras, gostaríamos de enfatizar que este texto oferece uma perspectiva moldada por nosso vínculo com exibições de grande escala, tal como a Documenta X ou 12. Não podemos dar conta das complexidades da Bienal de São Paulo em décadas recentes. Baseamo-nos em arquivos e documentos do programa educativo, como também em relatos orais por parte dos mais de 160 educadores que participaram da 24ª Bienal. A pergunta sobre quão afirmativa ou crítica foi a proposta educativa desenvolvida tanto quanto se houve guinadas críticas contra a instituição (não previstas no desenvolvimento total do programa) teria que ser corroborada por meio de entrevistas com seus protagonistas: público, educadores, professores, entre outros.

importante papel na história – caracterizada por numerosas quebras – dessa evidente "instituição instável"[7].

1. Uma "diferença curatorial"

Na 24ª Bienal de São Paulo, a educação foi implementada de cima, aparecendo no alto dos anúncios da proposta curatorial e da política institucional. Essa foi uma situação pouco usual, apesar do longo compromisso da bienal com a área da educação. Nas palavras de Evelyn Ioschpe, diretora dessa área naquela edição: "Enquanto normalmente a educação vem a reboque da curadoria, ou mesmo a despeito da curadoria, aqui no momento zero se manifestara a vontade da instituição e da curadoria de que se realizasse um esforço educacional importante"[8]. Julio Landmann, presidente da Fundação Bienal de São Paulo naquele momento, descreve o imperativo educacional junto com o curador da exposição, Paulo Herkenhoff, da seguinte maneira:

> Desde o primeiro mês de preparação, redigimos um documento em que destacávamos as principais funções da bienal. Tinha em torno de vinte: desde ser um museu temporal até uma representação simbólica da cidade de São Paulo, desde educar o olhar de artistas jovens até mostrar a arte brasileira na cena internacional. A 24ª Bienal foi erguida em três etapas: exposição, educação e edição –, por meio do que ela mesma começou a se ver como um instrumento útil para a educação na arte[9].

O peculiar lugar constitutivo dado à educação artística naquela edição fica patente pela criação do posto de diretor educacional na Fundação Bienal. Como as minutas de uma reunião interna indicam, a decisão "reconhecia a importância desse aspecto da exposição e buscava estendê-lo além da duração da bienal"[10]. Não obstante, em termos práticos, passaram-se mais dez anos para que se estabelecesse finalmente um departamento de educação permanente, em 2009.

---

7   Tomamos esse termo de Carlos Basualdo; ver "The Unstable Institution", *MJ-Manifesta Journal*, nº 2, 2003-2004, pp. 50-61.
8   Evelyn Ioschpe, "Bienal e educação", *Revista USP*, nº 52, pp. 108-15.
9   Ver a reflexão de Julio Landmann em *Bienal de São Paulo 50 anos, 1951-2001/50 years of the São Paulo Biennial*, São Paulo: Fundação Bienal, 2001, p. 323.
10 Fax datado de 14 de dezembro de 1998 com as atas da reunião ocorrida em dezembro de 1997. Arquivo Histórico Wanda Svevo/Fundação Bienal de São Paulo.

Assim como a nova ênfase da Fundação na educação artística poderia ser interpretada como uma nova política institucional numa fase de expansão estratégica, o investimento econômico e simbólico na educação talvez tenha constituído também uma posição curatorial (de acordo com Landmann, esse investimento financeiro foi de mais de 1 milhão de reais, o que equivalia então a aproximadamente 1 milhão de dólares, de um total de 15 milhões de reais do orçamento geral da exposição). Conforme registram as minutas, na primeira reunião sobre o "Projeto Arte-Educação", Herkenhoff assinalou "a importância da bienal em São Paulo, onde a capital econômica se converte em capital simbólica, e a bienal numa grande instituição educativa"[11]. Isso sugere a percepção crítica que tinha Herkenhoff sobre a bienal como aparato de representação hegemônico, que podia ganhar potencial crítico ou democrático ao adaptar o espaço ao seu programa educativo. Esse processo podia também legitimar sua posição como curador comprometido, envolvido em todo tipo de relações de poder por trabalhar num projeto dessa natureza. Numa análise *a posteriori*, Herkenhoff resume sua reconfiguração dos parâmetros tradicionais da instituição opondo seu projeto à noção de um "hotel da arte": "Eu não ia realizar a bienal conforme os parâmetros estabelecidos [...] a bienal não deveria ser um hotel da arte, mas antes um processo que constitua uma reflexão em torno da arte a partir de uma perspectiva específica"[12].

No projeto de Herkenhoff para a 24ª Bienal, o museu foi o local onde a reflexão sobre a arte – esta intervenção nos paradigmas dominantes da história da arte e esta descentralização do modernismo hegemônico – tornou-se possível, o que, sem dúvida, constituiu uma reescrita da história (da arte). Essa edição confiou sua nova narrativa decididamente pós-colonial e seu "salto epistemológico" à reinvenção do museu, permeado pelo projeto colonial[13].

---

11 *Ibid.*
12 Paulo Herkenhoff, citado por Hossein Amirsadeghi (ed.), *op. cit.*, p. 168. Havia também uma razão pragmática para enfatizar a dimensão educativa na 24ª edição: "Nas multifacetárias negociações de empréstimos de museus estrangeiros, sempre houve maior espírito de colaboração ao mencionar o projeto educativo". Paulo Herkenhoff, "Bienal 1998: princípios e processos", *Trópico*, 22 de abril de 2008, sem página. Disponível em: <https://goo.gl/C7bVpo>. Acesso em: 15 abr. 2015.
13 *Ibid.* A 24ª edição se caracterizou por uma reflexão sobre a instituição do museu e começou a questionar a violência simbólica presente habitualmente no espaço de exibição. "Se o espaço de exibição implica linguagem e poder dentro da Bienal, é necessário então desierarquizar os espaços, desierarquizar os países."

Sob o espírito de uma "instituição crítica"[14], criou-se um plano de ação para um museu reflexivo, um "lugar aberto e uma instituição pública"[15], dedicado à educação e ativando parcialmente seus trabalhos de financiamento público[16]. Essa bienal foi assim concebida como uma máquina educativa estilo museu, uma máquina concebida em termos superlativos; tratava-se, afinal, de mobilizar a dimensão de uma audiência de alunos de colégio equiparável ao volume demográfico de uma pequena cidade no mundo[17]. Anos depois, a postura curatorial baseada no educativo, anunciada na 24ª Bienal, converteu-se, no Brasil, em *status quo*. Herkenhoff se propõe a ler essa proposta como a "diferença curatorial brasileira", como uma atitude de compromisso que "é parte de uma consciência social que caracteriza o Brasil, por meio da qual uma exposição artística pode contribuir para criar *cidadania*, um processo impulsionado pelo curador enquanto agente, em que a educação é um elemento fundamental"[18].

2. História subterrânea

A partir dos documentos citados, o compromisso educativo da 24ª Bienal aparece como uma iniciativa totalmente nova. No entanto, o certo é que ela se construiu sobre significativas experiências prévias que permaneceram "subterrâneas" por muito tempo[19]. Já se assinalou que "desde seus primórdios, [a bienal] cumpriu uma função pedagógica"[20]: desde a primeira edição

---

14 Andrea Fraser, "From the Critique of Institutions to an Institution of Critique", *Artforum*, vol. 44, nº 1, setembro de 2005, pp. 278-83.
15 Martin Grossmann, "O Antimuseu" [1989], *Revista Forum Permanente*, vol. 1, nº 1, 2012. Disponível em: <https://goo.gl/bj2XV8>. Acesso em: 15 abr. 2015.
16 "Compreender eticamente que o dinheiro comporta um custo social conduz a gerar um plano de ação no setor de educação pública" – Paulo Herkenhoff, "Bienal 1998: princípios e processos", *op. cit.*
17 "O projeto educativo desta bienal se projeta a ser o maior programa de educação artística associado a um evento de arte ocorrido em qualquer lugar do mundo. Isso equivale a mobilizar toda uma cidade mediana para uma exibição de arte" – Evelyn Ioschpe, fax para Cynthia (falta o sobrenome), membro da Fundação Bienal, 30 de março 1998, Arquivo Histórico Wanda Svevo/Fundação Bienal de São Paulo.
18 Paulo Herkenhoff, em "Dez anos depois: um debate com Paulo Herkenhoff", *Trópico*, 22 de abril 2008.
19 Lilian Amaral empregou esse termo ao conversar com Mary Lourdes Setsuko Yamanaka em "A experiência visível: entrevista com Lilian Amaral". O marco geral para essa história artístico-educativa pode ser encontrado na história oral da Bienal de São Paulo, disponibilizada recentemente para o público (ver "Seminário Arte em Tempo", disponível em capítulos no YouTube), e em citações prévias.
20 Kiki Mazzucchelli, *op. cit.*, p. 18. Ver também Vinicius Spricigo, *Modes of Representation of the São Paulo Biennial/Modos de Representação da Bienal de São Paulo*, São Paulo: Hedra, 2011.

uma ampla variedade de visitas foi oferecida[21], e gerações de estudantes de arte se encarregaram da "alfabetização visual"[22], ou seja, de ensinar àqueles membros da audiência que estavam interessados em ser educados "a ver de forma correta"[23].

Durante suas primeiras décadas, a bienal parece ter funcionado como uma espécie de academia particularmente intensiva e de alta qualidade para todos os contratados como educadores[24]. Até a década de 1980, o programa de educação artística tinha se concentrado no formato clássico da visita e tendia a ser complacente em sua aproximação ao aparato expositivo e suas narrativas curatoriais; no entanto, cabia a possibilidade de certos distanciamentos particulares do roteiro; por exemplo, com os *tours* dados pelos corpos travestidos na década de 1960[25]. Segundo Ivo Mesquita, "o sistema era completamente diferente do de hoje"; concentrava-se exclusivamente na história da arte[26].

Nos anos da ditadura militar, de 1964 a 1985 – quando, apesar do regime, foram apresentadas articulações dissidentes em várias bienais[27] –, a educação artística para estudantes na idade escolar se converteu em parte do programa da mostra. Isso ocorreu graças à iniciativa de Antonio Santoro Junior, que era seguidor da bienal, provinha de uma família de *clowns* profissionais e terminou se formando professor de arte. O programa que organizou para escolas vizinhas do parque Ibirapuera pode ser visto como um precedente embrionário do programa de visitas escolares em grande escala da 24ª Bienal. Depois disso, a frequência de estudantes aumentou ao

---

21 Evelyn Ioschpe, "Projeto Núcleo Educação Bienal/Sesc", em *XXIV Bienal de São Paulo: Arte Contemporânea Brasileira: Um e/entre outro/s* (cat. exp.), São Paulo: A Fundação, 1998, p. 206.
22 Ver os comentários de Aracy Amaral sobre as primeiras edições da bienal, "30xbienal, década de 90", 2013. Disponível em: <https://goo.gl/WJ1is5>. Acesso em: 15 abr. 2015.
23 Ver Simon Sheikh, "Letter to Jane (Investigation of a Function)", em Paulo O'Neill e Mick Wilson (eds.), *Curating and the Educational Turn*, London: Open Editions, 2010, pp. 61-75.
24 Os participantes eram usualmente voluntários, embora às vezes recebessem honorários. A historiadora da arte Cristina Freire recorda as generosas condições do programa de treinamento anual, para o qual havia também bolsas disponíveis, em "30xbienal, década de 80", 2013. Disponível em: <https://goo.gl/fLXAAn>. Acesso em: 15 abr. 2015.
25 O ex-educador Luiz Munari recorda que a "deusa" Ricardo, "obviamente um travesti", fazia *tours* travestido, com a autorização do curador. Ver "30xbienal, década de 80", *op. cit.*
26 Ivo Mesquita, "30xbienal, década de 70", 2013. Disponível em: <https://goo.gl/8thZeC>. Acesso em: 15 abr. 2015. Mesquita ocupou distintos cargos durante as subsequentes edições, desde educador para a 15ª edição, em 1979, até curador da 28ª, em 2008.
27 Ver Isabel Whitelagg, *op. cit.*

longo dos anos, de 20 mil em 1975 (cifra alcançada graças a uma estratégia de cooperação com um jornal) para 130 mil em 1998 (110 mil de escolas públicas e 20 mil de escolas privadas, por meio de um sistema de cooperação com o estado de São Paulo)[28]. Quando terminou a ditadura militar e começou o governo civil, em 1985, as iniciativas no âmbito da educação continuaram, mas sob condições que, comparadas às da 24ª edição, eram quase informais. Como o educador Chaké Ekisian conta sobre a 18ª Bienal, em 1985, sob a curadoria de Sheila Leirner, a primeira coisa que a equipe de educadores fez foi comprar um mapa da cidade para localizar as escolas que ficavam próximas do parque[29].

A célebre 16ª Bienal, curada por Walter Zanini, em 1981, ofereceu várias mudanças de paradigma que se infiltraram até na área de educação. Com determinação, Zanini concebeu a exposição como um meio, seguindo as ideias que o filósofo Vilém Flusser tinha traçado quando foi conselheiro da bienal no início dos anos 1970[30]. Isso levou a reflexões sobre o "processo de comunicação entre a arte e o público"[31], um tema amplamente debatido no campo da educação artística naquele momento; e foi assim como se iniciou uma mudança nas (e uma análise das) relações de poder. Sobre a 18ª edição (1985), Chaké Ekisian recorda também: "Tínhamos bem claro quais eram os requisitos para os educadores de arte. Não estávamos ali para dizer às pessoas o que pensávamos. E não estávamos ali para lhes explicar o que tinham visto"[32].

Houve também naqueles anos uma firme determinação de abordar as relações de poder territorial entre curadores e educadores em arte, dando-se a estes últimos uma maior liberdade e maior margem de ação do que seria possível conceber em edições posteriores. Para as edições 18ª e 19ª, por exemplo, ambas com curadoria de Leirner e realizadas em 1985 e 1987, assegurou-se o espaço de oficinas para estudantes e trabalhadores de "várias fábricas"[33] ligadas à exposição. As oficinas foram realizadas dentro desta, embora apenas

---

28 Ver Maria Hirzman, "Bienal tem menos público, mas balanço é considerado positivo", *O Estado de S. Paulo*, 19 de dezembro de 1998.
29 "Estávamos presentes apenas nos arredores", numa rádio limitada. "Entrevista com Chaké Ekisian", *Educativos – uma história*.
30 Na edição de 1973, as ideias de Flusser foram implementadas parcialmente. Por exemplo, nas obras de Fred Forest citadas no começo de seu ensaio e na seção "Art and Communication".
31 Vinicius Spricigo, *op. cit.*
32 "Entrevista com Chaké Ekisian", *op. cit.*
33 Chaké Ekisian, em "30xbienal, década de 80", *op. cit.*

pelas manhãs e "com muito cuidado", abrindo-se a oportunidade de exibir os resultados posteriormente. Para Lilian Amaral, uma dessas oficinas da 19ª Bienal significou um momento decisivo:

> Me lembro de que ali ocorreu uma mudança significativa, uma situação de "antes" e "depois". A bienal mudou seus discursos, o trabalho realizado ali ficou mais visível e os visitantes se sentiram tão tocados pela arte que começaram eles mesmos a fazer arte também. Contar com um lugar para produzir arte é fundamental, é importante demais; isso mudou minha relação com a educação artística[34].

Como diretora de educação artística da 23ª Bienal em 1996, Amaral continuou a discussão sobre o poder territorial entre curadores e educadores, afirmando que "os curadores deviam compartilhar seu espaço e reduzir suas demandas de hegemonia". Naquela edição, socavando a "autoridade curatorial", foram produzidos materiais de ensino "semiclandestinos", já que "os curadores não nos permitiram escrever nenhum texto crítico"[35]. De modo parecido, o projeto "Mapas urbanos; arte contemporânea, a cidade e o público", que consistia em 120 cartazes com desenhos dos participantes da oficina educativa espalhados pela cidade de São Paulo e no lugar onde ocorrera a oficina, no Paço das Artes, realizou-se praticamente nas costas dos curadores[36]. Amaral também implementou um ambicioso programa escolar; os milhares de estudantes que assistiram a exposição contribuíram para alcançar o recorde de visitantes que a direção esperava[37].

Portanto, o campo em que a 24ª Bienal construiu seu *cantinho* e onde implementou de maneira exitosa seu ambicioso programa educativo já tinha sido semeado anos atrás; e foi assim que suas próprias atividades em 1998 prepararam o terreno para as edições seguintes. A "Bienal do Futuro", se tivesse ocorrido em 2000, provavelmente teria colocado a educação no centro

---

[34] "A experiência visível: entrevista com Lilian Amaral", *op. cit.*

[35] *Ibid.*

[36] O Paço das Artes, um espaço de exposição na Universidade de São Paulo, a 15 quilômetros do parque Ibirapuera, era acessível por meio de um ônibus contratado que ia até lá quatro vezes por dia.

[37] "Edemar Cid Ferreira era o presidente, e ele estava obcecado em bater o recorde de visitas a todo custo. Se Rodin e Monet puderam mobilizar 500 mil pessoas no Rio e em São Paulo, se havia fila fora da Pinacoteca, por que a bienal não bateria o recorde? [...] Assim, cada manhã tínhamos 6 mil estudantes de escolas públicas. Tinha de ser pela manhã para que não se misturassem com o público que pagava a entrada. Em todo caso, ele tinha a ideia de que os meninos causam desordem". "A experiência visível: Entrevista com Lilian Amaral", *op. cit.*

de suas preocupações. Isso é possível inferir graças ao que o curador designado, Ivo Mesquita, disse: "O interesse primordial do curador é, em todos os casos, a educação"[38].

3. Uma "grande escola"

A contraparte imaginária das obras exibidas durante a 24ª Bienal era a "massa"[39] de não iniciados[40], composta, em sua maioria, de estudantes do sistema de educação pública, uma coletividade que foi chamada – em edições posteriores – de "periferia"[41] ou "comunidades"[42].

Essa "massa" de 1998 só pode ser visualizada e compreendida por meio da conceituação que a 24ª edição faz de si mesma como uma "grande escola", um termo cunhado pelos membros da equipe educativa[43]. Esta se referiu de forma específica ao setor da educação pública e seus protagonistas – diretores, professores e estudantes das escola públicas da cidade e do estado de São Paulo. À luz da extrema segregação de classes do sistema educativo do Brasil (que se mantém até hoje), esta foi uma posição categórica. "Centrarmos no setor da educação pública foi uma decisão política e social"[44], lembra Milene Chiavatto, coordenadora das visitas guiadas. Isso ocorreu em paralelo às transformações na política educativa que aconteciam no Brasil nesse mesmo período. Após a aprovação da Nova Lei de Diretrizes e Bases da Educação Nacional, em 1996, a educação artística começou a ser obrigatória para todas as escolas[45]. Dois anos depois, em 1998, o Ministério de Educação fez uma

---

38 Ivo Mesquita, citado em Maria Hirzman, "Bienal investe na clareza pedagógica", *O Estado de S. Paulo*, 19 de dezembro de 1998.
39 Paulo Herkenhoff, "Bienal 1998: princípios e processos", *op. cit.*
40 Evelyn Ioschpe, "Bienal e educação", *op. cit.*, p. 110.
41 Denise Grinspum, "A 27ª Bienal de São Paulo e seu projeto educativo", em *27ª Bienal de São Paulo: Seminários*, São Paulo: Cobogó, 2006, p. 393.
42 Ver "29ª Bienal de São Paulo – Entrevista com Stela Barbieri", 2010. Disponível em: <https://goo.gl/yUuqLJ>. Acesso em: 15 abr. 2015. As perspectivas políticas dessa mudança merecem maior investigação. O sistema escolar público no Brasil é utilizado por setores da população com recursos economicamente limitados, e as próprias escolas operam com grandes déficits, tanto em termos humanos quanto materiais.
43 Ver comentário de Luiz Guilherme Veragra em "30xbienal, década de 90", *op. cit.*
44 "30xbienal, década de 90", *op. cit.*
45 Isso não acontecia pela primeira vez; houve uma legislação similar já em 1971; isso continuou, ao menos até 1983, com uma série de tentativas para eliminar o curso.

atualização e revisão dos Parâmetros Curriculares Nacionais, de maneira que a 24ª Bienal interveio com entusiasmo nesse processo.

Com o objetivo de contribuir para a tarefa de "criar cidadania"[46] por meio da educação artística, o Núcleo de Educação desenvolveu um programa baseado em três prioridades: capacitar professores do sistema de educação pública como especialistas em bienal, assim como "multiplicadores de público" (as visitas de estudantes somaram mais da metade da assistência esperada para as visitas guiadas); desenvolver um programa de educação artística na própria exposição e apresentar uma plataforma educativa paralela *on-line*. Como consta no documento do Núcleo de Educação, a máquina de educação artística da 24ª Bienal está baseada na premissa de um conceito avançado e exaustivamente "desconstrutivo" do educativo, cuja intenção era devorar e digerir a agenda curatorial num ato (artístico) de antropofagia pedagógica: "O discurso do Núcleo de Educação absorveu a narrativa curatorial [...] numa fusão produtiva, na qual os educadores se lançaram vorazmente sobre o material curatorial para educar apaixonadamente o público sobre ele"[47]. Milene Chiovatto lembra daqueles momentos de incorporação do aspecto pedagógico como evidência do apetite que tinha "pela cabeça do rei": "Foi *antropofagia* no mais alto nível a forma como, de alguma maneira, engolimos a cabeça de Paulo [Herkenhoff]; aquele sonho louco que ele tinha de repente se tornou tangível também para nós"[48].

Essa situação deu lugar a um programa teórico minucioso, formulado por Luiz Guilherme Vergara, membro da equipe de educação da bienal e, na época, diretor de Educação do Museu de Arte Contemporânea (MAC) de Niterói. Esse programa se alimentou da fenomenologia e pedagogia crítica, assim como da recém-estabelecida *metodologia triangular* da pedagoga em arte Ana Mae Barbosa[49]. O objetivo era "criar uma consciência (trans)cultural, crítica e poética por meio da arte"[50], tomando a dimensão do *estranhamento*

---

46 Paulo Herkenhoff, em "Dez anos depois: um debate com Paulo Herkenhoff", *op. cit.*
47 Evelyn Ioschpe, "Bienal e educação", *op. cit.*, p. 112.
48 "30xbienal, década de 90", *op. cit.*
49 Barbosa era também consultora da 24ª Bienal. Aquilo que começou como *metodologia triangular*, que depois se converteu em *propostas* e finalmente em *abordagem* da educação artística, consiste numa combinação de *apreciar, contextualizar* e *experimentar*. Ainda hoje, continua sendo um paradigma muito discutido e praticado na educação artística no Brasil. Ver Ana Mae Barbosa, *A imagem do ensino da arte: anos oitenta e novos tempos*, São Paulo: Perspectiva, 1991.
50 Núcleo Educação (ed.), *Conceitos e metas – XXIV Bienal de São Paulo: curadoria educativa*, 1998, manuscrito não publicado da Fundação Bienal, Arquivo da Fundação Bienal, p. 9.

como ponto de partida "para aproveitar o potencial da tensão comunicativa da arte"[51].

O foco foi a ativação de um "público diverso"[52] que, cativado pela arte e pelos educadores, se empoderaria como "produtor de significados". "A educação artística que une essas experiências com as circunstâncias pessoais de cada um pode ser muito enriquecedora, principalmente porque ativa a consciência de pertencer a um coletivo e de ter a capacidade de produzir significados à luz da arte, da cultura e da própria vida"[53]. Em termos conceituais, a aproximação à educação artística se afastou do conceito de *educação bancária* – para usar um termo cunhado por Paulo Freire que se refere a um tipo de educação acumulativa de saberes que reproduz as relações de poder – para avançar em direção a uma *educação problematizadora*, uma educação que coloca problemas críticos e defende uma agenda emancipatória, que usa a alienação como ponto de partida produtivo[54]. Para esse processo politizado de construção do sujeito, Vergara propôs a noção de *antropofagias contínuas*, como uma maneira de descrever a dinâmica que seria posta em marcha pelos educadores: "Esta atitude antropofágica não é passiva; ao contrário, exige uma mobilização individual para intercambiar e compartilhar experiências significativas relacionadas com as circunstâncias da vida de cada um"[55]. As chamadas *curadorias educativas* foram introduzidas para traduzir os conceitos curatoriais em "propostas educativas com rotas temáticas". Por meio delas, esperava-se que a equipe educativa da bienal adotasse uma posição de autoconsciência e poder (apesar de que a noção de *curadoria educativa* teve escassa presença nos discursos públicos da exposição).

É difícil reconstruir, sobre a base dos materiais conservados no Arquivo Histórico Wanda Svevo da Fundação Bienal, até que ponto os conceitos citados anteriormente foram incorporados aos programas de ensino da "grande escola" que se desenvolveu na exposição. Outra pergunta sem resposta tem a ver com a forma como o conceito subjacente ao programa, com seu avançado marco teórico, poderia ter sido traduzido para uma prática de educação artística concreta, considerando os milhares de visitas que fizeram com

---

51 Evelyn Ioschpe, "Bienal e educação", *op. cit.*, p. 112.
52 Núcleo Educação (ed.), *op. cit.*, p. 8.
53 *Ibid.*, p. 8.
54 Ver Paulo Freire, *Pedagogia do oprimido*, São Paulo, Paz e Terra, 2013.
55 Núcleo Educação (ed.), *op. cit.*, p. 10.

que o programa educativo girasse como um "pião enlouquecido"[56]. Parece, contudo, que o intuito de implementar um nível básico de (auto)reflexão no interior dessa máquina educativa teve êxito:

> Definimos os terrenos nos quais desejávamos trabalhar com maior clareza em relação ao como e ao que desejávamos fazer. Não partimos da suposição – e creio que pela primeira vez de forma consistente – de que a educação artística teria de apenas guiar as pessoas pelos espaços da exposição. Penso que isso foi uma grande revolução na mentalidade da bienal e, em minha opinião, de todas as instituições culturais contemporâneas[57].

O projeto "A Educação Pública e a XXIV Bienal de São Paulo", coordenado e documentado minuciosamente por Iveta Fernandes, estava no coração da "grande escola"[58]. Oferecia um extenso programa a diversos profissionais do sistema da educação pública – professores de arte e de outras disciplinas – que se ocupam de meninos de diferentes idades e que vinham de diversas escolas; delegados distribuídos pelo campo pedagógico da cidade e do estado de São Paulo. Segundo Evelyn Ioschpe, participaram mais de 3 mil docentes de mais de 140 distritos desse estado[59]. O projeto começou com uma videoconferência em cooperação com a TV Cultura, o que permitiu maior interação com as escolas participantes. Uma série de eventos, seminários e cursos (com certificados para os que assistiam) procuravam estimular o compromisso educativo com a 24ª Bienal e foram oferecidos em cooperação com instituições como o Museu Lasar Segall, o Museu de Arte de São Paulo (Masp), o Museu de Arte Moderna (MAM-SP), o Serviço Social do Comércio (Sesc) e o Museu de Arte Contemporânea da Universidade de São Paulo (MAC-USP).

Essas sessões de trabalho se concentraram principalmente na 24ª edição, como uma antecipação das visitas de vários grupos à exposição, em que fariam uso dos materiais de educação artística disponível. O foco do programa se estendia também mais, buscando intervir de forma ativa no

---

[56] Milene Chiavatto, "30xbienal, década de 90", *op. cit.*
[57] *Ibid.*
[58] Ver Iveta Fernandes, *Relatório do projeto A Educação Pública e a XXIV Bienal de São Paulo*, 1998, Arquivo Histórico Wanda Svevo/Fundação Bienal de São Paulo.
[59] Evelyn Ioschpe, "Projeto Núcleo Educação Bienal/Sesc", *op. cit.*, p. 204.

reposicionamento da arte contemporânea dentro do sistema educativo geral. Isso deu lugar à criação de um acordo de cooperação com a Secretaria de Educação do Estado de São Paulo, algo fundamental para um projeto dessa escala. Um dos componentes-chave do programa foi a produção de materiais educativos: foram distribuídas nas escolas da cidade 15 mil cópias de uma coleção de vinte cartazes com imagens da exposição do "Núcleo Histórico" e um *kit* de perguntas e informação. Dessa maneira, a 24ª Bienal, com sua "proposta de uma visão não eurocêntrica"[60] e sua intenção de intervir no cânone da história, chegou a muitas aulas e penetrou também os próprios currículos educativos. Este *Material de apoio educativo para o trabalho do professor com arte* ofereceu pontos de partida concretos ao projeto. Em relação a uma pintura de Tarsila do Amaral, propunha, por exemplo, refletir sobre como se poderia desenvolver reflexões em torno das representações e a realidade da população indígena do Brasil; ou como a obra de Leonilson poderia dar pano para mangas a fim de integrar a homossexualidade no ensino (um tema tratado também no novo currículo)[61]. O material foi produzido por vários autores, resultando numa "riqueza de leituras polifônicas" e numa série de recursos que hoje ainda "têm muita demanda e são utilizados com frequência"[62].

Como é de costume na história da bienal, as visitas guiadas foram centrais no programa de educação artística da 24ª edição, baseado no conceito de *curadoria educativa*. O programa de capacitação de três meses para 160 educadores (escolhidos de um total de 800 concorrentes, que, como parte do processo de seleção, foram solicitados a articular sua opinião acerca do modernismo brasileiro) foi realizado juntamente com o Sesc São Paulo. Tanto as visitas "fixas" quanto as "móveis" (calculou-se que seriam necessárias 146 mil) foram planejadas: os educadores ficavam em pontos específicos para esclarecer as dúvidas dos visitantes[63], ao mesmo tempo que se ofereciam

---

[60] Lisette Lagnado, "On How the 24th São Paulo Biennial Took on Cannibalism", *Third Text*, vol. 13, nº 46, 1999, p. 83.
[61] Ver Núcleo Educação (ed.), *Material de apoio educativo para o trabalho do professor com arte*, São Paulo: Fundação Bienal, 1998.
[62] Ver comentários de Luiz Guilherme Vergara e Iveta Fernandes. Em: "30xbienal, década de 90", *op. cit.*
[63] Foram feitas também camisetas com o *slogan* "Tira-Dúvidas" [esclarecer ou eliminar perguntas], que de alguma maneira reforçaram a autoridade das explicações dadas pelos educadores.

também visitas individuais. Todos os educadores receberam um salário fixo (um *monitor júnior* fixo recebia R$ 500,00 por uma jornada de seis horas; um *monitor sênior* móvel, R$ 730,00 por quatro horas), e as condições de trabalho deles estavam reguladas pela Fundação Bienal[64].

Adicionalmente, os educadores da bienal desenvolveram "Conversas com Arte", oficinas com temáticas específicas realizadas durante a exposição. O músico Hélio Ziskind e a curadora e crítica Lisette Lagnado se encarregaram de produzir um audioguia. A renda obtida pelo aluguel do audioguia foi destinada a apoiar o desenvolvimento de projetos dos professores relacionados com a bienal em suas respectivas escolas.

4. Dessincronizado

A discussão e a prática da educação artística em eventos artísticos similares de grande escala na Europa, como Documenta X, Skulptur Projekte Münster e a 47ª Bienal de Veneza (todas em 1997), evidenciam um certo desajuste com respeito ao ocorrido na 24ª Bienal de São Paulo[65]. Nos eventos europeus, a educação não se concebia em termos de importância conceitual ou programática para o enfoque curatorial. Ao contrário, era reduzida à clássica "atenção aos visitantes": um serviço orientado à transmissão de informação a tantos clientes quanto fosse possível, desde não iniciados até convidados *VIPs*. Esses esforços foram particularmente escassos em Veneza, a tal ponto que quase não podem ser reconstruídos com pesquisas em seus arquivos e entrevistas[66]. Em Münster, foram propostos diferentes formatos e rotas para as visitas, assim como uma quantidade limitada de oficinas para grupos escolares[67]. Em Kassel, para Documenta X, uma firma subcontratada ofereceu

---

64 "Relatório de previsão de custos com pessoal", fax de Mia Chiovatto a E. Ioschpe, 14 de abril de 1998, Arquivo Histórico Wanda Svevo/Fundação Bienal de São Paulo.
65 Enquanto Herkenhoff identifica Veneza e Kassel como seus principais modelos para a 24ª Bienal, é preciso notar uma série de bienais prévias que integraram iniciativas discursivas e de não exibição em suas propostas no Sul. Ver Anthony Gardner e Charles Green, "Biennials of the South on the Edges of the Global", *Third Text*, vol. 27, nº 4, 2013, p. 454.
66 Nos arquivos da Bienal de Veneza podem ser encontradas escassas referências ao programa educativo da edição de 1997. Dos três catálogos com os quais conta a bienal, somente uma página está dedicada à arte e à educação, com informação prática e sucinta. Ver Germano Celant (ed.), *La Biennale di Venezia. XLVII Esposizione Internazionale d'Arte* (cat. exp.), Milano: Electa, 1997, p. 16.
67 Ver o *site* de Skulptur Projekte Münster: <https://goo.gl/qzCWbt>.

diversos formatos de visita e conferências introdutórias "com critério empresarial" e "guiou 150 mil visitantes com um *staff* de 70 pessoas". Por sua vez, o Serviço de Pedagogia do Museu Fridericianum da cidade de Kassel coordenou um pequeno programa para crianças[68].

Diferentemente disso, existem múltiplas correspondências entre a imagem que a 24ª Bienal gerou de si mesma como uma iniciativa educativa, incluindo o desenho do programa nessa área como uma prática crítica e culturalmente autônoma, e o *status* da educação artística em outras regiões geopolíticas, como os Estados Unidos e a Inglaterra. Desde o século XIX, a prática educativa anglo-americana se desenvolveu através de um cenário baseado numa relação ambivalente entre disciplina e emancipação. Dos anos 1970 em diante, os esforços pela emancipação foram impulsionados principalmente pela relação entre artistas que trabalhavam em educação e ativistas ligados aos movimentos de direitos civis[69]. Esses movimentos, assim como a educação em instituições artísticas anglofalantes, alimentaram-se em grande medida da "pedagogia da libertação" de Paulo Freire. Podemos encontrar muito boa documentação sobre as intensas trocas entre os instigadores do enfoque conceitual da educação artística da 24ª Bienal e os fios e as influências anglófilas da educação em galerias e do "Education through Art" [Educação através da arte][70] de Hebert Read. Luiz Guilherme Vergara estudou na New York University, além de dirigir o programa de educação no MAC de Niterói; e Ana Mae Barbosa escreveu sua tese de doutorado em 1979 na Boston University sobre a influência dos Estados Unidos na pedagogia da arte brasileira[71].

Por ter presidido a Sociedade Internacional para a Educação em Artes [International Society for Education in the Arts, InSEA], fundada por Hebert Read, Barbosa formou parte de uma comunidade internacional influenciada decisivamente pelos movimentos de educação artística do mundo

---

68 "Der Berliner Galerist Matthias Arndt setzt auf Vermittlung (Interview)", *Der Tagesspiegel*, 12 de novembro de 1999. Disponível em: <https://goo.gl/bVFgN9>. Uma análise do programa educativo na Documenta X pode ser consultada em Carmen Mörsch, "100 Tage Sprechen: Als Künstlerin auf der Documenta X". Disponível em: <https://goo.gl/W59izj>.
69 Ver Felicity Allen, "Situating Gallery Education", em David Dibosa (ed.), *Tate Encounters [E]dition 2: Spectatorship, Subjectivity and the National Collection of British Art*, vol. 2, 2008. Disponível em: <https://goo.gl/xQcXJh>.
70 Ver Herbert Read, *Education through Art*, London: Faber & Faber, 1943.
71 Ver Ana Mae Tavares Bastos Barbosa, "American Influence on Brazilian Art Education: Analysis of Two Moments, Walter Smith and John Dewey", 1979, tese de doutorado, Boston University.

anglofalante[72]. Seu livro *A imagem no ensino da arte* (1991), centrado no trabalho educativo em museus de arte, foi um texto de base para a equipe da 24ª Bienal[73]. O texto reflete, numa mesma faixa temporal, sobre o movimento de Escolas ao Ar Livre do México pós-revolucionário, o desenvolvimento dos estudos críticos britânicos e a "educação artística baseada na disciplina" do Getty Center for Education in Arts, de Los Angeles[74].

Em seu ensaio "Curadorias educativas: a consciência do olhar"[75], Luiz Guilherme Vergara lançou as bases para seu conceito de educação artística para a 24ª Bienal. O texto inclui numerosas referências, por um lado, ao filósofo e pedagogo John Dewey (também tratado na tese de Barbosa) e, por outro, à inter-relação entre arte e ativismo na década de 1990, nos Estados Unidos, de uma perspectiva curatorial, segundo propõe Suzanne Lacy através da noção de "novo gênero de arte pública"[76]. Desse modo, o programa de educação artística da 24ª Bienal teve que navegar por contradições análogas às que tinha nos movimentos artísticos dos Estados Unidos ou nos movimentos socialmente comprometidos que, já por volta de 1977, foram apropriados no Reino Unido pelo New Labour como parte de sua agenda neoliberal. O ambicioso programa de Vergara, com um discurso contra a *educação bancária* e alimentado de uma extensa teoria e prática de pedagogia crítica (de arte), também devia seu desenvolvimento à transformação neoliberal da política cultural brasileira que seguia o modelo econômico dos Estados Unidos: a capitalização e a privatização da cultura implementadas em escala massiva nos anos 1990 e manifestadas na adoção da Lei Rouanet, um sistema fiscal intensivo para o patrocínio cultural empresarial. Essa lei representou "uma ruptura radical com as modalidades de financiamento cultural através do selo de uma 'nova lógica de financiamento'", que "privilegiava o mercado, mas que, no

---

72 Esta comunidade reconheceu seus feitos por meio de uma série de prêmios e distinções, entre eles, Sir Herbert Read Award, Unesco's International Society for Education through Art (1999); Distinguished Fellow, National Art Education Association, Estados Unidos (1997), e Edwin Ziegfeld International Award, outorgado pela United States Society for Education through Art (1992).
73 Ver Ana Mae Barbosa, *A imagem no ensino da arte: anos 1980 e novos tempos*, São Paulo: Perspectiva, 2009.
74 Ver Maria Christina Rizzi, "Reflexões sobre a abordagem triangular do ensino da arte", em Ana Mae Barbosa (ed.), *Ensino da arte – memória e história* (cat. exp.), São Paulo: Perspectiva, 2008, pp. 335-48.
75 Ver Luiz Guilherme Vergara, "Curadorias educativas: a consciência do olhar: percepção imaginativa, perspectiva fenomenológica aplicadas à experiência estética", *in*: Anais Anpap – Congresso Nacional de Pesquisadores em Artes Plásticas, vol. 3, 1996, pp. 240-7.
76 Ver Suzanne Lacy, *Mapping the Terrain: New Genre Public Art*, Seattle: Bay Press, 1994.

processo, utilizava quase sempre dinheiro público"[77]. Em 1995, o Ministério de Cultura do Brasil publicou o folheto *Cultura é um bom negócio*, que retratou muito bem essa mudança para um paradigma econômico neoliberal[78].

A Bienal de São Paulo funcionou, desde o início, como uma empresa (geo)política sobredeterminada[79]. Suas mutantes políticas de representação, especificamente em relação à globalização e à capitalização no campo da arte, foram muito bem retratadas por Vinicius Spricigo como uma máquina de ideias para transformar capital real em sua contraparte simbólica e gerar um retorno ao investimento[80]. A educação artística tem um importante papel nesse projeto: sobretudo quando "seu público tem uma qualidade e valor adicional: crianças, jovens, principiantes, e os que são excluídos de diferentes maneiras, ou seja, as comunidades que se encaixam nos discursos de responsabilidade social de fundações e *sponsors* empresariais"[81]. A 24ª Bienal, portanto, pode também servir como exemplo dos problemas que enfrentam a prática e a teoria crítica da educação artística hoje: a forma em que sua consolidação e institucionalização, especialmente desde a década de 1990 em diante, tem lugar no contexto da mercantilização da cultura; ou, antes, impulsionados pelas guinadas criativas de um capitalismo cognitivo[82].

O fato de que a primeira iniciativa para estabelecer o departamento de educação artística permanente da Fundação Bienal surgisse de um patrocinador empresarial, a Fundação Vitae, encaixa-se perfeitamente nesse cenário (essa mesma proposta foi rechaçada durante a 21ª Bienal pela presidenta, Maria Rodrigues Alves, sem maiores explicações)[83]. Nesse panorama, as apropriações antropofágicas do programa de educação artística da 24ª Bienal poderiam se submeter a uma leitura crítica similar à conduzida

---

[77] Antonio Albino Canelas Rubim, "Políticas culturais no Brasil: Tristes tradições", *Revista Galáxia*, vol. 13, 2007, pp. 24 e 101-13.

[78] Ver *Cultura é um bom negócio*, Brasília, Ministério de Cultura, 1995. Desde os anos 1970, a América Latina (em especial Chile) foi propensa a implementar políticas neoliberais em aliança com as ditaduras.

[79] Ver Michael Asbury, "The Bienal de São Paulo: Between Nationalism and Internationalism", em *Espaço aberto/espaço fechado: Sites for Sculpture in Modern Brazil* (cat. exp.), Leeds, The Henry Moore Institue, pp. 72-83.

[80] Ver Vinicius Spricigo, *op. cit*.

[81] Cayo Honorato, "Expondo a mediação educacional: Questões sobre educação, arte contemporânea e política", *Ars*, vol. 9, 2007, p. 115. Disponível em: <https://goo.gl/mkhqFH> (último acesso: 15 abr. 2015).

[82] A rede de pesquisa "Another Roadmap" toma este exemplo como ponto de partida e examina políticas e práticas da educação artística com suas genealogias de uma perspectiva translocal e transdisciplinar.

[83] Ver "Inverview with Chaké Ekisian", *op. cit.*

por Suely Rolnik no catálogo da mostra para abordar o conceito de antropofagia. Rolnik enfatiza a ambiguidade do termo; em geral, ele é assumido como radical, mas é precisamente a capacidade antropofágica da bienal que a "faz sentir cômoda na cena neoliberal contemporânea", oferecendo-nos o potencial duvidoso de "nos transformar em atletas mais flexíveis do mundo"[84]. Em grande medida, a "flexibilidade" é um efeito de transferência, invocado frequentemente como uma proposta de venda da educação artística[85], que "busca engendrar subjetividades criativas e flexíveis, dispostas a aprender, capazes de lidar com o regime pós-fordista e com a precarização da conservação do sistema"[86].

Se idealizar o programa educativo na 24ª Bienal seria inapropriado, especialmente à luz dessas problemáticas, é importante ressaltar que o enfoque adotado naquele momento por esse evento estava dez anos adiantado ao posicionamento político e conceitual da educação artística em exibições de grande escala em lugares como a Europa continental[87]. Em razão da notória desvalorização da educação artística, a aliança não "unilateral"[88] do trabalho pedagógico e curatorial realizada naquela bienal demandou uma "redefinição do *status* da educação artística"[89], que não ocorreu na Europa até 2007. Recentemente, na Documenta 12, houve a integração da dimensão educativa no conceito curatorial, acompanhado de um modelo educativo baseado na

---

[84] Suely Rolnik, "Anthropophagic Subjectivity", em *XXIV Bienal de São Paulo: Arte Contemporânea Brasileira: Um e/entre outro/s, op. cit.*, p. 144. A autora desenvolve esta citação em detalhe uma década mais tarde. Ver Suely Rolnik, "The Geopolitics of Pimping", *Transversal*, vol. 10. Disponível em: <https://goo.gl/2nGduj>.

[85] "As sociedades do século XXI são massas de trabalho cada vez mais exigentes, são criativas, flexíveis, inovadoras e se adaptam facilmente, e os sistemas educativos devem evoluir com estas condições mutantes. A educação em arte equipa os aprendizes com estas ferramentas, ajudando-os a se expressarem, a avaliarem criticamente o mundo que os circunda, e a se comprometerem ativamente com as várias camadas da existência humana". Unesco, "Roadmap for Arts Education", informe compilado de "The World Conference on Arts Education: Building Creative Capacities for the 21st Century", Lisboa, de 6 a 9 de março 2006. Disponível em: <https://goo.gl/XvpP1A>. Para uma análise crítica, ver Pen Dalton, *The Gendering of Art Education: Modernism, Identity, and Critical Feminism*, Maidenhead: Open University Press, 2001.

[86] Catrin Seefranz, "Causing Trouble: Zum Forschungsvorhaben Another Roadmap", *Bildpunkt* 2, 2013. Disponível em: <https://goo.gl/RjAANh>.

[87] A situação é diferente quando se trata de uma educação artística em contextos auto-organizados ou instituições de menor escala. No contexto germano-falantes, uma prática educativa crítica começou a emergir no final dos anos 1990, e foi, por sua vez, capaz de recorrer a exemplos dos anos 1970.

[88] Ana Helena Curti, em "30xbienal, década de 90", *op. cit.*

[89] Cayo Honorato, *op. cit.*

(auto)desconstrução, a performatividade, a participação e uma busca exploratória e interrogativa[90]. Enfoques similares podem ser identificados em outras partes, como na Colômbia, com o Encontro Internacional de Medellín (MDE11), em 2011, em que durante três meses se desenvolveu uma série de oficinas, seminários, projetos artísticos participativos, *media labs* e uma exposição em grande escala; tudo sob o título de "Ensinar e aprender: lugares de conhecimento na arte"[91].

Essa 24ª Bienal oferece ainda hoje a oportunidade de considerar a educação artística em toda a sua complexidade. Vista como uma iniciativa antielitista no contexto de um evento internacional de arte, a visibilidade da Sala Educação em conjunto com seus protagonistas e usuários, assim como o amplo impacto do programa, foram o resultado do desejo de fazer uma intervenção no campo. Como foi dito anteriormente, o impulso substantivo do material produzido ampliou o potencial para uma educação política. Em termos programáticos, o plano de educação artística se distanciou, tal como fizeram Paulo Herkenhoff e a totalidade da 24ª Bienal, do "fetiche do mercado"[92] e das imposições da maximização da audiência[93].

5. De volta ao futuro

A prática e a política da educação artística programada para a 24ª Bienal foram retomadas em 2006 para a 27ª Bienal, quando Denise Grinspum foi

---

[90] Ver Carmen Mörsch (ed.) *et al.*, *Kunstvermittlung: Zwischen kritischer Praxis und Dienstleistung auf der Documenta 12, Ergebnisse eines Forschungsprojekts*, Zürich, Berlin: Diaphanes, 2009. Em 2007, uma nota de imprensa da Skulptur Projekte Münster anunciou: "Nunca antes, em seus 30 anos de história, Skulptur Projekte havia dado protagonismo à educação artística como durante a exibição de 2007". Além disso, aparentemente desde sua 52ª edição, a Bienal de Veneza parece contar com um assessor educativo.

[91] O MDE11 se desenvolveu sob a curadoria de Nuria Enguita Mayo, Eva Grinstein, Bill Kelley, Jr. e Conrado Uribe.

[92] "Dez anos depois: um debate com Paulo Herkenhoff ", *op. cit.*

[93] Ao demonstrar que a quantidade de público presente foi menor que a esperada, a imprensa fez referência ao ambicioso programa educativo e seu impacto a longo prazo: "Desinteressado pelos números e pela ideia de bater recordes, Landmann considera o programa educativo um êxito fundamental da exibição, impulsionando visitas com profissionais da educação artística para 110 mil alunos de escolas públicas e 20 mil de privadas. Outros 17 mil visitantes agendaram visitas guiadas e mais de 15 mil usaram o guia digital". Ver Maria Hirzman, "Bienal tem menos público, mas balanço é considerado positivo", *op. cit.*

nomeada curadora de educação[94], posição que tinha sido criada recentemente. Em contraste com a 24ª Bienal, a 27ª edição, sob curadoria de Lisette Lagnado, estendeu-se para além do paradigma do museu, numa exploração político-estética sob o título de "Como viver junto". Consequentemente, através de seu programa "Centro-Periferia", implementado por Guilherme Teixeira, o projeto educativo se moveu para um novo terreno, abordando as linhas divisórias entre centro/periferia – e bienal/cidade – de uma perspectiva transformadora e institucional-crítica mais clara.

Trata-se de um enfoque já presente na 24ª Bienal, ao tratar na época a exibição e a educação artística como formas de "criar cidadania"[95]. A ideia de institucionalizar a educação artística através da nomeação de um diretor educativo na Fundação Bienal, tal como foi formulado em 1998, pôs-se finalmente em prática em 2009 com a criação de uma equipe de educação permanente. Dessa forma, superou-se definitivamente o lugar deslocado, esse *cantinho* reservado para a educação artística[96]. Isso deu ao programa mais espaço para se desenvolver em outras edições da bienal, tal como foi demonstrado em iniciativas recentes que dão conta do trabalho educativo na própria exibição[97].

Contudo, a institucionalização e a consolidação do trabalho de educação artística não deixaram para trás as velhas dificuldades. A forma em que esse processo vai *pari passu* com a regulação e/ou a precarização, abrindo novos campos de batalha, ficou evidente em 2013, durante a greve dos educadores da 9ª Bienal Mercosul, em Porto Alegre[98]. A greve ecoou no clima político local. Um ano depois, linhas de divergência e confrontos similares emergiram na 31ª Bienal de São Paulo entre os educadores e os coordenadores da equipe de educação, assim como entre os primeiros e a instituição bienal. Os questionamentos sobre o papel da educação em relação ao projeto curatorial e as respectivas capacidades de iniciativa e agenciamento se amplificaram em

---

94 "Os projetos desenvolvidos para a edição 24ª foram nosso ponto de partida" – Denise Grinspum, "A 27ª Bienal de São Paulo e seu projeto educativo", *op. cit.*
95 "Dez anos depois: um debate com Paulo Herkenho", *op. cit.*
96 Em 2009, Stela Barbieri foi nomeada "curadora educativa" e se instituiu um departamento de educação permanente. Barbieri ocupou esse cargo até meados de 2014.
97 Isso inclui a pesquisa realizada por ocasião da exibição "30xbienal", em 2013, cujo acesso se dá por meio de vídeos *on-line* (citados previamente nestas notas de rodapé).
98 Ver "Quando falhas operacionais são desigualdades estruturais – por que o Coletivo Autônomo de Mediadores realizou uma paralisação na 9ª Bienal do Mercosul/ Porto Alegre"; um testemunho de um educador participante está disponível em: <https://goo.gl/gXTqyp>.

razão da percepção de condições de trabalho injustas e de um sentimento de instrumentalização, tanto dos educadores quanto das atividades educativas, para benefício da instituição e de sua própria continuidade. Considerando a maneira como vem se desenvolvendo a situação política econômica no Brasil, e a forma como o sistema artístico contemporâneo se consolida em torno das dinâmicas de mercado e das estruturas de classe, resulta evidente que esses conflitos chegaram para ficar.

José Luis Blondet

Mal-educados[1]

Nota de José Luis Blondet para a presente edição

O texto que vocês lerão foi apresentado como palestra em TEOR/éTica, graças ao amável convite de sua diretora, a inesquecível Virginia Pérez Ratton. Fiz pequenos ajustes e evitei outros maiores para honrar aquela palestra em San José, numa manhã chuvosa de 2005.

Depois de me formar num centro de estudos curatoriais, eu queria me dedicar inteiramente ao trabalho curatorial e deixar de lado minha experiência prévia com educação e museus. Esse desejo se viu interrompido diante da tentadora oferta de levantar o departamento de educação do novo museu que a Dia Art Foundation estava para abrir em Beacon, Nova York. Um mês mais tarde, já instalado em meu novo trabalho, me perguntava frequentemente sobre esse estranho momento de minha carreira no qual me "formava" como curador para dirigir o departamento de educação de um museu. Coube a mim então pensar criticamente nesse assunto e reavaliar papéis entendidos e esperados em cada posição, mirando a maneira em que a obra circula entre aquilo que se costuma denominar público geral, estudantes e, desde alguns bons anos, a "comunidade".

---

1   Ensaio publicado originalmente como "La mala educación de los museos", em *Situaciones artísticas latinoamericanas II; Arte crítico y crisis del arte*, San José, TEOR/éTica, 2008.

Convocarei duas imagens para começar a discussão. A primeira é um vídeo do norte-americano John Baldessari, em que ele se propõe uma tarefa colossal e fracassa grandiosamente. A peça se chama *O artista ensina o alfabeto a uma planta*, e é exatamente assim: um vídeo exasperante – dura da letra A à Z – em que Baldessari repete as letras e mostra sua grafia a uma planta num vaso. É um vídeo ridículo, com ar de trapaça e disciplina, pedagogia e tragédia. Do ponto de vista educativo, tão ineficiente é a atitude da planta-aprendiz quanto o é a do artista-professor, que repete um código totalmente inútil para o estudante inerte. Uns seis anos antes, em novembro de 1965, Joseph Beuys apresenta em Düsseldorf uma doce *performance, Como ensinar pinturas a uma lebre morta*, celebrando a inauguração de sua primeira exposição numa galeria particular. O artista, com a cabeça banhada de mel e coberta com folhas de ouro, carrega nos braços uma lebre morta, sussurrando-lhe comentários sobre as obras expostas. A peça se lança em diferentes esferas – linguagem, pensamento, intuição –, mas, sem dúvida, toca no tema do ensino, já sugerido no título. O gesto de Baldessari é mais banal; o de Beuys, mais poético; mas em ambos se impõe um vazio de um didatismo sem resultados. Baldessari aposta no absurdo dessa lição digna de Ionesco; Beuys a cobre de doçura e desesperança.

Com essas imagens no ambiente, gostaria de começar a falar de educação e museus e convidá-los a recordar aquele momento infame em que cada um de nós, tenho certeza, foi assaltado por algum desmando educativo no contexto de um museu: a frase altissonante e oca de um docente ou um texto de sala, a explicação inequívoca do que estamos vendo escancarada em um cartaz, publicações destinadas ao grande público que parecem intercambiáveis por sua falta de especificidade e um etc. mais longo que um bocejo podem, sem arruinar a visita ao museu, afetar profundamente a maneira como a obra é recebida. Jamais me esquecerei de um pôster educativo que vi em Caracas, que dizia em letras com diferentes tamanhos: "Vamos nos divertir com o cubismo analítico de Picasso". Ninguém, penso eu, jamais se divertiu com o cubismo analítico, muito menos Picasso.

Creio que são pouquíssimos os museus que não têm um programa educativo ou um departamento de educação. Seria escandaloso e considerado um ato mesquinho, distante do espírito democrático e participativo que um museu deve ter, pois "educação" representa a promessa de "massificação" da cultura. O impulso civilizador que impera no museu, centro da ordem e da classificação, vai ser compartilhado com os bárbaros: o museu articula uma conexão com esses grupos (evitarei a palavra comunidade) de ovelhas perdidas que não entendem a arte e se espantam ainda mais com a palavra "contemporânea". Personagens marginais, chamem-se escolas, anciãos, adolescentes ou qualquer outra coisa que se agrupe sob o termo "comunidade", terão de ser inseridos nas políticas educativas do museu. Graças à eficiência de seus departamentos de educação, é atarraxada no coletivo a ilusória imagem do museu como um lugar acessível a todos os públicos: o museu espelho da sociedade que o rodeia. Sim. A ambição e o anseio de inclusão são apresentados como um fato consumado.

Creio que isso explica, em muitos casos, a falta de compromisso dos departamentos de educação com as obras de arte e coleções com as que devem trabalhar. O destaque não está nos objetos, imagens, contextos e discursos que o museu preserva, mas na projeção social da instituição. Educação é aqui sinônimo de mediação: o discurso curatorial só pensa em si, já livre da responsabilidade "educativa", e o educador vai desempenhar seu fraco papel social. Assim, sem nos darmos demasiada conta, aceitamos acriticamente as mediações do museu como um ente educativo.

As escolas são o alvo preferido para a flecha educativa do museu, não apenas por serem uma audiência cativa e pouco exigente, mas também por serem vantajosas para conseguir fundos e bolsas. Museus e escolas se desconhecem e, sem se interessar por uma relação mais profunda, continuam sua dança como um casal feliz. Apesar das desavenças, o casamento à força não termina em divórcio, pois são muitos os interesses que ambas as instituições resistem a sacrificar. Nem o museu gosta das escolas nem as escolas do museu, mas ambos precisam um do outro para legitimar seu papel na dinâmica social. O panorama começa a ficar carregado de mal-entendidos, pois as escolas e os museus têm de ensinar coisas muito distintas.

O museu tem que garantir essa mediação entre o discurso inacessível e o espectador médio. E o faz com a arrogância da caridade: eu te dou o que me sobra. E a caridade, sabemos, estabelece um jogo claro de poder: o bem estendido aos infortunados que não conseguiram alcançá-lo. Assim, a dádiva educativa dos museus espalha concentradas migalhas de conhecimento – superficial, na maior parte das vezes – que pouco alimentam o interesse pela leitura da obra de arte.

Para a distância entre o grande público e a obra de arte, o museu precisa de uma explicação. E os educadores estão ali para dá-la. Ou inventá-la.

É ao menos curioso que se pense no discurso educativo como o atalho que encurtará a distância entre a obra de arte e o espectador, pois os caminhos e métodos da educação costumam ser unidirecionais e sistematizadores, e deixam pouco espaço para as partes obscuras da obra que contundentemente resistem a ser compreendidas. Essas mediações didáticas com frequência são desenhadas por profissionais da educação ou educadores de museus, com experiência prévia como professores ou pesquisadores de educação, mas com pouquíssima curiosidade intelectual pelo mundo da arte. Assim é o panorama, os educadores desenvolvem ferramentas metodológicas, projetos e programas que podem ser eficientes para os fins didáticos, mas que dão as costas à especificidade da obra de arte em questão. Dito com outras e melhores palavras: sabem ensinar muito bem, mas não sabem muito bem o que estão de fato ensinando. Não falo aqui de purismos ou academicismos, e creio que também não falo de maneira reacionária. Falo, sim, de uma consciência crítica e ativa sobre o papel do educador e da educação no museu.

Em geral, basta folhear o material didático que muitos e prestigiosos museus oferecem gratuitamente, ou visitar virtualmente suas páginas na internet para, na maioria das vezes, concluir de forma um pouco paranoica que a função dos educadores é manter o espectador afastado dos discursos da obra de arte. Como se eles estivessem ali para garantir que o observador permanecerá sob controle, incomunicável, subjugado cruelmente a esse jargão adocicado que nos convence de que toda obra de arte é fácil, compreensível e traduzível. Por seu próprio desinteresse, o museu é cúmplice dessa aberração e se satisfaz em aumentar o número de visitantes, embora a qualidade da visita deixe muitas coisas a desejar, ou, melhor dizendo, deixe o desejo de fora.

O pessoal docente, em muitos museus, costuma ser formado por voluntários que generosamente doam seu tempo para realizar uma atividade que a instituição considera fundamental, mas pela qual não pode pagar. Isso não é esquisito? Esses voluntários não são enviados para ajudar nem o departamento de segurança do museu nem o de curadoria, porque neles é necessário um conhecimento ou uma habilidade particular. É atribuída a eles uma tarefa muito simples que qualquer um pode fazer: educar. Ao estender esse convite a um voluntário, o museu declina de maneira aberta sua participação econômica nesse trabalho crucial, que está ligado à recepção imediata da obra de arte. Os voluntários assumirão a voz institucional e sugerirão pautas para a interpretação da obra com essa voz neutra e anônima que fala nos materiais educativos. Não é besteira. É um trabalho de importância colossal para a circulação da obra de arte, mas é um trabalho pelo qual o museu, literal e metaforicamente falando, não paga. Ou paga menos.

O que nos diz essa economia sobre as políticas do museu, o que nos diz de seu interesse na circulação e recepção da obra de arte em circuitos menos sofisticados que os da crítica e dos conhecedores de arte? Podemos ir ainda além e nos perguntar: por que são necessários os departamentos de educação que em certas ocasiões enchem todas as salas de um museu com suas mensagens chatas e ruidosas ou as deixam vazias sem uma pista sequer para o espectador incauto? Estamos, por acaso, baseando os programas educativos em velhas perguntas essencialistas que as obras já não estão perguntando? Acho que essa pedrinha no sapato, esse incômodo em nossa monolítica certeza de que os museus são centros didáticos e de que as obras ensinam "algo" comparável aos ensinos de uma sala de aula, abre-nos para a exploração da obra e de seus discursos como produtores de sentidos, e não como uma mera ilustração.

Em espanhol, a palavra "*enseñar*" (ensinar) tem duas acepções de uso comum. Ensinar é mostrar algo, mas é também "ensinar a fazer algo". Já não é tanto um ver para crer, mas um ver para aprender. E essa fé cega na visão encobre uma certeza que nos acompanhou por um bom tempo: a obra de arte ensina e é, ao mesmo tempo, ensinada, é substantivo e verbo. Ao falar de educação e museus, podemos usar uma só palavra que contém e aponta para duas direções da prática museológica: exibir e educar. A educação, isso que os avós chamam de "boa educação", tem a ver com a hospitalidade, com receber em casa um convidado da melhor maneira possível para que ele se sinta à vontade e o encontro seja amável e proveitoso. Receber uma visita não para doutrinar com o credo familiar, mas para acolher, generosamente, com a esperança de que talvez nosso convidado volte: por curiosidade, por interesse, ou por saber que é esperado.

Surpreendentemente, são poucos os casos nos quais esse duplo significado da palavra *enseñar* é considerado nos programas de mediação. Essas duas tarefas costumam ser concebidas como assuntos distintos e irreconciliáveis, e, como consequência, os componentes didáticos de uma exposição são muitas vezes acrescentados de última hora, divorciados do discurso curatorial da mostra. Para aliviar parcialmente essa tensão foram criados curadores de educação, assim como exposições com curadorias feitas por equipes que incluem professores, educadores e curadores. Mas, ainda assim, em muitos museus o educador continua isolado dentro da instituição museológica, e seu papel é considerado muito menor. Conveniente e necessário, sim, mas certamente menor. A desatenção do museu com os educadores ou mediadores se traduz numa ênfase no aspecto técnico da obra, que contribui para o mito do artista gênio com dotes excepcionais e a obra como mero virtuosismo. Presume-se, além disso, que a obra contém apenas uma lição moral que é recuperada por meio do discurso da "educação" para os estudantes. Em muitos casos, para perpetuar uma tradição e uma maneira de interpretar a obra de arte que coloca os novos espectadores fora dos desafios e das limitações com os quais ela está lutando. Essa situação se agrava ainda mais quando a obra é completamente ignorada para adequá-la aos planos educativos, ao formato estabelecido pelo museu, aos bons modos. E se falamos de arte contemporânea, acho que a situação piora. Modelos educativos que foram traçados para uma pintura romântica são igualmente utilizados para abordar, digamos, uma instalação, não permitindo aos estudantes enfrentar o gosto ou o desgosto de algo que não tem lados nem arestas, e que termina por deixá-los efetivamente de lado. Muitos mediadores resistem a se expor eles mesmos às complexidades da obra ou do artista com o qual trabalham, e não fazem qualquer distinção entre uma linguagem e outra, uma pergunta e outra, uma maneira de pensar e outra.

Há quase um século já, a obra de arte resistiu a ser uma grande narrativa, uma unidade autônoma que conta uma história única, e tenta renunciar à ambição de ser uma história linear que avança como um trem em linha reta. Essa mudança fundamental é ignorada em programas educativos de museus baseados nas qualidades narrativas da obra, nos quais o guia docente pergunta à audiência sobre a história que ela conta, e assim esta identifica objetos, personagens, ações e lugares. As perguntas são cada vez mais precisas, e o espectador é forçado a fundamentar cada uma de suas respostas numa "evidência visual". Uma pergunta que com frequência se escuta nos lábios do guia é: o que nesta obra te faz supor isso que você disse? Ao final da análise de uma obra, o guia do museu repete toda a evidência visual que os levou a "interpretá-la" de determinada maneira.

Até aqui tudo vai bem; no entanto, muitas práticas artísticas constroem o sentido a partir do extra-artístico, para além do visual, para além dos muros contentores da "obra". Se, nesses casos, o modelo educativo insiste em indagar a narrativa presente na obra, a mediação será inevitavelmente nula, improdutiva, e a audiência ficará sem nenhuma pista para ruminar uma ideia, uma pergunta, um problema.

Essas estratégias educativas, em princípio válidas porque sistematizam um processo que muitas vezes ocorre de maneira intuitiva no espectador, levam a discussão da obra de arte ao limite do pensamento, e não como representação visual. O diálogo, a zona de negociação com a audiência, ocorre no espaço indefinido entre pensamento e visão.

Essa aproximação, talvez moderna demais, pode ser equivocada e pouco eficiente para abordar obras de arte contemporâneas que se afastam do paradigma narrativo. Ao interrogar uma obra que não conta uma história, que não se baseia em narrativas, não resta à audiência mais que jogar em livre associação. Diante de uma caixa de madeira de Donald Judd, as pessoas verão um cubo de gelo, ou uma casa, ou um tablado flamenco, ignorando por completo a natureza dos problemas que ela representa, as tensões com o que se depara e as relações entre o objeto e o espaço em que é apresentado ao espectador. O jogo da livre associação é de uma rapidez vertiginosa, quase histérica; nele dizemos exatamente a primeira coisa que nos vem à mente, e faz do objeto da conversação (e do objeto físico que é a obra) um acessório, tangencial e desnecessário. Quanto mais jogamos, mais longe ficamos de ter um encontro real, puro e duro, com o aqui e o agora da obra. A mediação educativa exercida pelo museu pode ser então um exercício compulsivo e arbitrário, extraordinário para não ver o específico da peça que temos diante nós. Usei como exemplo Donald Judd porque, como sabemos, o lema do minimalismo insistia – *o que você vê é o que você vê* –, de modo que, convidar o espectador para jogar com as associações livres, instantâneas e voláteis, desdiria o claro enunciado da obra. Contemplar uma obra renunciando à ansiosa e à imediata atribuição de significados é, sem dúvida, um exercício de caráter imaginativo.

"O que ensina ou o que resiste a ensinar a obra de arte?" é uma pergunta mais difícil e proveitosa que a muito usada: "o que posso ensinar com a obra de arte?" A fascinação pela facilidade me parece nociva e contraproducente, porque sugere como valor oposto a "dificuldade". Como se uma obra que demandasse um pouco mais de atenção em sua leitura fosse imperfeita, suspeitosa, pouco democrática. "Tudo pode ser simples, mas não mais simples do que realmente é", sustentava Stendhal. O pecado oposto, a tendência a falar em outras línguas e a tornar tudo mais difícil, é também um vício frequente. E isso se traduz em materiais didáticos e materiais educativos inflados com conceitos apresentados de maneira que parece que dessa informação complexa depende o sentido da obra. A fascinação por esses extremos, a facilidade e a complexidade terminam por ser banais e deixam de lado a outra voz, que resiste a fazer parte de uma tediosa aula de arte numa escola. Certa tradição de leitura da obra de arte nos legou um didatismo que pouco tem a ver com dialética e didática. Em seu afã de ensinar, essas estratégias, pouco questionadas seja pelo saber específico do curador, seja pelo dos estudiosos, dão primazia aos discursos institucionais em detrimento dos discursos da obra, suas tensões, contradições, voz escura, difícil e, às vezes, intimidante. Não há espaço para o descobrimento nem para o assombro, mas para a rapidez e para a facilidade. Em meu caso, trabalhando num museu como o Dia, em que a maior parte das obras são atribuídas a correntes minimalistas ou conceituais, seria infantil articular programas públicos e educativos que não reconheçam essa virada que a obra de arte deu e as novas dimensões do trabalho do artista. Trabalhar a partir da natureza da obra, atendendo à sua localização física e conceitual, identificando suas perguntas para, só então, abrir-se ao multidisciplinar é um caminho mais atraente e que pode levar ao espectador um lugar inédito. A experiência da obra está concebida, desenvolvida e considerada pelos artistas, mas a experiência do encontro entre o espectador e ela vem, para o bem ou para o mal, do museu. Que o encontro sirva para afinar intuições a partir da experiência, nesse espaço, com um objeto ou uma situação específicos, é uma experiência educativa, por ser potencialmente transformadora. E não é preciso tirar da palavra educação o corpo, mas remexê-lo, pois tem conexões profundas com a experiência cívica, social e coletiva. Criar uma experiência em que o espectador se aproxime dessa zona de trânsito e negociação em que a obra caminha para o sentido. Talvez esse seja um dos desafios a serem considerados quando são desenhados programas e publicações educativos: deixar claro que a experiência de participar de uma obra de arte pode ser um espaço esquivo, mas conquistável.

E concluo com esta breve citação de José Lezama Lima, que sugere que o difícil, palavra fácil, temida e incompreendida por educadores e visitantes, é um espaço de transformação:

> Apenas o difícil é estimulante; apenas a resistência que nos desafia é capaz de arquear, suscitar e manter nossa potência de conhecimento, mas, na verdade, o que é o difícil? Tão só o submergido nas águas maternais do escuro? O originário, sem causalidade, antítese ou *logos*? É a forma em devir em que uma paisagem vai rumo ao sentido...[2]

Perguntas?

---

[2] José Lezama Lima, "Mitos y cansancio clásico", em *La expresión americana*, México: Fondo de Cultura Económica, 1993, p. 49.

**Espaços de formação
e políticas de aprendizagem**

Pablo Helguera

Uma má educação
Entrevista por Helen Reed[1]

Nota de Pablo Helguera para a presente edição

Esta entrevista foi realizada no Museum of Modern Art de Nova York, em 2012. A pesquisadora da Universidade de Toronto, Helen Reed, entrou em contato comigo com o objetivo de falar sobre a relação entre a pedagogia e as práticas artísticas de índole participativa, e o resultado foi este texto. É importante assinalar que neste período o impacto do Occupy Wall Street era relativamente recente, assim como eram urgentes os debates sobre a relação que deveriam ter o ativismo e o gesto político com a arte pública. É relevante também destacar que até a data não existe um consenso sobre a tradução do termo "socially engaged art" ou o também muito usado "social practice". A tradução utilizada em algumas ocasiões "arte socialmente comprometida" carrega uma bagagem histórica (vinculada, por exemplo, ao termo francês "art engagé") que não descreve adequadamente as tendências participativo-ativistas dentro da esfera artística atual. Por conta disso, propus "arte de interação social", que, a meu ver, ilustra melhor o espírito do termo em inglês, e é utilizado durante esta conversação.

HELEN REED: Eu gostaria de começar fazendo referência à introdução de seu livro *Education for Socially Engaged Art*[2]. Nela você menciona que se envolveu

---

1 Entrevista originalmente publicada como "A Bad Education", em 2012, para o *site The Pedagogical Impulse*, um projeto financiado pela Social Sciences and Humanities Research Council (SSHRC), do Canadá, e liderado pela doutora Stephanie Springgay, da Universidade de Toronto.
2 Pablo Helguera, *Education for Socially Engaged Art*, New York: Jorge Pinto Books, 2011, p. 80.

simultaneamente com a arte e a educação, e que, por conseguinte, percebeu várias similitudes entre ambos os campos. Você poderia descrever quais os pontos de contato que percebeu e de que maneira esses paralelismos influenciaram sua prática?

Pablo Helguera: Naquele momento eu estudava na School of the Art Institute of Chicago, uma instituição que é, ao mesmo tempo, uma escola e um museu, sendo que uma ponte liga ambos os espaços. De imediato, estive exposto a um vínculo com a arte que se situava entre sua produção e sua exibição. Como estudante, eu não tinha dinheiro, e por isso comecei a trabalhar no museu, inicialmente, participando de um estágio remunerado. Atravessava a ponte o tempo todo, alternava entre um lugar e outro. Na sala de aula, eu trazia no corpo a roupa que usava para pintar e, ao passar para o outro lado, eu me trocava e me vestia de maneira mais sofisticada. Não estava particularmente interessado na ideia de trabalhar no Departamento de Educação, mas acabei nessa área por ser bilíngue e porque precisavam de pessoas que se ocupassem da divulgação etc. O fato de eu estar ali fazia sentido. Não foi algo que eu escolhi de maneira deliberada.

No momento em que comecei a me dar conta de que o ensino estava muito ligado à criação, comecei a notar vasos comunicantes entre as coisas. Quando me graduei, eu já dava conferências performativas e realizava atividades pelo estilo. Logo me interessei por aquilo que depois seria conhecido como "crítica institucional", ou seja, por artistas que se apropriavam dos formatos de exposição nos museus. Me envolvi muito com isso no final da década de 1990. Ao mesmo tempo, eu me interessei muito pela ficção e pela ideia de que alguém, como artista, pode construir um ambiente que realmente questione o limite do que considera realidade. Os museus se tornam particularmente atrativos quando você se interessa pela ficção. Isso é o que muitos artistas da crítica institucional levam a cabo: modificam determinados aspectos do interior do espaço, que, de repente, fazem com que percebamos que algo está acontecendo. Ao fazer isso, se alteram os protocolos, as expectativas habituais. Então comecei a fazê-lo, mas por um tempo não observei uma conexão direta com o campo da educação. Ao final, me dei conta de que o melhor que eu poderia fazer era transportar para o meu próprio trabalho o que estava aprendendo no ambiente da instituição. E comecei a criar museus e artistas fictícios, e esses artistas fictícios tiveram de repente biografias e obra e material interpretativo. Eu estava muito mais interessado nos componentes periféricos da obra de arte do que na obra de arte em si.

Lembro-me que uma vez, numa universidade de Portland, eu fiz uma peça que se intitulava *Mock Turtle* [Tartaruga artificial]. Era uma exposição inteira em torno de um animal (supostamente uma tartaruga) que estava teoricamente exposta dentro de uma caixa com um orifício para observar o interior. Ninguém podia ver o que tinha ali dentro, mas havia centenas de etiquetas e materiais interpretativos relacionados a essa espécie. O projeto expunha a ideia de que o objeto é, em última instância, desnecessário para produzir uma interpretação ou uma reflexão, e de que ao final o que realmente importa são tanto as histórias a seu redor quanto seu marco contextual e interpretativo, isso é o que de fato influi em nossa maneira de percebê-lo.

Naquela época, a arte relacional era moda. Os artistas faziam projetos baseados na criação de relações interpessoais. Comecei a suspeitar da qualidade desses intercâmbios. Isso me ocorreu quando eu trabalhava no Departamento de Educação do Guggenheim; uma curadora me chamou e me pediu para levar rapidamente um grupo de crianças até ela, porque o artista Rirkrit Tiravanija estava fazendo um projeto numa galeria que consistia em realizar atividades com crianças. Não tenho nada contra Rirkrit, mas me pareceu que o projeto inteiro era arbitrário e artificial demais, pois os participantes eram, nessa instância, empregados como um meio para forjar a experiência, e o público na realidade era o mundo da arte, não elas.

Não tenho ideia de como terminou o projeto, mas esse era o tipo de experiência que fez com que, de repente, eu refletisse sobre a ironia de que eu estava ali, um educador como muitos outros, que se dedicava de maneira rotineira a produzir experiências para e com o público, e que, por outro lado, ali estava um artista sem conhecimento algum da educação, simulando uma atividade que era uma obra de arte disfarçada de educação. O processo educativo era, neste caso, um recurso conveniente para completar de maneira pragmática e efetiva uma ação que seria publicada por revistas de arte que não sabiam absolutamente nada sobre esse público. E essa atividade seria louvada por essas próprias revistas, enquanto aqueles que foram supostamente participantes da atividade tinham sido, na realidade, mais ou menos sujeitos, sem saber, de uma obra.

Essa é uma tendência muito comum dos museus, que remonta à década de 1980, quando as instituições estavam tentando demonstrar a integração multicultural do público nas galerias. Levavam um grupo de crianças de bairros de baixa renda, por exemplo, e lhes davam uma camiseta do museu, os colocavam na entrada do museu e depois lhes mostravam a foto daqueles que financiavam o projeto. O que as crianças fizessem ali, a experiência que tivessem ali, não importaria; o que realmente importava era que aquelas crianças negras estivessem nas portas do museu.

A experiência que tive naquela ocasião no Museu Guggenheim foi o que me fez perceber que eu não queria fazer aquela forma de arte relacional. Não quero realizar um tipo de arte que consiste em dizer que fiz algo. Quero criar um tipo de arte que *faça* algo. Nem sempre me importa que as pessoas entendam ou não o que estou fazendo, mas preciso saber, para meu próprio bem, que o que eu faço vem desse impulso e que tem uma efetividade, um impacto real.

Para mim, essa é a enorme diferença entre a arte que diz se centrar na mudança social e a arte que encarna, de fato, essa mudança. É por isso que o vínculo entre a pedagogia e a arte é absolutamente crucial: a pedagogia e a educação têm a ver com a ênfase na materialização do processo, no diálogo, no intercâmbio, na comunicação intersubjetiva e nas relações humanas. O produto pode ou não ser necessário ou importante, mas não pode existir sem que esse intercâmbio tenha lugar. A arte, tradicionalmente, nem sempre foi tratada em relação a esse processo. Quando num museu você observa uma pintura, talvez seja interessante conhecer o processo de sua realização, mas não é essencial para experienciar a obra. O que importa é que esteja ali, que tenha ocorrido. Na arte de interação social, ocorre o contrário: o importante é o processo, e este se encontra sujeito à experiência.

HR: O que você diz me lembra algo que Shannon Jackson mencionou em sua conferência em Open Engagement no ano passado. Ele disse mais ou menos o seguinte: o que parece inovação num campo pode ser coisa do passado em outro. Penso nisso em relação a como alguns processos educativos são retomados na arte socialmente comprometida.

Estava lendo sobre Reggio Emilia antes de vir me encontrar com você, porque me informei que sua exposição tinha um componente dessa escola. Topei com esta citação de Loris Malaguzzi: "Precisamos produzir situações em que as crianças aprendam por si mesmas, em que possam aproveitar seu próprio conhecimento e seus próprios recursos... precisamos definir o papel do adulto não como transmissor, mas como um criador de relações – não só entre as pessoas, mas também entre as coisas, os pensamentos, o meio ambiente"[3].

PH: Soa parecido com arte de interação social, não é?

HR: Sim! Mas minha pergunta aponta para onde essas práticas divergem. É como se nos encontrássemos numa situação arriscada. Como artista, enfrentamos o imperativo de participar de um ciclo de produção, de sermos reconhecidos como autores e de fazermos parte de certo discurso sobre a arte. De que modo devemos divergir dos processos educativos?

PH: Ainda pertencemos a uma tradição do fazer artístico em que as coisas adquirem diferentes significados dependendo de seu contexto. A obra *A fonte*, de Marcel Duchamp, é útil, com certeza, como mictório, mas quando se transforma em arte, ela se torna útil de outra maneira, como obra de arte. E como Tom Finklepearl e Tania Bruguera disseram e fizeram, está na hora de voltar a colocar o mictório no banheiro[4], pois chegamos a um ponto em que a utilidade da arte como estética cumpriu seu ciclo. É tempo de voltar atrás e pensar a estética como algo que funciona no mundo de uma forma distinta.

O que conduz a um dilema interessante: por que não abandonamos a estética de uma vez por todas? Por que não viro um educador de Reggio Emilia, já que sua filosofia é próxima do que eu faço? Talvez eu devesse me mudar para a Itália e dar aulas para crianças. Há uma tendência, nos artistas jovens, de pensar o seguinte: "Talvez eu esteja fazendo algo ignorante e ridículo e, nesse caso, eu poderia ser um profissional na área que me interessa; por exemplo, poderia me tornar horticultor", ou o que seja. Por outro lado, o artista está exercendo papéis ostensivamente melhor desempenhados por profissionais dessas disciplinas, como o caso de Rirkrit. Os educadores fazem isso muito melhor do que ele; por que então é ele que está levando o crédito? E por que o que os educadores fazem não é considerado arte? Por que um programa medíocre de educação deveria ser celebrado como uma maravilhosa obra de arte relacional, quando um programa educativo fantástico que realmente muda a vida das pessoas nunca é considerado uma obra de arte importante?

---

3 Loris Malaguzzi, "Your Image of the Child: Where Teaching Begins", *Early Childhood Educational Exchange* (96), 1994, pp. 52-61.
4 Tom Finklepearl, *Creative Time Summit*, New York, 2012.

O problema tem a ver então com o território ou o contexto social onde isso acontece. Onde você está enunciando seus argumentos? Dizer simplesmente que Reggio Emilia é uma grande obra de arte é falso. Este não é seu objetivo, mas criar melhores "cidadãos para o mundo". Como artista, o que me interessa é considerar essa ideia no contexto da produção de arte, o contexto do papel da arte na sociedade. A arte, para o bem ou para o mal, continua sendo um campo de batalha caraterizado por sua capacidade de se redefinir. Não se pode dizer: "Isto não é arte!", porque amanhã poderá ser, ou "Pode ser arte" só porque eu digo que é. A arte é um espaço que criamos em que podemos deixar de subscrever as exigências e regras da sociedade; é um espaço em que podemos fingir, brincar, repensar as coisas, pensá-las do avesso.

Mas, só para esclarecer: quando digo que Reggio Emilia não é arte verdadeira, não acho também que seja suficiente fazer arte com uma educação simulada. Não acho que se deva justificar o uso de nada semelhante com a educação em nome da arte, como no caso daquela atividade com as crianças realizada por Rirkrit que descrevi, salvo se esteja caçoando ou brincando (o que sequer seria interessante). O que quero dizer é que, quando você está enunciando certos argumentos, ou mesmo gerando certas impressões sobre o que está fazendo, deve fazê-lo de maneira eficaz para realmente afetar o mundo, pois, de outro modo, sua intervenção artística no âmbito social não difere em nada de pintar um quadro no estúdio. E tem uma diferença entre uma intervenção simbólica e uma real.

HR: No capítulo "Notes towards a Transpedagogy" [Notas para uma transpedagogia] de seu livro, você alude ao fenômeno da educação como projetos artísticos que recusam os resultados preconcebidos da aprendizagem, porque não querem ser percebidos como didáticos. Você utiliza o termo "educação abstrata"[5] para descrever esse tipo de projeto. Você poderia se aprofundar um pouco mais sobre esse termo?

PH: Esse termo nasceu de minha própria insatisfação ao ver artistas que levam a cabo projetos supostamente educativos, em particular, projetos escolares alternativos. Tem a ver com a virada educativa na curadoria, em

---

5 Pablo Helguera, "Notes towards a Transpedagogy", in: K. Ehrlich (ed.), *Art, Architecture, Pedagogy: Experiments in Learning*, Valencia, California: Center for Integrated Media, 2010, pp. 98-112.

que as pessoas com um conhecimento muito vago e, em geral, estereotipado sobre a educação, de repente, passam a considerar uma palavra com grande impacto. Não utilizavam o termo "educação"; diziam "pedagogia", porque soava mais acadêmico ou mais inteligente. Me lembro de uma vez que assisti a uma conferência na Bienal de Liverpool de 2007. Eu estava entre o público; entre os conferencistas estavam Charles Esche e outros, e um artista apresentou um tipo de projeto de prática social. Me lembro que lhe perguntei: "Como você pode ao menos saber ou calcular qual foi o resultado final? Você não acha que precisa saber se o que de fato fez teve algum impacto?". E me lembro que o artista respondeu: "Isso manipularia o trabalho". Outros apoiaram essa postura. Procurar saber mais sobre a experiência era negativo, porque o processo de documentação teria se tornado burocrático; em minha opinião, foi uma forma conveniente de realizar um projeto que carecia de confiabilidade.

Na Inglaterra, principalmente, a ideia de avaliação adquiriu uma má reputação, já que as instituições educativas devem obedecer ao sistema, muito rígido, chamado "Processo de Bolonha", que consiste em instaurar certos padrões de educação. A reação contra a avaliação vem parcialmente daí. No entanto, me pareceu também que havia um grande mal-entendido em relação ao que se entende por avaliação. De fato, no mundo da arte, avaliamos todo o tempo; nisso consiste precisamente a crítica de arte. Existem críticos de arte desde que a arte existe.

Como é feita a crítica de obras de arte que fazem parte de uma história que conhecemos, como, por exemplo, o modernismo? Podemos exercer a crítica dessas obras porque estamos familiarizados com coisas como o formalismo e a abstração, e porque existem muitas aproximações teóricas. Quando você pinta um quadro abstrato que se parece muito com algum de Mondrian, as pessoas lhe dizem que seu trabalho não é muito relevante, porque você está apenas copiando Mondrian. E, no entanto, está são e salvo se você leva a cabo o projeto conceitual de uma escola que não ensina nada a ninguém e onde ninguém aprende nada, mas que tem uma aparência genial nos comunicados da imprensa.

HR: Quer dizer, então, que por "educação abstrata" você se refere a projetos que usam a linguagem e o quadro de referência da educação, mas que não funcionam como esta última?

PH: É complicado. Não queria dizer que é ruim fazer isso. Às vezes você só quer fazer um projeto que trate de tal ou qual ideia. Você quer fazer um projeto sobre dança, mas isso não significa que deva dançar. É muito diferente pintar um quadro sobre a guerra e participar de uma.

Por isso, em meu livro *Education for Socially Engaged Art* procurei abordar esse problema fazendo uma distinção entre o que entendo como prática simbólica *versus* prática real. O que tratei de argumentar é que, no campo da arte, a tradição mais forte e longeva é a da arte como ato simbólico, como uma representação do mundo. Você faz uma obra de arte que é algo em si mesma, mas que está dirigida ao mundo. A obra *Guernica* é um ato simbólico. Ela faz referência aos horrores de Guernica, ao genocídio.

Na década de 1960, isso começa a mudar: os artistas já não querem fazer coisas que falam do mundo, mas que sejam atos *no* mundo. É por isso que surge a *performance*. Não vou montar uma obra de teatro na qual finjo ser *x*, *y* ou *z*. Vou levar a cabo uma ação real na qual sou Pablo Helguera e estou falando pra você, Helen. Vamos viver esta experiência, e ela só poderá existir neste momento e nunca mais, aqui e em nenhum outro lugar. É disso que trata essa obra de arte. É disso que tratou Fluxus, isso é o que pregava John Cage, isso representaram os *happenings* de Alan Kaprow. É uma ideia muito zen. As *performances* de Suzanne Lacy, por exemplo, tratavam de mulheres naquele momento particular. Quem sabe mais à frente sejam história. Quem sabe se convertam num produto. Mas o certo é que o que ocorre num determinado momento não pode se repetir jamais.

Em minha opinião, a arte de intervenção social emerge dessa tradição do "aqui e agora". O que "aqui e agora" significa, do meu ponto de vista, é que o ato artístico está ligado ao contexto espaço-temporal, e o afeta de uma maneira muito direta. A obra precisa ser entendida, descrita e possivelmente avaliada e criticada em termos do que foram os eventos reais. Quando não se conta com essa informação – infelizmente, na maior parte do tempo –, não há forma de saber se aconteceram ou não. Aqueles projetos que estão realmente criando um impacto têm uma presença irrefutável, evidente. Quer dizer, para dar uma opinião sobre o *Immigrant Movement International*, de Tania Bruguera, basta ir ali hoje e vê-lo. Está ocorrendo agora mesmo. Não é uma ilusão.

HR: Você pode falar sobre a tensão entre utilidade, ambiguidade e resultados de aprendizagem? Você diz, seja como for, que estamos avaliando coisas constantemente. Como você avalia os projetos de pedagogia da arte?

PH: Criar uma experiência ambígua não significa que não se possa avaliá-la. Significa apenas que é preciso pensar nela de maneira distinta. Não estamos pretendendo estabelecer uma escola Reggio Emilia na instalação *Common Senses*[6] [Sentidos comuns]. Alguém poderia dizer: "Isto não é uma escola Reggio Emilia, vocês falharam totalmente!", e dessa perspectiva certamente teríamos falhado. Mas isso não é o que quisemos fazer: nós quisemos atrair visitantes ao museu, que viram a instalação.

Suponhamos que, ao presenciar uma ação utilizando uma partitura de instruções de Fluxus, alguém conclua: "Este cara é realmente um péssimo ator, não é Hamlet". É claro que não é Hamlet, e isso não é Shakespeare, mas Fluxus. Ele inventa sua própria lógica. E quando você começa a se interessar pelo movimento Fluxus, você se dá conta de que ele possui suas próprias regras internas. Percebe então que esta peça Fluxus é melhor que aquela outra, porque esta cria uma situação mais favorável para o que Fluxus se propõe a fazer, ou seja, dar origem a um espaço aberto de jogo, de irreverência, de recusa às ideias burguesas sobre a arte. Por esses motivos, esta peça específica é especialmente exitosa. Cada um determina seus próprios termos do que significa o "êxito".

Você poderia dizer que não está fazendo uma escola, que está só fingindo fazer uma escola, uma escola fictícia. Se isso está claro desde o começo, é muito mais fácil. Se, por outro lado, diz que está levando a cabo um projeto transformador, mas na realidade só está fingindo fazê-lo, aí é quando seu projeto desmorona por completo. E está muito claro: no instante em que começa a fuçar, você se dá conta de que o projeto não tem substância alguma.

HR: Tenho interesse em sua relação com as instituições. Você criou uma, a Escuela Panamericana del Desasosiego [Escola Panamericana do Desassossego], e, com certeza, seu trabalho no Museum of Modern Art de Nova York (MoMA) está baseado na instituição. Você faz referência à crítica institucional

---

6 *MoMA Studio: Common Senses* ocorreu entre 24 de setembro e 19 de novembro de 2012 no MoMA. Esse espaço incluía uma instalação interativa desenvolvida em colaboração com os educadores de Reggio Emilia.

no capítulo "Notes towards a Transpedagogy" de seu livro, e menciona que muitos artistas ainda trabalham com essas ideias. Você poderia falar de sua relação com as instituições e com a crítica institucional?

PH: A crítica institucional foi muito importante para mim. Com artistas como Andrea Fraser, Hans Haacke, Fred Wilson, por quem tenho um grande respeito e a quem considero meus interlocutores, me aconteceu algo particular. Comecei a ver a obra deles quando eu já trabalhava num museu, algo que foi ao mesmo tempo interessante e surpreendente. Foi interessante porque senti que, apesar de eu gostar do trabalho deles, eles estavam fazendo uma crítica ao museu. Mas ao criticar a instituição, a quem eles na verdade criticavam? A conclusão lógica era, eu pensava, que estavam me criticando porque eu era parte de um museu. E então pensei: "O que significaria realmente assumir essa crítica? Se sou coerente com minhas próprias críticas, eu não deveria então renunciar e me mudar, por assim dizer, para um sítio nas montanhas? Não deveria começar uma revolução de lá?".

Cresci no México durante a chamada "ditadura perfeita", quer dizer, durante o mandato do Partido Revolucionário Institucional (PRI), que governou o país por 71 anos. A Revolução Mexicana constituiu um conflito civil sumamente complexo, que tratou da terra e das classes sociais. Chegou a seu fim quando o general mais poderoso da revolução fundou um partido político e resolveu o problema do poder ao criar esse partido e estabelecer que haveria eleições a cada seis anos. Na verdade, a eleição era mais uma transição de poder dentro do mesmo partido. O PRI nunca perdeu uma eleição em 71 anos. Em certa medida, ele não era comandado por um só indivíduo, mas pelo mesmo punhado de famílias. Tudo isso terminou em 2000, mas o interessante era que o partido se chamasse Partido Revolucionário Institucional. Assim que refletimos sobre essas palavras, vemos que são um absurdo. Como se pode ser revolucionário e, ao mesmo tempo, institucional? Fomos isso durante 71 anos.

Todas essas reflexões me levaram a pensar que não quero me mudar para as montanhas: gosto de trabalhar nos museus. E, ao mesmo tempo, percebo que essas críticas também se institucionalizaram, e os museus, de fato, adoram que isso aconteça. Agora mesmo, a obra de Andrea Fraser finalmente é exposta em galerias; o que isso significa?

Minha conclusão foi que a melhor maneira de ser revolucionário é aprendendo a ser institucional. O movimento *Occupy Museums* tentou ocupar as instalações do MoMA. No momento em que entraram no museu não souberam o que fazer. Que efeito teria atear fogo, por exemplo? Sou perfeitamente consciente de como o poder apoia a arte e de como dependemos do poder, mas não sou partidário de destruir museus sem mais nem menos, como ocorreu com os de Bagdá, por exemplo. Na recente cúpula *Creative Time*, Michael Rakowitz mostrou a imagem do saqueio do Museu de Bagdá, e foi horroroso. Para ninguém o ato pareceu genial por ter destruído um símbolo de poder, não; foi uma enorme tragédia. Perdemos um fragmento inacreditavelmente importante da civilização e da cultura que nunca mais poderemos recuperar. Apagou-se um capítulo da história, e não há nada pior que isso.

De modo que, sim, desejo proteger o museu. Não é preciso que a ideia de preservar o passado esteja em conflito com a de ser revolucionário. Em vez de atear fogo nas instituições, por que simplesmente não criar algo diferente, como Buckminster Fuller costuma dizer? Em vez de criticar o sistema atual, instaurar um novo que torne supérfluo ou irrelevante o sistema anterior. Como artistas, precisamos construir instituições, ser institucionais.

Por essa razão, criei a Escuela Panamericana del Desasosiego. Era real em muitos sentidos. Administramos mais programas e oficinas do que muitos museus administraram em vários anos. A Escuela Panamericana del Desasosiego foi minha tentativa de explorar ou defender a ideia de que essas duas coisas não eram contraditórias, minha maneira de afirmar que as noções de revolução e de estabilidade podiam coexistir. Talvez fazer arte seja essa combinação de revoluções e estabilizações. Nada pode ser revolucionário para sempre. É quase impossível encontrar um artista que tenha se transformado constantemente durante sua carreira, que tenha sido sempre revolucionário.

HR: As instituições também proporcionam certa segurança para esse tipo de prática. Os departamentos de educação, por exemplo, com frequência apoiam a arte socialmente comprometida. Algo em que costumo pensar ao trabalhar fora das instituições de arte é que a rede de segurança já não existe. Você já experimentou algo assim na Escuela Panamericana del Desasosiego? Você percebeu alguma hostilidade ao seu redor por ser identificado como artista?

PH: Experimentei uma hostilidade extraordinária em quase todos os aspectos. Nem sempre por ser artista; mas frequentemente por vir de Nova York. Na Venezuela, as pessoas diziam que eu era pró-Bush. Uns acreditavam que eu era imperialista e outros que eu era missionário; as pessoas queriam que eu resolvesse a vida delas.

Em relação ao que você dizia sobre os departamentos de educação, sim, eu notei uma grande diferença entre o público do Norte e o da América do Sul. Na América do Norte, era muito mais fácil encontrar apoios institucionais, e trabalhei com organizações relativamente estáveis. Em Portland, por exemplo, eu levei até o fim o projeto no Pacific Northwest College of Art (PNCA) e em alguns outros lugares. Eles nos proporcionaram uma galeria muito confortável para organizar as palestras e contamos com um bom orçamento. Eu me alojei num lugar agradável. Isso não ocorreu em outros lugares. Nas praças, devíamos cuidar para que as pessoas não roubassem nossas coisas e nos sentíamos totalmente expostos. Muitas vezes, as pessoas achavam que eu era um evangélico, e me diziam: "Aqui somos católicos, não nos interessam suas ideias protestantes". Outras pessoas pensavam que eu era oftalmologista porque o símbolo da escola é um sino com um olho, e elas se aproximavam com a intenção de fazer um exame de vista. Apesar de tudo, havia uma ambiguidade maravilhosa ali, muito mais interessante que quando eu trabalhava numa instituição. Quando você entra num lugar como o MoMA e vê um projeto, pensa: "Isto é uma obra de arte"; mas, quando você está no meio de uma cidade, em Honduras ou no Paraguai, não há nenhuma referência. É muito estranho se encontrar com esse tipo de arte pública ali. Adorei a possibilidade do que se podia fazer com essa ambiguidade. Foi, de certa forma, libertador.

O que quero dizer é que projetos dessa natureza podem se beneficiar dos distintos contextos em que surgem. No contexto específico do museu, a razão pela qual os departamentos de educação parecem ser tão receptivos e apropriados é porque estão desenhados para as pessoas. A educação está estreitamente vinculada com as pessoas e os visitantes; ajusta-se à porosidade das relações sociais. Os departamentos de curadoria, historicamente, têm a ver com objetos e "conhecedores". Resumem-se a compreender o objeto; como exibi-lo, como manter sua narrativa e coisas pelo estilo. Essas divisões estão cada vez mais sendo desgastadas.

Tania Bruguera

Declaração docente[1]

O ensino é uma atividade à qual cheguei como extensão de minha obra.

O ensino está relacionado à ética do conhecimento, ele é a criação de uma estrutura de pensamento e a modelagem da sensibilidade que prevalecerá na vida de alguém durante longo tempo. Abordo o ensino mediante a criação de um processo no qual o estudante assuma o controle pleno disso.

Trabalho na aprendizagem como expressão visível de uma experiência. Não acredito no processo de aprendizagem como uma transmissão de conceitos gerais de conhecimento ou referências, mas como resultado de uma experiência reflexiva mediante a criação de obras de arte que geram esses debates.

Em meu ensino, procuro levar pensamento, e não dar por certo o papel da arte e dos artistas, de modo que cada estudante pode oferecer suas próprias propostas e, depois, durante o curso, desenvolver e colocar à prova sua visão delas.

Tenho interesse em explorar as formas pelas quais as coisas se tornam artísticas. Tenho interesse em ver o que converte um momento em arte, em oferecer um processo mediante o qual os estudantes aprendam como criar um contexto para sua obra e fixar as regras mediante as quais estas podem ser experimentadas.

---

[1] Texto publicado em <www.taniabruguera.com> (último acesso: set. 2016).

Existe uma diferença fundamental entre ensino e arte. O ensino é transmitir elementos de consenso; a arte é perturbá-los. O ensino é a transmissão e a memorização de elementos que nos transformam num coletivo, e é baseado num sentido da verdade previamente convencionada antes da entrega real dos dados. A arte é um espaço que conduz a uma nova negociação de significados e que, às vezes, se realiza mediante o caos ou enfrentando um sentido estabelecido da verdade. A diferença radica em que, mesmo quando ambos são atividades ideológicas, o ensino tem um objetivo claro na construção de uma identidade definida, que guarda relação com sua função na sociedade e com as expectativas do papel do indivíduo e do coletivo. De algum modo, a única semelhança que posso ver entre a arte e o ensino é o fato de que ambos os procedimentos convencem as pessoas de algo em que acreditamos (sejam dados ou ideias). No ensino, a exigência de criatividade e a de enfrentamento da norma parece antes um processo de treinamento em que os estudantes aprendem como se comportar e como criar uma estrutura para atuar com ela e, com sorte, como criar um sistema para introduzir (e compartilhar) seu ponto de vista. O ensino oferece um terreno comum para compreender um mundo comum de referências que nos torna fundamentalmente iguais (num nível muito básico); na arte, pede-se a alguém para entrar no mundo do artista, e é responsabilidade "desse alguém" como público encontrar um terreno comum com o artista (e se converter num igual). Meu objetivo como professora de arte é a interação e a apreciação da dinâmica de ambos os pontos de vista.

A excitação que produz o "novo" difere no ensino e na arte. No primeiro, o novo se relaciona com a excitação de encontrar algo que se compreende, que compreendemos. No segundo, o que é novo é descobrir o que não sabemos, o que não compreendemos (e, às vezes, descobrir que não estamos seguros de querer compreendê-lo). Portanto, em minhas aulas procuro oferecer um ambiente seguro com o objetivo de que os estudantes possam provar e experimentar sua relação com o conhecimento, a tecnologia, a sociedade e sua comunidade.

Tenho em alta conta o modelo do artista como intelectual, e por isso lhes levo o modelo em que se combinam a prática artística e o desenvolvimento de habilidades críticas e de escrita.

As escolas podem ser laboratórios isolados nos quais a segurança de sua estrutura pode gerar desconexão com os verdadeiros desafios do mundo profissional. Acredito muito no papel das atividades extracurriculares e interdisciplinares e em levar ao estudante parte desse mundo profissional para que o examine. Isso é algo em que trabalhei durante três anos como residente do Open Practice Comité (OPC).

Tania Bruguera

Cátedra Arte de Conduta: Declaração[1]

Cátedra Arte de Conduta (2002-2009) surge como uma peça de arte pública dirigida a criar um espaço de formação alternativa ao sistema de estudos de arte na sociedade cubana contemporânea. É uma intervenção a longo prazo voltada para a discussão e para a análise da conduta sociopolítica e a compreensão da arte como instrumento de transformação da ideologia, por meio da ativação da ação cívica sobre o ambiente. É criada como um espaço para a prática da *Arte de conduta*. Nesse projeto são priorizadas as ações que estão dirigidas a transformar certos espaços na sociedade por meio da arte, transcendendo a representação simbólica ou a metáfora e, com sua atividade, satisfazendo certos déficits na realidade, na vida, por meio da *Arte útil*. Esta obra *site* e *political-timing specific* se mostra mediante a criação de um modelo pedagógico que supre as carências de espaços cívicos de discussão sobre a função da arte na sociedade cubana atual e promove novas gerações de artistas e intelectuais. Essa obra propõe os discursos políticos originados na arte, potencializando a exploração das relações entre arte e contexto.

Os membros do projeto provêm de diferentes áreas: arquitetura, teatro, escrita, engenharia, cenografia, música, cinema, sociologia, artes visuais, história da arte, e são inclusive autodidatas. Todas as atividades geradas pela *Cátedra Arte de Conduta* são gratuitas e abertas a todo tipo de público interessado em participar. Cada oficina dada tem duração de uma semana, e,

1 Texto publicado em <www.taniabruguera.com> (último acesso: set. 2016).

tal como os membros do projeto, os professores convidados procedem de diversas esferas da vida social: advogados, arquitetos, artistas visuais, *dealers* de arte, curadores, escritores, cientistas, bailarinos, ex-presos, diretores de teatro, roteiristas, atores, antropólogos, matemáticos etc. Devido ao escasso acesso às fontes de informação que existem em Cuba, a *Cátedra Arte de Conduta* deu os primeiros passos para a criação de um arquivo especializado em arte contemporânea internacional, com uma ênfase social e performática, por meio de assinaturas de revistas de arte e de sociologia contemporânea e da compra de livros de teoria da cultura e de história da arte. O projeto propiciou o intercâmbio entre escolas de vários países e projetos de arte e residências internacionais, assim como com figuras cubanas importantes da arte e da crítica de várias gerações, estabelecendo uma interação com diversos sistemas de pensamento com os quais os integrantes do projeto gerem um fluxo de informação que lhes possibilita compreender e escolher sua posição perante a arte e a sociedade.

A Cátedra tinha estabelecido desenvolver exibições temáticas, que se repetiam a cada seis meses, referentes em geral ao contexto sociopolítico nacional. Seus integrantes realizavam obras para participar nos eventos que, por sua vez, um curador convidado organizava. E a indução a esse exercício criativo e crítico conseguiu, depois de seis anos de atividade ininterrupta, que as obras de seus participantes passassem a configurar uma das diretrizes mais experimentais e radicais da produção artística cubana atual.

Cátedra Arte de Conduta é a primeira obra de arte e, simultaneamente, a primeira instituição centrada em criar um programa de estudos de arte de conduta e de arte política. Dessa maneira, foi erigida em modelo para projetos educativos de caráter socioartístico e para projetos artísticos voltados a estabelecer alternativas educacionais.

Michy Marxuach

Uma escola de arte hoje: tecendo a textura que sustenta a frase. Acender algo numa ilha do Caribe

É uma ilusão a ideia de que nós poderíamos realmente identificar um ponto anterior em relação ao qual tudo é "depois" e posterior ao qual tudo é "agora".

EVIATAR ZERUBAVEL (← end note # 1)

:,..;;...../////...,,,,,,,;;;;;;;;;;;;....!!!<,,][]]==]\\\\\===>>><<<<<————...,,,,....,,<////;;;;

Fico entusiasmada com os acontecimentos, as ações inesperadas e, sobretudo, com o potencial da imaginação para construir nossas sociedades. O desafio que se propõe a existir dentro do espaço da arte é complexo, mas ao mesmo tempo catalítico e necessário. Colocar a arte como necessidade básica de nossa sociedade é algo no qual acredito e que incentivo. Creio na utópica prática, e na arte encontrei espaço para ela.

A. Prefácio

A arte "mobiliza coisas, gera estados de consciência ou reflexão sobre a visão que temos do mundo ou sobre as pessoas" (← end note # 2). Ela propõe fortes

---

← end note # 1: Eviatar Zerubavel, *Time Maps: Collective Memory and the Social Shape of the Past*, United States of America: The University of Chicago Press, 2003, p. 37.

← end note # 2: Natalia Gutiérrez, "Entrevista a Manuel Santana", em *Echando lápiz*, Colômbia, Ministério de Cultura, República da Colômbia, 2015, p. 78. Durante o seminário "Escuelas libres – Escuelas posibles" no espaço independente Bisagra (Lima, Peru), discutimos, com o artista Raimond Chaves e o

"Calce cesteria", oficina de cestaria com o mestre artesão Edwin Marcucci do bairro Limaní de Adjuntas, Puerto Rico, 20 de março de 2014. Primeiro estudo para o desenvolvimento da Escola de Ofícios, um projeto de Jorge González. Imagem: cortesia de Beta-Local.

Cotidiano em Beta-Local, San Juan, Puerto Rico, 2011.

críticas e quebra muitas das camadas cimentadas pelo ensimesmamento rotineiro da construção colonial e neoliberal, presentes hoje mais que nunca. A arte é espaço e tempo, como também uma ferramenta de emancipação.

A imaginação provocada pela curiosidade é imagem e ação. Olhar com curiosidade o cotidiano implica dissecar, unir pedacinhos, pegar rotas alternativas e entrar nas camadas subterrâneas. O professor universitário, pesquisador e sociólogo Pascal Gielen disse várias vezes que, justamente por causa da imaginação que encontra seu lugar na arte, podemos tomar uma perspectiva vertical fora da sociedade (← end note # 3).

Após trinta anos acompanhando artistas com múltiplas variáveis de confrontação, discussão, explosão, sonhos e imaginação, identifiquei que o afã de criar estruturas para tornar possível a convivência e gerar cumplicidades coletivas foi um norte para mim. Em M&M projetos (← end note # 4), um espaço de produção e oficinas de artistas que fundei em 1999 e que existiu até 2005 – situado num edifício de 10 mil metros quadrados em Fortaleza 302, San Juan, Porto Rico –, experimentei como o campo das oficinas e exibição pode se transformar num laboratório pedagógico quando o desenvolvimento curatorial se integra com a cumplicidade do artista. Em Beta-Local (← end note # 5), fundado em 2009, experimentei como um espaço pedagógico pode se converter numa instituição generosa que, levando em conta nossa geografia, delineia estruturas de acompanhamento para pensar e fazer. Há pouco tempo definimos essa experiência da seguinte forma:

> Isto é Beta-Local, um motor por meio do qual ocorrem distintos tipos de trabalho. O nosso tem como objetivo gerar novos modelos de criação artística que respondam a nossas realidades sociais e materiais, que são um Estado endividado, um modelo de consumo colapsado, um governo e uma estrutura econômica colonial e uma população que ficou desprovida de habilidades manuais após décadas de industrialização. Por isso, trabalhamos com pessoas de perfis distintos. Às vezes, implica apenas

educador Martín Guerra, algumas das referências sobre metodologias de delineamentos transdisciplinares que ecoavam o projeto "Echando lápiz", que desenvolvemos em Beta Local, fundado por Manuel Santana y Graciela Duarte.

← end note # 3: Pascal Gielen, "Institutional Imagination: Instituting Contemporary Art Minus the Contemporary", in: *Institutional Attitudes: Instituting Art in a Flat World*, Netherlands: Valiz, 2013, p. 12.

← end note # 4: ver <https://goo.gl/yKun5F> (último acesso: ago. 2016).

← end note # 5: texto traduzido do vídeo "From Tool to Tool". Ver <https://goo.gl/M0kiQN> (último acesso: ago. 2016).

reunir pessoas que talvez de outra forma não se encontrariam. Isso é suficiente para gerar algo novo que se dirija numa direção distinta. Assim, nosso espaço passou por mutações: uma sala de aula, uma barraca de verduras, um espaço de exibição, uma oficina mecânica, uma estação de rádio e uma biblioteca. Abrigou discussões sobre economia, oficinas de cestaria e muitos jantares comunitários.

Temos como foco principalmente três projetos: uma escola livre que facilita a troca de conhecimento, uma residência internacional e um programa de pesquisa e produção coletiva de nove meses. Nosso trabalho ocorre em espaços públicos, comuns, e aqueles em que a divisão entre artista e público, intelectual ou artesão, profissional ou amador, começa a se fraturar ou simplesmente passa a não ter importância. Os projetos que propomos saem desse processo de colaboração e encontro que nos leva a teorizar a partir de experiências diretas. Partimos de um interesse pela proposta de Iván Illich de criar ferramentas para a convivência. Ferramentas que possam ser utilizadas por um público amplo para a criação de sociedades mais justas. A forma que assume Beta-Local é possível, porque pensamos com a arte e porque entendemos que esta é intrinsecamente política: habilita um espaço de propor e ensaiar alternativas. Compreendemos a arte como uma necessidade básica que permite buscas sem objetivos claros, experimentações abertas ao fracasso e à expressão de subjetividades partindo de suspeitas e inquietações que não necessariamente podem ser canalizadas dentro de uma estrutura lógica. Estamos comprometidos a pensar e fazer dentro dessas coordenadas. Está claro para Beta-Local que isso ocorre porque existem os artistas.

Em todo esse tempo, compreendi como novas ferramentas podem ser aprendidas para resistir em meio ao temporal, estando junto a uma comunidade fértil e variada que decidiu mudar de lugar, o que resulta em reconstruções e reconsiderações das formas e narrativas existentes. Em suma, experimentei esse espaço em que é possível participar em conjunto com a imaginação, a teoria e a prática baseada na arte.

Parece-me urgente encontrar as fissuras que permitem gerar a ebulição necessária para compartilhar esses processos. Levar isso adiante não é tarefa simples, pois o medo encontra seu melhor aliado nos espaços de insegurança que o próprio processo gera. Mas é também nesses espaços que surgem combinações que nos permitem reconsiderar ou criar múltiplas variações. Meus pensamentos neste ponto orbitam entre esses possíveis relatos compartilhados, o passado, o futuro e, principalmente, o momento crítico que atravessa nosso país; mas, em especial, pensar o espaço da arte como um espaço de necessidade iminente para nossa sobrevivência. Palavras como *afã* e *ensimesmamento* foram bússolas que me ajudaram a manter minha busca ancorada no *onde*, no *como* ou no *de que maneira* é possível *acender* algo.

Não acho que seja possível explicar isso melhor do que usando um fragmento da canção "Space Oddity" (1969), de David Bowie, que diz:

Ground Control to Major Tom
Take your protein pills
and put your helmet on
Ground Control to Major Tom
Commencing countdown,
engines on
Check ignition
and may God's love be with you ...
Though I'm past
one hundred thousand miles
I'm feeling very still
And I think my spaceship knows which way to go
[...]
put your helmet on
Check ignition
You've really made the grade
And the papers want to know whose shirts you wear
Now it's time to leave the capsule if you dare

Como assumir, continuar e potencializar novas pulsações? Como usar cápsulas de proteínas para passar a *hangover* constante que nos apresenta este momento? Quais ferramentas usamos para nos manter alertas e despertos sem nos cegar diante do momento que vivemos? Uma ferramenta que funcionou para mim é voltar à imagem de um Rolodex (ficheiro rotativo de cartão), que mediante uma intervenção em seu eixo rotatório desestabiliza a ordem ou sequência dos cartões, fazendo voar alguns deles. Na nova recomposição desordenada pela desestabilização, encontramos instantes para voltar a olhar nomes, direções e fazer conexões que talvez estivessem ofuscadas.

Já não é mais possível deixar de lado as condições ecológicas, de desigualdade, o excesso ou a instrumentalização implícita em todo tipo de pensamento. Assistimos à derrocada de famílias, comunidades, posturas, relações, vidas, coisas e ecossistemas. Ainda nos é difícil articular possíveis metodologias para nossa sobrevivência que sejam formuladas nos espaços de formação. Acho, como disse antes, que a arte é hoje um dos veículos mais importantes não apenas para discutir essas ideias, mas para brincar com elas, moldá-las, descartá-las e reformulá-las. Essa forma constante de experimentar o cotidiano, o subterrâneo e o utópico nos permite momentos de iluminação necessários para continuarmos acreditando na possibilidade de gerar uma mudança.

Muitos dos adjetivos, categorias e substantivos apresentados até agora neste pequeno prefácio, como desigualdade, excesso, instrumentalização, cotidiano, entre outros, foram, por um lado, o material para construir a narrativa e, por outro, a estratégia para, de outro lugar, compartilhar o espaço filosófico que nos propõe a arte. Acompanham-me as ideias do jornalista e sociólogo Malcolm Gladwell quando fala sobre o fenômeno da ideia e de como esta pode viajar da mesma forma que um vírus. A palavra é matéria e ideia. É também ferramenta quando seus benefícios materiais são ativados em cumplicidade com seus conteúdos a partir das variações e das subjetividades.

Ao afirmar que a imaginação desatada pela curiosidade é imagem e ação, faço-o da mesa de trabalho. Por meio da prática do fazer, pensar e voltar a fazer, vi como, para os artistas, a imaginação é tanto teoria quanto matéria, é tanto abstração quanto elemento prático de ação. A imaginação é uma espécie de tumor aderido que codifica/descodifica/recodifica o objeto da arte, ou pode ser também um parasita que se insere/usa *em* e *de* outras disciplinas, criando variações constantes.

B. Obstruções

:,..;;....//////...,,,,,,;;;;;;;;;;;;;;;;....!!!<,,][]]==]\\\\\\===>>><<<<<<—

No dia 8 de janeiro de 2016, no jornal *El Nuevo Día*, a acadêmica Ana Helvia Quintero – que na década de 1970 se associou com algumas das ideias do pensador Ivan Illich – escreveu um artigo intitulado "Nueva visión de la organización administrativa" [Nova visão da organização administrativa], em relação à educação pública em Porto Rico:

É necessária uma mudança de cultura administrativa. Sugiro três mudanças fundamentais: (a) a organização administrativa do sistema deve ser uma organização que aprende, (b) que promove um ambiente que permita errar e (c) que desenvolve um ambiente que promova a colaboração. A teoria oferece os princípios que guiam a ação; a prática nos ensina como o contexto afeta a tradução dos princípios em ação, assim como as revisões que terão de ser feitas nos princípios. A prática então é também geradora de teoria. Assim as teorias e os princípios são revisados continuamente a partir do que se aprende na prática. Todas as inovações comportam erros. O temor dos erros leva, pois, ao estancamento. A literatura sobre organizações para nosso tempo indica uma mudança da estrutura piramidal para uma que promova as redes de colaboração visando um fim comum.

É possível derrubar a estrutura piramidal a partir da própria contradição que nasce na concepção de um sistema educativo criado para servir aos interesses do Estado? É possível oferecer ferramentas para o desenvolvimento de entes pensantes ativos, sabendo que estes serão os primeiros em contradizer o eixo da ditadura educativa?

Em 1955, a arqueóloga Hetty Goldman aconselhou a um estudante: "Melhor uma teoria que com o tempo possa ser provada inadequada ou falsa, se os dados assim o permitirem, já que esta estimularia a imaginação e despertaria a especulação de outros que muito bem poderiam chegar a resultados mais aceitáveis" (← end note # 6). Como podemos responder aos novos desafios que enfrentamos no mundo contemporâneo?

Uma escola de arte hoje deve, a meu ver, estar dentro dos espaços imperativos de discussão, pois é no trânsito intergeracional e na curiosidade navegadora da especificidade que podemos simultaneamente brincar com a imaginação e o concreto. Como disse a escritora e professora Carol Becker quando decidiu entrar no Art Institute of Chigago: "A própria encarnação da evolução de ideias, do pensamento, a maneira como os corpos mudam, como as disciplinas se ocultam e como estas se põem à prova são hoje parte da função de uma escola de arte" (← end note # 7). Em si mesma, uma escola de arte é experimento e teoria, é processo e pesquisa do material, da ideia, das

---

← end note # 6: ver <https://goo.gl/fDPhpM> (último acesso: ago. 2016).
← end note # 7: ver "The University Really Is the Physical Embodiment of the Evolution of Ideas", *About Academia (The transcriptions: an internal document)*, um projeto de Antoni Muntadas, Cambridge, MA, fevereiro de 2011.

formas, do objetal e do efêmero. É história e presente, mas também aquilo que não cabe no que compreendemos como possível, pois reside no lugar da imaginação. Uma escola de arte é uma aliada necessária para combater o cansado sistema que aposta na homogeneização absoluta, pois o próprio paradigma da arte encontra um espaço na diversidade e nas subjetividades. Afinal de contas, é um espaço de onde se vislumbram momentos urgentes que a própria história nos apresenta.

Por escola de arte eu imagino um espaço de organização em que a prática artística e as dinâmicas de aprendizagem se esfumam num só processo. Um lugar em que o dentro é intercalado cuidadosamente com o fora, gerando lugares de camaradagem e rompendo os limites disciplinares. Uma escola de arte nos brinda com uma oportunidade que não podemos deixar que seja sequestrada. Retomando as ideias de Ana Helvia Quintero, é no processo de aprender, de fazer teoria com a prática, que está *a coisa* e onde reside o potencial. Teóricos da educação, como Ivan Illich ou o pedagogo Paulo Freire, estabeleceram a diferença entre escolarização e educação. Enquanto o primeiro processo homogeneíza, o segundo se abre para a multiplicidade de conhecimentos possíveis e para fortalecer o aprendizado como a ferramenta central no processo de desenvolvimento crítico dos indivíduos. Enquanto o primeiro responde a uma instrumentalização, o segundo se entrega a uma busca constante. Não é então a escola de arte um espaço ideal a partir do qual construímos e criamos uma comunidade? Parafraseando o artista Luis Camnitzer, a verdadeira educação de uma artista consiste em prepará-lo para pesquisar o desconhecido.

C. Lampejo

:,..;;..../////...,,,,,,;;;;;;;;;;;;;;....!!!<,,][]]==]\\\\\===......,,,.....

Confio na capacidade e importância que tem a criação de conhecimento em Porto Rico e ao seu redor, no Caribe, assim como creio nas metodologias que podemos implementar para o benefício comum e compartilhado da arte. Este país sofreu o experimento do capitalismo e da globalização. Na atualidade, vem-se consolidando um modelo de "ditaturas legalizadas" sob a ideia de "democracia", que esconde estratégias perversas de colonização anestesiadas sob a lupa do consumo, da necessidade e do crescimento. Sendo nós, ao mesmo tempo, material de experimento, construção e consequências, quais passos deveremos tomar? Quebramos os cimentos, os ocupamos, ou construímos em cima deles? Como compartilharmos nossas experiências para que sirvam para os outros, mais próximos ou distantes de nossas fronteiras? É na tensão entre o universal e o regional – uma tensão arraigada no contexto de relações informadas pela cultura local, saturada por histórias, relações de poder e interesses particulares – que entendo o potencial de *lampejo* como algo possível.

Na raiz disso, gostaria de remontar à seguinte experiência minha: quando eu me encontrava fazendo minha prática em educação, me indicaram a Jim e Alicia, dois professores da nona série de uma escola pública. No primeiro dia de minha prática, entrei num mundo muito particular, escondido atrás das duas portas do segundo andar do edifício. Atrás dessas portas, não havia duas salas de aula tradicionais, mas um espaço comum conectado por um ecossistema alucinante. Num deles, concentravam-se todos os seres vivos (plantas, animais, alimentos); no outro, todas as abstrações (sonhos, textos, história). Esses mundos, por sua vez, estavam tecidos pelos corpos que habitavam esses espaços. A princípio, não estava claro para mim como se organizava o tempo, nem como os grupos ocupavam o espaço. Minhas horas de estar ali se multiplicaram voluntariamente por minha vontade de entender aquele mundo que contradizia muitas das teorias que a universidade me ensinava.

Minhas primeiras perguntas me levaram a indagar sobre a forma como cumpriam os planos de estudo e os informes que o sistema exigia. Primeiro me dediquei a observar, mas ao fim de um curto período de tempo me voltei a participar com as crianças nas tarefas que elas realizavam. A observação me levou à ação, e esta detonou a interação com elas. Eu estava interessado em saber se as dinâmicas que elas desenvolviam eram algo que se estabelecera desde o início do semestre – naquele momento eu ainda não tinha começado a prática. A resposta de uma delas me ajudou a sincronizar com suas ações e a cultura particular que ali se escondia.

Para aqueles que estão pensando que isso é um espaço imaginário criado com o propósito retórico, vou lhes dar uma descrição concreta: os professores e estudantes chegaram a soluções para cumprir com as tarefas maiores e com os requisitos delineados pelo sistema escolar. Num canto de cada sala, havia um monte de papéis que as crianças pegavam constantemente e levavam para uma caixa adjacente. À primeira vista, pareciam simples pilhas de papel reciclado, mas, ao nos aproximarmos, percebíamos que se tratava de um método de reciclagem interno que servia, na verdade, para colocar à prova o conhecimento de cada criança sobre as diferentes disciplinas, conforme as exigências delineadas pelo plano de estudo. Os alunos podiam fazer os exames quantas vezes quisessem; era tão simples como buscar os papéis nas caixas que os continham. Não obstante, ao final do semestre, cada um devia passar pelas qualificações mínimas oficialmente requeridas em cada disciplina, assim tinham a oportunidade de chegar aonde quisessem na escala de qualificações. Dependia deles o resultado que queriam alcançar.

Se você é um professor, certamente estará pensando na dificuldade de estar fazendo avaliações constantemente para depois qualificar as crianças. Perguntei a Jim a respeito disso, e ele me respondeu:

> Volto a realizar cada exame com os materiais que sinto que ainda não são compreendidos (vendo as respostas dos exames anteriores). Isso me dá a oportunidade de continuar aprofundando os temas e também me desafia a buscar diferentes formas de apresentá-los; é um processo de aprendizagem também para mim. Trata-se de um sistema muito vivo. E o tempo para imaginar essas novas avaliações é possível porque não tenho que gastá-lo organizando outras coisas na sala de aula que são organizadas pelos estudantes. Isso é um prazer, e todos aprendemos no processo.

D. Alargar/tecer
............,,,,...........!!!!!!! []]]]]]]]]]]]]]]]]]]]]]

Quais possíveis relatos compartilhados (seja entre amigos imaginários ou apropriações inventadas) podem lhe/me ajudar a repensar o futuro, o passado e, sobretudo, o momento crítico em que vivemos atualmente?

Em várias ocasiões propus a ideia de *caixa de ferramentas*. O que colocamos dentro dela para nos mantermos alertas às perguntas do *como*, *o que* e *o porquê*?

Um exercício em duas partes:

1. Belos fragmentos que não posso deixar de compartilhar

Estas duas passagens são um apoio para diminuir a frustração e ver uma saída no cansado sistema em que vivemos:

Quando Gordon Matta Clark disse:

Nada do que aconteceu deve ser considerado algo perdido na história. O oprimido tem uma força retroativa e questiona constantemente cada vitória (passada e presente) dos ditadores. A verdadeira imagem do passado pode ser apenas considerada como tal no momento em que se reconhece, para não ser vista nunca mais (← end note # 8).

Quando Édouard Glissant disse:

E, no meu modo de ver, apenas uma poética da relação, ou seja, um imaginário que nos permite compreender essas frases e essas implicações das situações dos povos no mundo de hoje, nos autoriza talvez a tentar sair do confinamento ao qual estamos reduzidos. No meu modo de ver, essa proposta significa sair da identidade, raiz única, e entrar na verdade da "crioulização" do mundo. Penso que serão necessárias aproximações ao pensamento do rastro/resíduo, de um "não sistema" de pensamento que não seja denominador, nem sistemático, nem imponente, um "não sistema" intuitivo, frágil e ambíguo de pensamento, que convenha melhor à extraordinária complexidade e à extraordinária dimensão de multiplicidades do mundo no qual vivemos. Atravessado e sustentado pelo rastro/resíduo, a paisagem deixa de ser um cenário conveniente e se torna um personagem do drama da relação. A paisagem, dimensão mutante e perdurável de toda mudança e de toda transformação (← end note # 9).

2. Dicionário prático-utópico de ficção/abstração
(seleção junho 2014 – maio 2016)

Erros ortográficos: determinam a escrita da manhã.
Memória gustativa: uma que não é ideológica.
Processo: esta palavra de processo. Não se poderia dizer uma palavra mais, mais imensa, mais, mais... com mais ascendência.

← end note # 8: Gordon Matta Clark, "Arquitectura: arte/diseño/urbanismo", em *Museumjournaal*, nº 3-4, Otterlo, 1986, pp. 183-95.

← end note # 9: Édouard Glissant, "Criollización en el Caribe y en las Américas", *Poligramas* 30, Universidad del Valle, junho de 2008, pp. 11-22.

Arte socialmente comprometida: o que importa é o processo, e este se encontra indefectivelmente unido à experiência.

Ensino convencional: concentra-se na legibilidade e na ortografia, que se refere somente ao como da escrita, sem considerar o quê.

A obra de arte: ensina e é ensinada ao mesmo tempo, é substantivo e verbo.

A arte: deveria moldar todas as atividades acadêmicas dentro da universidade, e não ser confinada a uma disciplina.

O novo na arte: descobrir o que não sabemos, o que não compreendemos (e às vezes descobrir que não estamos seguros de querer compreender).

Tradução: ferramenta principal para ingressar em novos códigos.

Educação: um campo ideologicamente fraturado, no qual cada uma de suas ideologias assume sua própria proximidade pedagógica para aplicar-se a todos os campos de conhecimento, superando toda contradição irresoluta.

O difícil: a transformação de uma paisagem em sentido.

Intuição: vital para estabelecer os limites de aplicação da tecnologia que empregamos para alcançar nossos objetivos e diminuir os efeitos contraproducentes causados pela aplicação inútil da tecnologia.

A experiência de participar de uma obra de arte: um espaço esquivo, mas conquistável.

Descobrimento puro: simples afeição.

As escolas: laboratórios isolados em que a segurança de sua estrutura pode oferecer desconexão com os verdadeiros desafios.

O educador de museus: elo perdido entre um pregador e um vendedor de enciclopédias, que trata desesperadamente de convencer a audiência das verdades absolutas que a obra oferece.

A escola: serve para estrangular a imaginação.

O ensino: transmissão de elementos de consenso.

O artista: alguém que pode construir um espaço que realmente questiona o limite do que se considera realidade.

Treinamento puro: profissionalismo vazio.

A arte: perturbação dos elementos de consenso.

Semelhança entre a arte e o ensino: ambos os procedimentos convencem as pessoas de algo em que elas acreditam (sejam dados ou ideias).

O novo no ensino: excitação de encontrar algo que se compreende, que compreendemos.

Produção artística: uma combinação de revoluções e estabilizações.

Colapso: pressão política que se exerce a partir das esferas do poder para aniquilar qualquer tentativa de transformação radical ou, pelo menos, de construção do pensamento.

Arte: não é realmente "arte", mas um método para adquirir e expandir o conhecimento.

Palavras: são criadas para designar as coisas que até o momento eram desconhecidas ou inomináveis.

Obra de arte: o que resistiu a ser uma grande narrativa, uma unidade autônoma que conta uma história única e tenta renunciar à ambição de ser uma história linear que avança como um trem em linha reta.

Lição subterrânea: estética da conversação, do perambular, de trombar com pessoas e falar, fantasiar, sem rotinas avassaladoras nem exames de comprovação. Uma educação sentimental.

Mapa: diferentemente de um traço, sua intenção está orientada para a experimentação em contato com a realidade. O mapa não reproduz um inconsciente fechado em si mesmo, mas constrói o inconsciente.

Comunidades não programadas: comunidades em Porto Rico que se criaram de forma espontânea ou informalmente pelas pessoas, e não pelo governo, pelo sistema ou pela empresa privada.

Pedagogia necessária: a que inclua a especulação, a análise, e a subversão de convencionalismos.

Pensamento radical: ir à raiz (← end note # 10).

Quais espaços criamos, apoiamos ou fazemos para poder desembrulhar significados, resgatar e/ou formular momentos de urgência? Quais

---

← end note # 10: ver <https://goo.gl/fcrA15> (último acesso: ago. 2016). Na introdução ao vol. nº 2 de *Herramienta generosa*, comecei um exercício prático-utópico de ficção-abstração. Em 2015, escrevi: "Por enquanto atribuiremos este conjunto à categoria de glossário, embora o vejamos mais como uma relação de opiniões específicas e descrições particulares que lançam luz a temas importantes para nós. Uma tentativa metafórica de pensar as palavras e suas definições como experiências possíveis na simultaneidade do fazer e pensar sobre as temporalidades e transições, as pistas e o país". Suscitado pelo interesse de Miguel em algumas dessas palavras, realizei um segundo exercício com os ensaios desta publicação e revisei o primeiro glossário, acrescentando algumas palavras que me interessavam unir com as novas adquiridas: uma tentativa de criar pontes entre tempos e, ao mesmo tempo, entre discursos. Os autores dos quais provêm as definições são Silvia Álvarez Curbelo, José Luis Blondet, Tania Bruguera, Luis Camnitzer, Pablo Helguera, Lucilla Marvel Fuller, Edwin Quiles, Francisco José Ramos, Myrna Renaud, Carlos "la Sombra" Torres Meléndez, Bernat Tort e Ana Rosa Valdez.

constroem canais para aprendizagens compartilhadas? O conhecimento muda. As disciplinas se concentram em hipóteses que, postas à prova, criam novas hipóteses. A fragmentação automatizada de um sistema busca condicionar as experiências e o conhecimento, e limita o potencial que reside na arte. Retornando à paisagem e tomando a liberdade poética que Glissant nos apresenta, me e lhes pergunto: qual paisagem vocês aceitam e qual querem modificar? Como podemos nos imaginar de maneira coletiva?

Então,

Let's keep dancing
put your helmet on
Check ignition
You've really made the grade
And the papers want to know whose shirts you wear
Now it's time to leave the capsule if you dare
Planet Earth is blue
And there's nothing I can do
Cause you've torn your dress
And your face is a mess
how could they know?
Ooo, ooo, so how could they know?
I said, how could they know?
Eh, eh, how could they know (← end note # 11).

← end note # 11: fragmento da letra de "Rebel Rebel" (1974), de David Bowie.

María Villa

Uma ponte não é uma ponte até que alguém a atravesse. Reflexões sobre a arte contemporânea e diálogos significativos[1]

Abri a primeira reunião da bolsa de Mediação de Arte, em 2013, diante de um grupo composto em sua maioria de artistas plásticos e professores de artes plásticas, educadores de museus da cidade de Bogotá e alguns estudantes de mestrado em museologia e egressos de ciências sociais. Inaugurávamos um espaço de laboratório e reflexão sobre as pedagogias e debates com espectadores de arte que realizaríamos juntos durante quatro meses. Iniciei perguntando-lhes aquilo que podíamos todos dar por certo nessa reunião: para que a arte? Depois de dedicar anos à criação, ao ensino, a visitar exposições, era ao menos relevante nos fazer essa pergunta? Não seria suficiente o ato de fé que nos reunia nesse laboratório?

Ao entrar um pouco mais no tema, me dei conta de que ninguém estava disposto a debater a pergunta, muito menos respondê-la. Uns, porque talvez assumissem que esse é o tipo de questão que deriva para lugares comuns, ou, ao contrário, para uma diatribe teórica impossível; outros, porque desconfiam da possibilidade de chegar a acordos (é um tema quase de inclusão política, de radical desacordo ou de ordem pessoal), ou acham que *buscar um sentido* talvez implique ter de *chegar* rapidamente à verdade. Outros, talvez, se calam porque a pergunta os retroage a uma instância de incerteza pessoal em que suas respostas se articulariam melhor com um gesto visual ou com

---

[1] Uma primeira versão deste texto foi publicada na revista *Blanco sobre Blanco. Miradas y lecturas sobres artes visuales*, Buenos Aires, maio de 2015.

Trabalho colaborativo da equipe do Laboratório de Mediação de Arte. Universidade Jorge Tadeo Lozano, Bogotá, julho de 2013. Imagem: cortesia da autora.

Oficinas de voz, corpo e improvisação com a bailarina Juliana Atuesta, Bogotá, agosto de 2013. Imagem: cortesia da autora.

uma ação do que com a formulação verbal. Outros, finalmente, não quiseram comprometer uma resposta e ficar equivocados, ou ser interpelados por estranhos mais audazes, mais lidos ou mais céticos. Ninguém coloca o corpo e, como resultado, não tem baile.

Ou não tem mais baile lá dentro. Eu não aspirava conseguir grande coisa com minha pergunta, ou seja, não estava interessada em obter uma resposta específica; desejava antes que a reflexão sobre elas e suas perguntas derivadas fossem como uma ventania que abre e fecha as janelas... situar-nos nesse lugar de incerteza, de inquietude, e trabalhar com ele. O que faz com que tenhamos nos aproximado da arte? Como foi essa primeira aproximação e de que modo chegamos a nos sentir à vontade entre seus objetos, ou sedentos da experiência de estranhamento que nos oferecem... mesmo decepcionados quando falham em nos surpreender? Quis que voltássemos com o grupo – cada qual num exercício pessoal – às primeiras experiências de museu ou galeria de arte, as primeiras, e recolhêssemos os ingredientes sensoriais, emocionais, intelectuais dessa vivência. No que seria o início de um processo de busca conjunta, procurei rastrear aquele momento em que a arte, de uma classe ou de outra, lhes fez clique. Como um trinco que se trava para sempre e nos prende nesse particular tipo de experiência.

A questão seguinte, que veio a se colocar em primeiro plano, perguntava pelos ingredientes dessa experiência com a arte... o que a tornava *significativa*. Essa foi a base do currículo experimental que realizamos durante os quatro meses e que cada participante pesquisou num contexto particular de intervenção, visando à inovação pedagógica. Gostaria de apresentar aqui algumas reflexões que motivaram esse currículo, e certos achados com os quais estou desenvolvendo uma pesquisa de maior alcance[2].

1. Mediação e comunidades de interpretação

De certo ponto de vista, a divulgação ou promoção para o acesso e a circulação massiva da produção artística e a educação em museus prestam um serviço ao campo da arte, ao disseminar o conhecimento sobre ela, propiciando a visibilidade dos artistas e angariando consumidores de que a arte

---

2 Como parte dessa pesquisa, coordenei para a *Revista de Artes Visuales Errata#*, em 2016, um número especial sobre *Saber e poder em espaços de arte: pedagogias/curadorias críticas*, que contou com Carmen Mörsch como editora internacional convidada.

necessita para sobreviver. A pergunta formulada por esta pesquisa percorre o caminho inverso: em que a arte contemporânea contribui para a vida das pessoas comuns? Qual é a relevância ou o sentido que a arte adquire ou pode adquirir para aqueles que não estão diretamente relacionados à criação e à crítica nem às diversas cadeias de valor do campo artístico? O que nos diz, hoje, a arte?

A arte foi usada – defendida e atacada – historicamente com todo tipo de pretextos: desde a propaganda religiosa ou a ideológica até a terapia. Dizem que ela tem o poder de corromper a moral ou, ao contrário, o de elevá-la às esferas mais sublimes. Justifica-se sua necessidade na sociedade com todo tipo de pretextos e, em resposta, os mais dedicados defensores elevam sua pureza: em sua "inutilidade" encontram sua absoluta liberdade em relação à razão instrumental e ao poder. Trata-se, em minha opinião, de uma falsa diatribe que, à força de estereótipos, fala em situar o lugar problemático e rico em tensões onde a arte acontece, significa e importa. Dá *a priori* uma resposta em vez de pesquisar a pergunta. Que isso sirva para deixar claro que não buscávamos neste caso estabelecer um poder na arte como tal (como um selo que nos imprime uma mensagem tipo *tabula rasa*)! Ao contrário, buscávamos compreender o que de fato acontece ou poderia acontecer nesse cruzamento entre a obra e seus observadores: quando podemos verificar que algo está se passando, para além do olhar tipo vitrine de loja?

As variáveis dessa relação implicam muitas "mediações". Algumas são propícias a espalhar o potencial da arte no mundo, outras a neutralizam. Umas enriquecem a experiência, outras a bloqueiam. Mas, com a prática crítica dos exercícios de mediação de arte em galerias e museus, nos perguntamos pela diversidade de caminhos que nos levam ou nos afastam das obras, e desenvolvemos ferramentas de interação que permitem à arte contemporânea garantir caminhos de comunicação com os outros (como no exercício descrito no início). O objetivo é atravessar a pele da experiência visual privada, e levar os públicos a descobrir algo novo e a enfrentar seu contexto local, global, interpessoal, apoiados na maneira particular que tem a arte de sugerir, dissentir, irromper ou indicar algo, na própria vida, além da imagem.

O que me fez formular a pergunta foi a pesquisa empírica realizada numa galeria de arte pública, a Galeria Santa Fé, em Bogotá (2011-2013), e numa série de experimentos posteriores em torno da apropriação da arte contemporânea. O Laboratório de Mediação de Arte surge do desejo de pesquisar e debater amplamente os diálogos de via dupla entre o espaço de exibição, o artista e seu público mais amplo, e uma exploração sobre as interações significativas que podem se dar nesse cenário – entre desconhecidos, pessoas de diversas disciplinas e idades – quando se provê uma mediação que abra o fórum de debate e o campo à participação real.

Ao longo do século XX, o objeto dos departamentos de educação dos museus foi com frequência formar públicos ou educar consumidores para a arte culta, capazes de julgá-la corretamente. Eram, nesse sentido, dispositivos didáticos de *culturalização* e de educação ou "civilização" popular. Recentemente, o papel de educador tem sido o de fornecer informações para instruir os visitantes e lhes permitir apreciar as obras com ferramentas históricas e conceituais a partir de um discurso pretensamente neutro e objetivo. Mas, historicamente, o museu é um lugar carregado de narrativas de nação tanto quanto de modelos de exclusão em diferentes frentes (socioeconômica, étnica, de gênero, educativa etc.). Herdeiros da tradição do século XIX, os atuais museus e os espaços de exposição mais comerciais implicam hoje lugares de legitimação e validação cultural para a arte e, com frequência, são também espaços de caráter reverencial da chamada "alta cultura" para os públicos e para os próprios artistas. A simples *mise-en-scène* de um objeto considerado obra o reveste de um valor especial ao qual é difícil se subtrair.

Nesse sentido, é pertinente a reflexão de Duncan Cameron, em 1971, sobre o museu como *templo* ou como *fórum*[3], em que se torna evidente o duplo papel que esse espaço desempenha ainda hoje: por um lado, sua tarefa colecionadora de objetos de valor cultural, artístico ou histórico indiscutível para sua preservação e estudo, definindo as expectativas educativas de grande parte de seus públicos. Por outro lado, desde 1960, em função de sua concepção institucional, o museu assume cada vez mais o caráter de fórum de debate e exploração cultural e simbólica: espaço que acolhe projetos experimentais e os submete ao juízo da sociedade, convertendo-se num território de reflexão sobre discursos hegemônicos e onde são possíveis versões discordantes. Assim, numa era multicultural e pós-colonial, o valor do museu foi potencializado: sua tarefa é trazer à luz tensões identitárias e políticas de

---

[3] Duncan F. Cameron, "The Museum, a Temple or the Forum", em Gail Anderson (ed.), *Reinventing the Museum*, Oxford: Altamira Press, 2004, pp. 61 e ss.; Eilean Hooper-Greenhill, *Museums and the Interpretation of Visual Culture*, London: Routledge, 2000, e Javier Rodrigo, "Experiencias de mediación crítica y trabajo en red en museos: de las políticas de acceso a las políticas en red", *Academia.edu*, 2013.

uma sociedade, mas também visibilizar narrativas não reconhecidas tradicionalmente e *remapeá-las* de maneira simbólica. E aqui aparece a ideia de um "pós-museu", capaz de reescrever e confrontar as narrativas da história, da beleza ou do valor social da arte[4] e, com o tempo, servir de espaço legitimador dos experimentos estéticos e críticos, introduzi-los no templo à medida que o campo de arte os valida.

Por mais que os artistas, o museu e a galeria repensem o lugar da arte diante da sociedade, há, no entanto, outro desafio a ser enfrentado no processo de sair do quadro magistral, e é o fato de que a arte pode pretender ser horizontal e crítica, mas, mesmo assim, pela força do hábito e dos "bons ofícios" da escola sobre seus públicos, pode continuar sendo interpretada como hierárquica, excludente e abstrata. O artista convoca um diálogo, uma multiplicidade de vozes que espera que sua obra suscite, e o público o abandona num monólogo, o condena ao autismo, oferecendo-lhe, quando muito, a cortesia própria dos tempos do Facebook: um passivo *like* ou *dislike*. Mas dentro do fórum o que a obra almejava era ser curtida?

Diz-se frequentemente que a linguagem plástica ou visual não requer explicações. Aquilo que a arte busca provocar ou transmitir ela deve conseguir usando os recursos ou a semântica que lhe são próprios (os meios plásticos e visuais), sem recorrer a substitutos ou a traduções. Daí também que seja pouquíssimo frequente encontrar guias ou mediadores em espaços de arte contemporânea, e que as legendas, somente de maneira indireta ou críptica, revelem dados do contexto ou perguntas-chave para sua interpretação. Tanto os artistas como os curadores e museógrafos consideram que a arte pode e deve comunicar visualmente, e que todo acompanhamento acabará por reduzi-la ou simplificá-la didaticamente.

É evidente que, para muitos visitantes, conectar-se com as obras requer hoje cada vez mais uma aproximação progressiva à sua linguagem. Para os artistas, por sua vez, o museu e seus visitantes proveem uma valiosa escola sobre esse acontecimento comunicativo, com palavras ou sem elas, que a obra pode catalisar. Se o acontecimento não se dá, poderíamos dizer que a arte permanece invisível dentro do impoluto cubo branco, pois "uma ponte, apesar de que se tenha o desejo de estendê-la, e toda obra é uma ponte de

---

4 Javier Rodrigo, *op. cit.* e Eilean Hooper-Greenhill, *op. cit.*

algo para algo, não é verdadeiramente uma ponte enquanto os homens não a atravessarem"[5].

Quem esteve à frente desses espaços de circulação de arte contemporânea enfrentou nesse diálogo a grande lacuna a ser transposta entre os códigos visuais do público geral e os do especializado; ou então entre os *capitais culturais* das comunidades interpretativas em que a arte é *produzida* e aquelas em que ela é *recebida*[6]. O campo artístico, como comunidade de criação, fornece a chave de leitura ou apreciação das obras de acordo com uma complexa gramática no cânone da arte ocidental recente. Daí a necessidade de explorar plataformas ou modelos de interação – mediações – que lancem luz sobre a obra, convidem a atravessar a ponte e facilitem criticamente sua apropriação.

Envolver-se na observação da arte e comparecer a seus espaços de exibição são hábitos pouco frequentes em nosso contexto, em especial na arte contemporânea, que se afasta do critério de gosto e da estética tradicionais para adentrar-se em outros terrenos e buscas, ou que se aproxima das estéticas populares de maneira crítica ou irônica (a partir do *pop* ou do *kitsch*). Além disso, os processos de familiarização e educação visual inicial do público mais amplo costumam se restringir à produção de objetos decorativos e vêm separados de processos de exploração pessoal vinculados a temas mais amplos e de uma visão crítica, experimental e contextual da arte[7].

Desfrutar, compreender, apreciar e estar em condições de elaborar uma perspectiva própria sobre as exposições de arte, ou debater outras perspectivas, pressupõe com frequência uma educação não só visual (experiências prévias com a arte), mas uma disposição que se apoia no grau de proximidade a uma cultura visual crítica e ampla. A capacidade e disposição de ativar pessoalmente esse pano de fundo é o que permite ver na imagem ou na montagem em sala uma trama de relações biográficas, sociais, culturais, políticas, estéticas etc., em vez de simplesmente assumi-los como modos de representação (literal) bela ou impactante de certas situações.

5   Julio Cortázar, *El libro de Manuel*, Buenos Aires: Sudamericana, 1973.
6   Segundo Arthur Danto e Pierre Bourdieu, nossa pertença a diferentes *comunidades interpretativas*, dada pelo acesso a códigos comuns, determina modos diversos de ler e valorizar os produtos culturais. Esse "capital cultural" define em grande parte uma identidade como grupo social e tem fortes implicações em termos de exclusão e segregação.
7   Luis Camnitzer, "Art and Literacy", em *E-flux Journal*, n° 3, fevereiro de 2009, e "Pensamiento crítico", editado de seu curso no fórum "Transformaciones. Arte y estética desde 1960", *in: Coloquio Errata #4. Pedagogía y educación artística*, Bogotá, 2011.

2. Pedagogia crítica e construtivista

Abrir caminhos de exploração e dar a palavra aos visitantes para descobrir as diversas camadas de sentido das obras, um intercâmbio que ative a polissemia da arte e enriqueça a experiência da sala com interações significativas, não é um trabalho de alfabetização. Na realidade, é uma tarefa que um mediador pode realizar com públicos pouco habituados a esse tipo de arte, mas também com os especializados. Muitos visitantes não precisam de nenhuma ajuda na sala para aprender por si mesmos e ter uma experiência significativa ou crítica; mas frequentemente lhes cai bem um mediador habilidoso e bastante conectado com a obra para começar a conversar entre eles e transformar sua silenciosa vivência privada num intercâmbio que os exponha, converta-os em participantes ativos e os una por um instante entre si e com a obra.

Nessa aproximação aos processos de formação dentro das exposições, a tarefa a realizar é o acompanhamento de caminhos interpretativos, mas também a criação de pontes que familiarizem uma comunidade interpretativa com os códigos e referentes de outras; e, em vez de tornar maior a divisão e exclusão entre elas, propiciar encontros e desfazer seus limites, validando ao mesmo tempo leituras imprevisíveis e não especializadas. O objetivo da pesquisa que realizamos nesta área é localizar dispositivos que detonem a participação significativa e o intercâmbio e, como resultado, abram novas perspectivas de leitura da arte e, através dela, da realidade para públicos e artistas.

Pesquisando os encontros significativos com a arte e os processos de aprendizagem crítica, a pesquisa – e, como parte dela, este laboratório – trabalha para desenvolver modos de interação entre a arte e seu público *que busquem a construção conjunta de narrativas e sentido*, o que requer um maior envolvimento subjetivo e social na apreciação e problematização das práticas artísticas com o público, e a exploração das exposições com diversos contextos interpretativos (sua dimensão estética e poética, pessoal e intelectual).

O que confere o caráter artístico a uma prática ou objeto cultural é matéria de intensas discussões, e é parte do que torna interessante trabalhar com esses processos de mediação: colocar em jogo nossas ideias sobre o artístico e sobre o papel que deve ou pode ter a arte em nossa vida pessoal e social. O simples fato de formular essa questão já é uma novidade para boa parte do público; entre outros motivos, porque o convida a tomar posição e questionar várias ideias prefixadas que flutuam na opinião e se consideram sem saída. Uma delas é a de que somente os especialistas definem a arte; outra, muito próxima, é a de que a arte hoje é "qualquer coisa", "lixo", "até uma criança pode fazer isso"... nascidas do desconcerto. O primeiro passo para explorar práticas artísticas que gerem esse tipo de respostas automáticas está em questionar o outro sobre o que poderia ser a arte se não esperarmos que seja bonita ou tecnicamente impressionante, ou, como disse Camnitzer, se "proibirmos" nos aproximar das obras a partir do *gosto* ou *não gosto*[8].

Para abordar as lacunas que separam o campo da arte contemporânea da compreensão do artístico mais difundida, mas também seu peculiar potencial crítico, gostaria de esclarecer que a *arte contemporânea* que me interessa é o resultado de uma busca por formular novas lógicas de aproximação da realidade que não sejam simples representação ou formas belas, mas que tenham o poder de confrontar o espectador e se relacionar com sua vida cotidiana, ao usar recursos simbólicos para mover seu pensamento e sua ação. Como resultado, é uma arte pouco interessada em imitar a realidade ou decorá-la, ou escapar dela, mas, ao contrário, tende a intervir nela, refletir as ironias de nossa cultura, impugnar preconceitos e discutir ideias de beleza. Essa arte questiona frequentemente a possibilidade da originalidade (pois toda criação é mistura) e recusa o fetichismo da obra de arte única; questiona o gênio do artista como origem *ex nihilo* da arte, e busca conceber práticas criativas colaborativas e que não resultem em simples mercadoria ou espetáculo comercial. É uma arte que, da instalação à *performance*, não apenas inova permanentemente nos meios empregados e em seu uso de imagens efêmeras, mas que reflete sobre o contexto e alarga, a toda hora, o que denomina artístico, incorporando a interação e apontando o processo com outros mais do que o resultado objetal.

Nesse tipo de arte, os observadores são um elemento essencial. Conferir o *status* de arte a um objeto ou prática em concreto depende inteiramente de um diálogo com o público: de que nas pessoas ressoe algo, de que ocorra um encontro simbólico significativo ou se abra o espaço para construir uma narrativa vinculante. Contudo, a ênfase não está em atribuir o *status* de

---

8 E isso não é arbitrário: ao contrário do que se pensa, o gosto não é uma faculdade livre e subjetiva, pois depende de numerosos fatores sociais, modas e mercados (Pierre Bourdieu, *Sociología y cultura*, México: Grijalbo, 1990, e Luis Camnitzer, *op. cit.*, 2011).

artístico ou negá-lo, mas, justamente, na construção conjunta ou nas tensões de sentido que vêm à tona.

Ao desenvolver estratégias que permitem a aproximação do público a esse tipo de arte, não traço em primeiro lugar o desafio de explicar seus processos históricos e seus conceitos, porque nos parece importante um conhecimento intelectual deles (em muitos casos, sequer é necessário). Essas peças e exposições contemporâneas interessam porque propõem um olhar totalmente diferente sobre as práticas artísticas, seus fins e sua relação com o observador ou a sociedade inteira; apontam para uma relação arte-vida horizontal e muito menos hierárquica, que respalda justamente as pedagogias críticas e construtivistas. Dito em outras palavras, o interesse em pesquisar a mediação de arte vem *motivado pela própria forma como a arte traça sua inserção na vida* e por seu potencial para romper hábitos e preconcepções.

É para ajudar a cumprir essa promessa que a arte contemporânea nos faz que exponho a pertinência de um acompanhamento ou de uma mediação. Que a arte tenha o potencial de se inserir no cotidiano e abrir vias da subjetividade e de nossa vida ou nosso contexto é algo que, sem dúvida, se vivencia pessoalmente, mas que é disparado, aprofundado e multiplicado no diálogo. As estratégias de mediação vão em busca dessas experiências que a arte é capaz de criar: em alguns casos, para detonar processos e propiciar encontros; em outros, para visualizar ou deixar que ressoem as reflexões que se dão normalmente no silêncio do interior das salas.

3. O laboratório

Que tipos de interação e participação é possível conseguir nos espaços de circulação de arte hoje? Quais alternativas são abertas se tirarmos os habituais livretos e pensarmos antes em detonadores de intercâmbio? Tratar os espectadores como turistas intelectuais é assumi-los como consumidores rasos[9], ao passo que abrir as exposições para sua participação direta e para o debate situa o acontecimento artístico no encontro, descentrando-o do objeto – e da lógica de um sentido *a priori* e *prêt-à-porter* que se consome ou recebe

---

9 Atrair ou formar os públicos das exposições não quer dizer entrar na lógica mercantil das "indústrias culturais". Longe de aumentar números de consumo, essas estratégias dedicam mais tempo a menos visitantes: vão na contramão da lógica produtiva do curto prazo. O presente é um argumento a favor da lentidão e um aprofundamento da experiência do museu: um *slow-art*, na mesma linha da *slow-food*.

passivamente, devido ao monólogo do especialista. Os diversos modos em que é possível propiciar a interação livre entre visitantes e com a prática artística e os próprios artistas apontam para uma experiência muito menos segregada e mais profunda. O laboratório realizado em 2013 quis ser um espaço de pesquisa transdisciplinar, de exploração e debate das variáveis implicadas nesses processos de compreensão-participação por parte dos públicos.

Ainda que a mediação da arte envolva a aprendizagem e a transmissão de informação, o objetivo e a metodologia com que assumimos esse papel são bem diferentes daqueles do tradicional guia de museus. Abrir a possibilidade de um diálogo que possa modificar os lugares de enunciação e, portanto, assumir o visitante como colaborador na construção do discurso ou como parte mesmo da prática de criação supõe incorporar outras linguagens de intercâmbio (e cruzamentos entre eles). De uma perspectiva crítica e construtivista, só desse modo se dá uma real abertura ao dissenso e a apropriação não condicionada (não didática) da arte; isso implica uma série de deslocamentos:

- A aprendizagem é pensada como um processo de movimento do familiar para o alheio ou estranho, que abre caminhos de interpretação em ambas as direções (aproximação ao alheio e à obra, mas também *apropriação* segundo o que é relevante para cada um). Isso implica também uma abertura do espaço expositivo para visualizar e deixar-se permear por esses processos (não os confinar a espaços residuais).
- Estar atentos a quebrar as hierarquias sociais e da educação tradicional entre as inteligências verbais-matemáticas e as inteligências corporais, musical, espacial, intrapessoal e interpessoal, e abrir caminhos entre elas. Esse é o único modo de assumir radical e frontalmente a diversidade de olhares dos públicos e seus motivos para se aproximar da arte.
- Fazer um uso ativo e constante da capacidade de simbolização, indo e vindo entre os terrenos mais subjetivos e os mais universais (teóricos); unindo desde o mais pessoal e contextual até as reflexões sobre o global.
- Conseguir experiências de participação significativa e fluida; a saber, em que numerosas capacidades (artísticas ou não) do participante possam ter um uso ativo no processo de aprendizagem, e os desafios postos em cada caso sejam motivadores e proporcionais às habilidades. Empoderar os observadores requer permitir-lhes descobrir ou fazer uso de fortalezas pessoais; partir da consciência de seu capital cultural e intelectual e, daí, trabalhar para zonas do próximo desenvolvimento.

- Perguntas *divergentes*. O diálogo não serve para verificar a posse de dados ou conhecimentos prévios, ou a comparação adequada de imagens (perguntas convergentes, que têm uma única resposta válida possível, às quais os guias e professores convencionais têm-nos habituado), mas disparam caminhos hipotéticos de interpretação livre. Aqui a aposta é impelir os participantes a atos de expressão/criação que, facilitados pelo mediador, reconduzam ou assumam a liderança da experiência num momento dado e, portanto, que *construam* uma narrativa e uma vivência autônomas.

Essa série de ferramentas, entre outras, surgiram dentro do processo de pesquisa desde 2011, e eu as coloquei em prática e as enriqueci durante o trabalho nos diversos contextos de aplicação do laboratório (museus tradicionais, mas também espaço independentes e não convencionais em Bogotá). No processo de formação de mediadores, e para seu trabalho de campo, enfatizei especialmente a construção de estratégias de diálogo, improvisação e interação e participação não verbal. Como resultado, o Instituto Distrital das Artes de Bogotá publicou um livro que reúne o enfoque principal e apresenta as experiências investigativas dos mediadores, junto com as reflexões suscitadas por suas explorações pedagógicas[10].

As respostas à pergunta inicial mal se esboçam no curso desse processo que, em parte, se propôs a debater e estudar as dinâmicas nos espaços expositivos de arte e, em parte, interveio nelas criticamente. No entanto, está claro que chamamos *experiência significativa* ao tipo de vivência da arte em que acedemos a um olhar de profundidade, em que ocorre uma ressonância, mas também um empoderamento do espectador como *especta-ator*. Trate-se de experiências que nos exigem tomar parte, e não apenas contemplar de longe; que levam a sério o observador ao lhe entregar ao mesmo tempo um desafio criativo, interativo e intelectual.

> A pedagogia como prática política articula e produz quebras no sistema, trabalha diretamente as relações de poder estruturais das instituições, indica seus pontos cegos e relaciona discursos e disciplinas de maneira transversal. Este método pedagógico relacional supõe um processo inacabado, já que sempre implica uma multiplicação e abertura para a diferença. [...] um processo aberto, no qual

---

[10] María Villa *et al.*, *Experiencias y herramientas de mediación del arte contemporáneo*, Bogotá: Instituto Distrital de las Artes – Idartes, 2015.

o conhecimento do visitante e o conhecimento e a experiência dos educadores se entrecruzam e entram em conflito entre eles[11].

Propiciada pelo tipo de arte com que trabalhamos, essa experiência não poucas vezes está atravessada por todo tipo de emoção e assume o jeito de uma mais ou menos sutil confrontação ética ou política. As tensões entre crenças, atitudes e discursos que atravessam o pessoal-local-global usam esse eixo hermenêutico que oferece a obra como detonador de descobrimento, como lugar para abrir um espaço à inquietação e ao deslocamento do sujeito, na linha de Suely Rolnik.

É por isso que, em seu conjunto, esse exercício revela até que ponto *ver* é *interpretar*, não apenas *perceber*: a significação dos objetos e das obras do museu ou galeria é aceita como uma construção sempre situada, conflitiva, fluida e irremediavelmente aberta. É ali onde radica a riqueza de uma *exposição* que a mediação pode colocar em destaque e dinamizar.

---

[11] Javier Rodrigo, *op. cit.*, p. 5, citando Carmen Mörsch.

**Atravessar a cena neoliberal
a partir da educação artística**

Luis Camnitzer

O ensino da arte como fraude[1]

Quero começar este texto com duas afirmações pedantes e negativas. Uma é que o processo de formação dos artistas hoje em dia é uma fraude. A outra é que as definições utilizadas atualmente para a arte funcionam contra as pessoas, e não a seu favor.

A parte da fraude está na consideração disciplinar da arte, que a define como um meio de produção. Isso nos leva a dois erros:

O primeiro é a confusão da criação com a prática dos artesanatos que lhe dão corpo. O segundo é a promessa, por consequência, de que um diploma em arte conduzirá à posterior sobrevivência econômica.

A educação formal do artista padece das mesmas noções que imperam nas outras disciplinas: que a informação técnica serve para formar o profissional e que depois de adquirir esta informação ele poderá sustentar uma família. No Estados Unidos, onde toda a educação não é um direito, mas um produto comercial de consumo, essa situação é levada ao nível da caricatura obscena. O investimento econômico para receber o diploma de mestre, o Master of Fine Arts, numa universidade decente é por volta de 200 mil dólares. Depois de gastar tudo isso, a esperança é vender a obra produzida ou

---

[1] Conferência pronunciada em 8 de fevereiro de 2007, na Universidade de los Andes, em Bogotá. Foi incluída na publicação *Cuadernos Grises # 4: Educar Arte / Enseñar Arte* (Bogotá, Departamento de Arte, Uniandes, abril de 2009), com o título "Conferencia II", e também em *[esferapública]*, 21 de março de 2012.

ensinar as gerações futuras. Mesmo que não seja literalmente assim em outros países, é provável que o conceito funcione em todo o mundo.

Nos 35 anos em que estive lecionando em universidades nos Estados Unidos, tive provavelmente contato com mais ou menos 5 mil estudantes. Destes, calculo que 10%, uns 500, tinham a esperança de ter êxito através de mostras no circuito de galerias. Talvez 20 deles tenham conseguido. Isso significa que 480 terminaram com a esperança de viver do ensino. Não sei quantos conseguiram um posto de professor, mas posso concluir que se 5 mil estudantes foram necessários para assegurar meu salário e, depois, minha bem-vinda aposentadoria, esses 480 estudantes precisam de uma base estudantil de 240 mil para sobreviver, se seguirmos o cálculo para as gerações seguintes, rapidamente chegaremos ao infinito.

A definição da arte é outro problema. Gosto de pensar que, quando a arte foi inventada como a coisa que hoje aceitamos que é, não foi como um meio de produção, mas como uma forma de expandir o conhecimento. Imagino que aconteceu por acidente, que alguém formalizou uma experiência fenomenal que não se encaixava em nenhuma categoria conhecida, e que escolheram a palavra "arte" para lhe dar um nome.

O problema que surgiu ao dar um nome à arte é que nossa profissão foi instantaneamente reificada – convertida num objeto que já não pode ser mudado. Desde esse momento em diante, já não podemos formalizar nossas experiências do desconhecido e, em seu lugar, passamos a tentar encaixar nossa produção a essa palavra, a palavra *arte*. Dessa maneira, o que inicialmente tinha sido "arte como uma atitude" passou a ser "arte como uma disciplina" e, pior ainda, "arte como uma maneira de produção". A forma, que inicialmente tinha sido uma consequência da necessidade de empacotar uma experiência, agora passou a ocupar o lugar do produto.

Não faz muito tempo me deparei com uma citação que ilustra o problema: "Cada palavra foi uma vez um poema". É de Ralph Waldo Emerson, um autor a quem eu nunca tinha prestado a mínima atenção porque, ironicamente, pensava que só trabalhava com palavras.

O mercado capitalista nos ensina que, se um objeto pode ser vendido como arte, é arte. Essa descrição, culturalmente cínica, obscurece uma realidade muito mais profunda. Essa realidade é que o proprietário do contexto último da obra de arte determina seu destino e sua função. A propriedade do contexto, que é uma das formalizações do poder, é um fato político. Essa propriedade é tão forte que mesmo as manifestações que são e contêm materiais subversivos são rapidamente comercializadas.

Essa comercialização destaca o fato, embora tantas vezes negado, de que a política é uma parte da definição da arte. E é como consequência da propriedade do contexto e dessa negação que a separação da arte e da política em entidades discretas não é só reacionária e uma maneira de limitar a liberdade do artista, como também é uma falácia teórica. De modo que, sim, toda arte é política, e, não, nem toda a arte é o que *compreendemos* como "arte política".

Arte política, de certo modo, significa que subdividimos o bolo do conhecimento em fatias de fatias. Num número da revista *Artforum*, a artista norte-americana Andrea Fraser encarou esses problemas numa forma que muito me agradou. Definiu a arte política de maneira similar à que eu definiria toda a arte:

> Uma resposta é que toda arte é política, o problema é que a maioria (da arte) é reacionária, ou seja, passivamente afirmativa das relações de poder sob as quais foi produzida... Eu definiria a arte política como a arte que conscientemente se propõe a intervir nas relações de poder (em vez de apenas pensar sobre elas), e isso significa necessariamente as relações de poder dentro das quais a arte existe. E há mais uma condição: essa intervenção tem de ser o princípio organizativo da obra de arte em todos seus aspectos, não apenas em sua "forma" e seu "conteúdo", mas também em sua forma de produção e de circulação[2].

Pode-se afirmar que o ensino da arte se dedica fundamentalmente ao ensino sobre como fazer produtos e como ter sucesso como artista, em vez de como revelar coisas. É como dizer que enfatizamos mais a caligrafia e a maneira para vender essas páginas caligrafadas do que os temas sobre os quais queremos escrever. E, com isso, sob o disfarce do *apolítico* ou de uma política consumida de maneira instantânea, servimos a uma estrutura de poder que é totalmente política.

Para piorar, ensinar a fabricar produtos é algo fácil e cômodo e, portanto, uma situação na qual se pode cair, ficar e se sentir bem. Mas a informação para esse ensino é algo existente, e é transmitido. E os processos de

---

2 Bordowitz, Gregg, "Tactics Inside and Out", *Artforum*, nº 9, 2004, p. 215.

transmissão de informação existentes se acomodam ao modelo da pedagogia autoritária. Como já disse Paulo Freire, o professor é similar ao banqueiro que tem e distribui dinheiro de acordo com seus critérios. Na sala de aula, esse dinheiro é a informação. Com essa relação de poder se minimiza toda a possibilidade de rebelião.

Para lubrificar o processo no campo do ensino artístico, declara-se a impossibilidade de ensinar como ter ideias. Se o aluno não tem ideias, é culpa dele. Essa negação e culpabilização só são possíveis se as pessoas são classificadas em duas categorias: em gênios ou em imbecis. Elimina-se a categoria de "normal". De certo modo, isso presume, em meu exemplo dos 500 estudantes dos quais 20 conseguiram entrar no circuito de galerias, que os 20 são os gênios e que os outros 480 que pensam em ensinar arte são os imbecis. E isso explica por que nos Estados Unidos as universidades tratam de contratar como professores as estrelas do mercado artístico, não se importando em quão ruins são como educadores.

De fato, a ideologia dessa classificação vai muito além e é bastante cínica em relação aos resultados. A verdadeira presunção que subjaz em tudo isso é a de que a arte não pode ser ensinada. De acordo com essa ideia, o processo educacional não passa de uma peneira ou filtro que serve para identificar os gênios, os quais, com sorte, emergem graças a suas faculdades pessoais. A facilitação dessa emergência de gênios era uma das intenções da Bauhaus quando se desenhou o famoso curso de formação básica. O curso foi depois adotado por uma infinidade de instituições que se consideravam progressistas e modernas. E não era que os exercícios fossem ruins; era a ideologia que falhava. A moral de tudo isso é que, nos Estados Unidos, os 200 mil dólares investidos nos estudos dão o direito a ser filtrado, deixando lugar para os gênios. As melhores universidades são aquelas que atraem e filtram mais gênios. Como esses gênios na realidade não precisam das universidades, estas vendem a fama de seus diplomas e uma pedagogia vagabunda.

Olhando para o pior dos casos, poder-se-ia justificar o processo dizendo que aqueles que não conseguem passar pelo filtro ao menos aprendem a apreciar e a consumir arte. O que significa que o curso de arte está em uma situação privilegiada de simultaneamente criar os produtores e seu mercado. Seria como formar médicos, mas, aqueles que não conseguem se graduar, com o mesmo investimento de dinheiro, terminam sendo educados para adoecer e servir de pacientes.

Ensinar a ter ideias certamente requer muito mais que transmitir informação. O professor deve se realocar e abandonar o monopólio do conhecimento para atuar como estímulo e catalizador e deve poder escutar e se adaptar ao que escuta. Além disso, a geração de ideias e revelações é imprevisível e, portanto, corre o perigo constante de ser uma atitude subversiva. O imprevisível nem sempre se acomoda ao *status quo*. Visto que ultimamente os governos decretaram que subversão e terrorismo são sinônimos, ninguém quer gerar subversão. No entanto, a subversão é a base da expansão do conhecimento. Ao expandi-lo, subverto-o.

A função da boa arte é justamente a de ser subversiva. A boa arte se aventura no campo do desconhecido; sacode os paradigmas fossilizados e joga com especulações e conexões consideradas "ilegais" no campo do conhecimento disciplinar. O enfoque que se reduz à fabricação de produtos evita esses temas; confirmam-se as estruturas existentes e a sociedade permanece calma e embotada. Gera-se assim o que eu gosto de chamar a *arte valium*.

De acordo com tudo isso, pareceria que estou propondo a eliminação das escolas de arte e que eu apoio, em seu lugar, a criação de laboratórios interdisciplinares, os quais, por sua vez, e com sorte, incluíram a análise política.

De certo modo, isso é verdade, mas a coisa não é tão simples assim. A maioria dos laboratórios interdisciplinares, ainda que incluíssem a política, limitam-se à transmissão de informação interdisciplinar. Ou seja, continuamos com a transmissão de informação e não conseguimos uma melhoria muito importante. Nesse caso, temos uma reorganização da informação, mas que não afeta a metodologia ou a ideologia. Se a arte fosse realmente uma atitude e uma maneira de se aproximar do conhecimento, não importaria em que meio ocorrem as ideias, as revelações. A única coisa que importa é que elas possuem um lugar e que são comunicadas corretamente.

Quando discuto arte, acredito em seres politizados, não em programas políticos. De modo que não acredito que se trate de fazer *arte política*, mas de politizar as pessoas e ajudá-las a fazer arte. No final da década de 1960, Paulo Freire resumiu isso ao escrever que antes de ler a palavra é preciso ler o mundo. Em outras palavras, é preciso definir uma motivação suficientemente forte que obrigue a aquisição de um oficio técnico que se possa aplicar com um propósito.

O único argumento que hoje se pode apresentar a favor de uma arte que tenha seu próprio espaço como disciplina é o fato de que a arte pode ser utilizada como um território de liberdade, um lugar no qual se pode exercer a onipotência sem o perigo de gerar danos irreparáveis. Ela é, portanto, uma zona na qual podemos experimentar e analisar os processos de tomada de decisões. É uma zona na qual podemos fazer algo "ilegal" sem o perigo do castigo. Mas mesmo aí, nesse campo teoricamente privado, estamos experimentando o poder. Decidimos o que o material faz ou deixamos que o material decida o que fazemos. Portanto, ainda no campo privado, continuamos numa situação política.

Se observarmos a forma em que o poder se distribui em nossa sociedade, tudo se reduz a uma divisão entre as decisões que nós podemos tomar e as decisões que são tomadas em nosso nome. Quando discutimos o legal como oposto ao ilegal, essa divisão fica muito clara. No legal, às vezes coincidimos com a decisão tomada. No ilegal, se decidíssemos fazer algo, definitivamente não coincidiríamos com a decisão tomada, uma decisão que já foi tomada por outros e codificada nas leis ou proclamações.

A questão das decisões é menos clara quando não falamos de leis e aceitamos as coisas como fatos. Lembro-me de meu desgosto quando cheguei aos Estados Unidos e nos restaurantes me serviam a salada antes do prato principal, e não ao mesmo tempo, como eu estava acostumado. Uma vez cometida essa transgressão, pode-se chegar a extremos de heresia inconcebíveis. Por exemplo, poderíamos comer a sobremesa primeiro e terminar a comida com um pratinho de patê de fígado. A experiência me levou a questionar o ritual da ordem e da hierarquia da comida. Tapei os olhos de meus alunos com vendas e os levei à cafeteria. Lá tiveram que escolher ao acaso os pratos, e depois comê-los na ordem em que os tinham escolhido. Em outro exercício, acrescentamos corante na comida para que ela ficasse toda com a mesma cor. Criou-se uma dissonância quase intolerável entre o que se via e seu gosto. O purê de batata e a carne numa gama de azuis não pareciam muito apetitosos.

A dissonância foi um dos guias espirituais de muitos dos exercícios em minhas aulas. Num deles, os alunos tiveram que entrar numa grande sacola de plástico e, em seguida, foram colocados numa grande lata de lixo cheia de água. Alcançava-se assim a sensação de estar submerso e totalmente molhado, mas se saía dali completamente seco. Não se tratava de identificar o "talento". Na verdade, tratava-se de fazer com que eles entendessem a diferença entre a percepção funcional e a percepção estética, que é outra maneira de ver as diferenças na tomada e na propriedade das decisões.

A percepção funcional lubrifica nossas interações com outras pessoas, aquelas pessoas que se movem nas mesmas convenções e se comportam de acordo com decisões preexistentes e reguladas. É o sistema que nos mantém firmemente encerrados dentro das fronteiras do conhecido e do previsível. Ao contrário, idealmente, a percepção estética é possível graças a uma distância crítica da percepção funcional. Com a percepção estética, podemos ver as coisas como se fossem a primeira vez e decidir por nós mesmos.

Um elemento – e obstáculo – fundamental na configuração da tomada de decisões, em especial quando falamos de arte, é o gosto. Entre os estudantes, o gosto é considerado um instrumento importantíssimo para fazer juízos sobre a qualidade do que produzem. Pensam que estão exercendo sua subjetividade e não se dão conta de que o gosto é uma construção social totalmente sujeita a ideologias coletivas e à influência que exercem sobre a experiência pessoal.

Pedi aos alunos que fizessem a obra mais "feia" possível. Trataram de fazê-la, realmente, da melhor maneira que puderam. Mas, inevitavelmente, os resultados não chegaram a ser desagradáveis em si mesmos. Havia sempre referências a valores sociais, tais como a repulsa que causam os excrementos fecais, um dos exemplos usados com maior frequência, o qual, por sua vez, apresentava outro tema: por que a ingestão de comida em público é um ato de celebração, enquanto a excreção de comida em público é considerada de mau gosto? Ainda que se realize essa última vestido com um fraque. Há inclusive leis sobre a excreção em público, e vestir-se com fraque não exime o sujeito do delito.

A formação dos artistas, então, e em minha opinião, consiste em três passos em que o professor pode atuar como guia e, mais importante, como interlocutor: 1) propor e formular um problema criativo interessante; 2) resolver o problema o melhor possível; e 3) empacotar a solução na maneira mais apropriada para expressá-la e comunicá-la.

Essa ordem de prioridades desmitifica um processo que em geral se aceita num formato irritantemente obscurantista, em especial quando enfatizam a inspiração, a intuição e a emoção. A inspiração parece ser uma intuição que flutua no ar e entra pelo nariz, de modo que ninguém é responsável por ela e podemos ignorá-la. A intuição, que supostamente vem de dentro, é outra coisa. O papel da intuição é inegável, mas na arte sua importância não é maior do que na filosofia ou possivelmente do que na ciência. Além disso, só intuímos que coisa é a intuição. Assim, nos metemos num processo que pode durar para sempre, e que é difícil de diferenciar da mera associação de ideias.

E em relação à expressão emocional, outra das atribuições da arte, não tem uma importância maior que a que possa ter uma boa confissão ou outro material biográfico. Essas são coisas que não devemos descartar, mas também não devemos idolatrar ou aceitar como dogmas criativos. É essa aceitação que permite que pessoas aparentemente racionais declarem que não se pode ensinar a fazer arte. Walter Gropius, o fundador da Bauhaus, era uma delas.

Em tudo isso, o que importa é o nível e a complexidade do questionamento. O questionamento e a percepção da complexidade podem ser ensinados. Evitar a simplificação, alcançar uma elegância das respostas e a efetividade de como essas respostas são transmitidas são coisas que podem ser ensinadas. O que importa é que essa efetividade necessita do embrulho da obra, da forma, da embalagem, para chegar bem ao público. Isso também não parece algo muito difícil de ensinar. E é aqui que pode entrar o gosto, como um instrumento para ajustar a aparência da embalagem.

Mas ensinar somente a parte do embrulho, acreditar que a obra se esgota olhando essa embalagem, significa que estão sendo ignorados tanto os verdadeiros problemas formulados como também as soluções oferecidas. É como limitar-se a gozar da musicalidade de minha voz enquanto leio isso em voz alta e ignorar tudo o que estou dizendo. Coisa que talvez seja melhor. Mas é a atitude simplista e enternecedora do menino de dois anos que, em lugar de abrir o presente, brinca com o pacote.

O que eu estou dizendo poderia ser entendido de maneira equivocada, como se eu quisesse uma racionalização total da arte e que eu gostaria que existisse um programa explícito e ilustrativo, um programa capaz somente de produzir ordens previsíveis e produtos mortos. No entanto, essa interpretação ignoraria uma quantidade de coisas fundamentais que também podem e devem ser ensinadas. A mais importante provavelmente seja que a arte é um lugar onde se podem pensar coisas que não são pensáveis em outros lugares. A outra é que um bom problema artístico não é esgotável, que uma boa solução tem reverberações e que uma boa comunicação produz muito mais evocações do que a informação que transmite.

Também ignoraria que os instrumentos utilizados, além da análise, incluem a empatia, a simulação, a demagogia e a exploração emocional. E, ainda mais, ignoraria que a pergunta fundamental que move a arte é "o que aconteceria se...?", e não "que coisa é...?". É no processamento das evocações que, em última instância, a arte adquire sua verdadeira forma. A tarefa do artista é a de criar uma estratégia para administrar essas evocações.

Enquanto esses temas constituem o miolo do que considero uma segunda etapa na formação do artista, eles também informam os exercícios preparatórios numa primeira etapa. Por exemplo, quando eu ainda lecionava, distribuía entre meus estudantes pedaços de lixo que encontrava no chão da sala de aula. Explicava-lhes que não eram fragmentos, mas produtos perfeitamente acabados que tinham um uso prático definido dentro de outra cultura. Como já não existia a função original e verdadeira do objeto dentro de nossa vida convencional (um toco de cigarro amassado, um pedaço de chiclete mascado etc.), o estudante tinha que "deduzir" uma nova aplicação. Das especulações estavam excluídas a arte, a religião e a decoração, já que os objetos gerados nesses ramos são arbitrários e sem funcionalidade prática. Também não se podia usar a analogia do canivete *Swiss Army*, que contém várias ferramentas de uso diverso que se dobram junto com a navalha. Supunha-se que o objeto entregue era um desenho perfeito para uma aplicação determinada. Portanto, a melhor solução era a que conseguisse utilizar mais partes do objeto para uma função específica.

Essa forma de engenharia reversa ou retroativa, ou de decodificação, também reflete uma maneira de procurar entender uma obra de arte. Diante de uma obra, enfrentamos uma resposta da qual temos que deduzir qual foi a pergunta. O interessante nessa forma de ver as coisas é que às vezes aparecem perguntas que correspondem melhor a essa resposta que a pergunta original. Nesse sentido, o processo de comunicação não se limita à transmissão estrita e fiel de uma mensagem. É um estímulo para a especulação em que há retroalimentação da obra para o autor e uma participação criativa do público.

Mas há outra metáfora, paralela, para a arte. É a de considerar a obra como o resultado de um jogo no qual se tem que procurar deduzir as regras que geraram a obra para depois decidir se esta foi produto de uma boa jogada. E a contrapartida aqui é desenhar um jogo que produza boas obras de arte, não importando o nível de educação artística do jogador. A definição desse jogo aceita dois extremos: 1) um jogo totalmente aberto cujas regras poderiam ser "usar um lápis e uma folha de papel e desenhar qualquer coisa";

e 2) um jogo totalmente fechado cujas regras são "tomar este desenho com zonas numeradas e preenchê-lo com as cores numeradas correspondentes".

No primeiro jogo, a liberdade é total e o resultado é imprevisível, mas a porcentagem de fracasso é altíssima. No segundo exemplo, há carência de liberdade, o resultado é totalmente previsível e, ao mesmo tempo, a possibilidade de fracasso é quase nula.

O melhor jogo, embora nunca ideal, é um que tem uma quantidade moderada de regras, que filtra um máximo de erros (a restrição), mas que maximiza tanto o imprevisível (a liberdade) quanto o êxito dos resultados.

O paralelo social de tudo isso é a busca de um modelo de democracia verdadeira, com um equilíbrio entre as leis e a liberdade. É uma democracia que não permitiria a abertura total correspondente a uma anarquia individualista, libertária e com falta de ética, nem a ausência de liberdade de decidir, tal como a define um sistema totalitário. A descrição pode soar uma metáfora, mas não é. As regras sob as quais operam a produção da arte, sua circulação e sua recepção são ideológicas. As regras, portanto, que o artista cria para o jogo que produz arte refletem bem precisamente uma série complexa de várias interações de poder. São as que surgem entre o artista e a obra, entre o artista e o público, e entre a obra e o público. É a falha de não perceber o papel que desempenha o poder em tudo isso o que permite que nossa sociedade possa supor que a boa arte é apolítica e elogiá-la quando o é. E é essa a razão pela qual, supostamente, a arte tampouco pode ser didática.

Há umas sete décadas, Walter Benjamin, em seu "O escritor como produtor", conectou a didática com a qualidade artística:

> Um escritor que não ensina outros escritores não ensina ninguém. O ponto fundamental, portanto, é que a produção do escritor deve ter a caraterística de um modelo: deve ser capaz de instruir outros escritores em sua produção e também deve ser capaz de colocar à sua disposição um aparelho melhorado. Quanto mais consumidores o aparelho consiga colocar em contato com o processo de produção, melhor será o aparelho; em suma, quanto mais leitores ou espectadores o aparelho transformar em colaboradores, melhor será[3].

---

3 Walter Benjamin, "The Author as a Producer", em *Understanding Brecht*, London-New York: Verso, 2003, p. 98.

Enquanto Benjamin utiliza a relação com outros escritores como uma exigência de nível, muitos anos mais tarde o artista conceitual norte-americano Joseph Kosuth, que de certo modo parafraseia Benjamin, chega a uma conclusão elitista:

> Em seu extremo mais estrito e radical, a arte que eu chamo conceitual é conceitual porque está baseada numa investigação sobre a natureza da arte. De modo que não se trata apenas da atividade de construir proposições artísticas, mas do trabalho e da reflexão sobre todas as implicações e todos os aspectos do conceito de "arte". [...] O público de arte conceitual está composto principalmente de artistas, o que quer dizer que não existe um público separado dos participantes[4].

No mesmo ensaio, Benjamin também definiu o artista como um produtor. Embora isso parecesse ideologicamente razoável para os esquerdistas da época – e o mesmo se deu quando, mais tarde, se insistiu em chamar os artistas de "trabalhadores da cultura" –, ambos os termos sofrem o perigo da reificação. Ambos aceitam a *coisa* que tem uma mensagem como determinante dos valores com os quais se julga essa *coisa*. Diria que na arte é muito mais importante fazer conexões, que em geral supomos que não são possíveis, do que fabricar produtos.

Diria que a primeira coisa que estamos considerando aqui não são os produtos, mas os valores mesmos e o processo de juízo que os acompanha. De outro modo não estaríamos discutindo as formas de produção e de circulação às quais se referiu Fraser na citação que mencionei antes. De fato, Benjamin também não falava do ofício do escritor em termos de sua técnica, mas de seu "compromisso".

Para Benjamin, "compromisso" era uma palavra complexa, que procurava incluir todo o peso da consciência social, da militância e da clareza das metas para um aperfeiçoamento da sociedade. Ou seja, ela procurava questionar o sistema de valores com o qual são julgados os objetos, e o autor ou artista, como produtor, não era meramente um criador de produtos.

Penso que tudo isso é mais importante que aprender a pintar ou a fazer um vídeo ou, de modo mais geral, aprender o "como" fazer, que é a base do ensino artesanal. É o "que" fazer e para "quem" se faz que vêm em primeiro

[4] *Art & Language*, nº 2, 1970, p. 3.

lugar. Num dos exercícios que utilizei no primeiro período de introdução à arte em minha universidade, procurei debater esses temas. Pedi à classe que criasse um humanoide que depois seria quem encomendaria obras de arte. O personagem, com algumas características humanas, mas arbitrárias, era criado coletivamente. Na lousa, um estudante de cada vez acrescentava uma parte do corpo. Como resultado, a criatura terminava com rabos, vários braços, antenas, três olhos etc., geralmente refletindo os preconceitos estereotipados que os estudantes têm em relação a extraterrestres. Depois analisávamos a criatura em termos de como suas atribuições físicas afetavam sua percepção da realidade (como se escuta um som com três orelhas, como se afetam a concepção e a percepção da perspectiva quando se têm muitos olhos etc.). A partir disso, procuramos ver que modo de interação podia haver entre eles como grupo, que sociedade podia se deduzir da informação que tínhamos, que corpo de leis os regia, que tipo de arquitetura lhes servia etc. Acima de tudo, procurávamos deduzir quais valores fundamentavam essa sociedade: quais coisas eram positivas e quais eram negativas, o que era castigável e como se castigava, e o que era premiado e quais eram os prêmios. Todo esse processo era construído para conseguir identificar o gosto estético básico dessa sociedade: quais cores, formas, texturas, conteúdos e dimensões tinham uma carga positiva e quais deles tinham uma negativa. E também que função cumpriria para eles uma obra de arte satisfatória.

Com tudo isso estudado e a classe estando de acordo, os estudantes passavam a ser produtores de arte mercenários para essa sociedade. A iniciativa do artista estava completamente subordinada ao público escolhido. Eles tinham de criar obras totalmente alheias a seus gostos e interesses individuais, para satisfazer somente aos gostos dessa sociedade formada pelas novas criaturas. A ideia de "aquisição" era muito relativa, visto que essa sociedade não possuía necessariamente dinheiro nem acreditava forçosamente na propriedade privada. Os meios escolhidos dependiam exclusivamente do sistema sensorial do humanoide, não do artista, e a localização da obra correspondia a noções de espaço determinadas e utilizadas por essa sociedade. Como e quais estímulos eram usados dependia apenas dos valores com os quais operava essa sociedade. A única coisa tida como certa no exercício era que tanto o artista humano – um escravo nesta sociedade – como a obra eram descartáveis. No caso de desagrado, e sem quebrar qualquer regra ética, o artista e a obra podiam ser destruídos.

Numa de minhas aulas, uma estudante de idade avançada pediu a palavra depois de terminar seu projeto. Contou-nos que seu marido, um pintor de paredes, tinha feito parte da equipe que apagou o mural que Diego Rivera fizera no Rockfeller Center, em 1934. Rivera tinha incluído no mural um retrato de Lênin. Rockfeller exigiu que ele fosse retirado, mas Rivera se negou a fazer isso. O marido da estudante tinha voltado para casa comentando os fatos e dizendo: "A pintura realmente não era tão ruim". É claro que se podia afirmar que Rivera não entendeu que aqui ele não passava de um artista mercenário, contratado por uma sociedade de humanoides.

Mas a história também serve para discutir, de maneira menos simplista, os problemas de comunicação entre o artista e seu público. Rivera pretendia educar um público novo, sem conhecer ou aceitar as regras desse público. Uma das regras era justamente que o proprietário do contexto último da obra de arte determina seus destinos e sua função, e aqui o proprietário era Rockfeller. E Rockfeller não quis que Rivera entrasse em comunicação com o público que ele queria, ou, pelo menos, que dissesse o que queria dizer ao público. E tudo isso, essas relações e como discuti-las, é também passível de ensino.

Volto então a minhas crenças do início: que o processo de formação dos artistas hoje em dia é uma fraude, e que as definições que se utilizam hoje para a arte funcionam contra as pessoas. O erro maior na estrutura do ensino de arte, então, parece ser a ignorância de suas contradições. Existe uma estrutura desenhada para ensinar arte, mas o mercado é incapaz de absorver os que se formam nesse ensino. Existe uma estrutura desenhada para ensinar a arte, mas ela está acompanhada pela presunção de que a criação artística não pode ser ensinada. A forma mais cômoda e barata de resolver essas hipocrisias seria a eliminação da estrutura e o esquecimento do problema. A mais difícil, cara, mas responsável e ética, é enfrentar a missão do criador em vez da do artesão e educar a sociedade para que reconheça e financie essa missão.

Max Hernández Calvo

Embargar a aula: expectativa, frustração, incerteza e poder em três iniciativas pedagógicas de estudantes

> *Sempre que ensinar, ensine ao mesmo tempo*
> *a duvidar do que é ensinado.*
> José Ortega y Gasset

Todo processo de aprendizagem gera expectativa e frustração. No caso das artes, esse processo precipita um relé entre expectativa e frustração, porque seu objeto mesmo – a arte – é esquivo às tentativas de definição. Não em vão, a história da arte pode ser vista como o relato das distintas maneiras de impugnar, a partir da prática artística, as definições teóricas de arte. Além disso, não está claro se o que se aprende é a ser artista, a fazer arte ou o que é a arte. E se a resposta for as três coisas, qual delas vem em primeiro lugar?

Expectativa e frustração são também respostas ao desafio do desconhecido que a arte situa tanto para a produção (ilustrado pela imagem clichê do artista agoniado diante da tela em branco) como para a recepção (encarnado na pergunta do espectador desconcertado: "É isto arte?!").

Se o desconhecido é um aspecto inerente à arte – como prática e como experiência –, é necessário que seu ensino retenha esse núcleo, acolhendo a incerteza que a rotina diária pretende exorcizar: o horário, a aula, a lista, as tarefas, a nota e tudo aquilo que pauta nossos papéis em sala de aula.

Uma orientação ao desconhecido despertará dúvidas e poderá até nos frustrar, ao nos deixar sem apoio: quais conteúdos devem ser abordados? quais metodologias são pertinentes? Quais objetivos são relevantes? Mas também nos revelará iguais – igualmente ignorantes, no mínimo.

Orientar a educação ao desconhecido requer submeter seus processos à interrogação (a capacidade de interrogação ilimitada dá pleno sentido à universidade), colocá-los em tensão com os protocolos que definem seus conteúdos, seus métodos e seus objetivos para outros. Ou seja, exigir que o processo educativo seja aberto à intervenção de seus sujeitos: os e as estudantes.

Mãos ao alto, isto é um embargo?

Coloco essas questões pensando em três iniciativas de estudantes da Faculdade de Arte e Desenho da Pontifícia Universidade Católica do Peru, que conheço em primeira mão. Uma é a de uma aluna de meu curso Introdução à Arte, e as outras duas são de alunos da Oficina de Projeto Final Pintura 1, matéria que dou na universidade com outros nove professores.

Valentina de las Casas, estudante do primeiro ano, usou a pesquisa sobre professores para solicitar que a matéria Desenho e Modelagem (uma oficina exclusivamente prática) incorporasse um componente teórico, ante as mesmas exigências do curso. Após enfrentar a tarefa de fazer uma obra abstrata a partir de um exercício de modelagem de figura humana, Valentina pediu aos professores que dessem uma aula teórica sobre a abstração.

Omar Castro, aluno de pintura do último ano, e Viviana Balcazar (especialização em gravura) decidiram organizar uma "Oficina de Análise de Projetos" para a discussão em grupo dos trabalhos dos estudantes de pintura, gravura e escultura. Usando a experiência desse programa-piloto, ambos buscavam estabelecer de maneira regular sessões de crítica em grupo durante o ano.

Concebido em contraposição à disciplina Oficina de Projeto Final Pintura, em que a assessoria que os estudantes recebem é individual e dada exclusivamente por professores da especialidade, a Oficina de Análises de Projetos procura gerar uma discussão "multimeios", nas palavras de Omar. Essa distância em relação ao ensino da universidade também se torna evidente no fato de que a oficina foi realizada fora do horário de assessorias dos professores (estes não assistiram), visando permitir um diálogo livre de hierarquias acadêmicas.

Alfredo Bernal, estudante de pintura do último ano, e Úrsula Cogorno (especialização em escultura) estão desenvolvendo um projeto de conclusão de curso (dentro do Oficina de Projeto Final) que responde a seus questionamentos sobre o programa de estudos e as dinâmicas da própria faculdade, que consideram pouco participativas e pouco abertas.

Proposto como um exercício de "autocrítica institucional", o projeto parte de um diagnóstico da faculdade – feito sobre a base das oficinas com estudantes e entrevistas com professores – para tentar preencher os vazios detectados. Para isso, Alfredo e Úrsula organizaram eventos como almoços comunitários, oficinas, visitas a museus e palestras (em colaboração com um coletivo de alunos e formandos da faculdade), para incentivar os estudantes a construir conjuntamente um espaço de intercâmbio para discutir a formação acadêmica que recebem e os campos da arte e do desenho contemporâneos.

As "atividades antiacadêmicas" que formam seu programa deixam nominalmente claro sua distância do plano de estudos oficial. Apesar do nome, porém, também se incluem algumas atividades nas quais eventualmente colaboram professores – por exemplo, me pediram para dar uma palestra sobre arte contemporânea, com a qual inaugurarão o espaço temporário/barraca de *camping* que construirão no *campus*.

Estas três iniciativas estudantis buscam incidir na educação recebida e, portanto, comportam uma aposta para ter o controle do processo educativo, de maneira parcial e momentânea. Talvez o que esteja em jogo é uma tentativa particular de intervenção ou *embargo* do poder da aula:

1. Participar desse poder, ao introduzir conteúdos novos no currículo do curso, para ampliá-lo (Valentina).
2. Encontrar uma margem paralela (e associada) a esse poder ao organizar novas dinâmicas pedagógicas articuladas com o programa oficial, para complementá-lo (Omar e Viviana).
3. Gerar um campo de poder autônomo ao estabelecer espaços de crítica à instituição demarcados no programa de estudos, para transformar as dinâmicas da faculdade (Alfredo Úrsula).

Tais tentativas de *embargo* anseiam abrir a educação para a influência daqueles a quem se dirige, com vistas a que responda – em seus termos – a uma necessidade formativa (com conteúdo academicamente relevante), a um contexto social, político e econômico (com modelos didáticos adaptados à comunidade), e a aspirações vitais, culturais e cidadãs (oferecendo possibilidades de desenvolvimento pessoal e coletivo).

Apesar de todo estudante participar ineludivelmente de seu processo educativo (faz exercícios, provas etc.) e contar com dispositivos para opinar sobre ele (pesquisas sobre professores e protocolos de queixa), ditos modos de participação estão previstos pela dinâmica acadêmica; ou seja, não alteram o rumo institucionalmente traçado.

Talvez esse grupo de estudantes exija formas de participação em seu processo educativo capazes de colocar em risco o que se faz e, por isso, se colocam o desafio de tomar o controle do processo pedagógico. Vale lembrar as raízes gregas do termo pedagogia: *paidos*, "criança"; e *agein*, "guiar". As raízes da palavra participação, por sua vez, são latinas: *pars*, "partes"; e *capere*, "capacidade". Poder-se-ia dizer que esses estudantes exigem poder exercer sua capacidade de guiar-se a si mesmos. Eis aqui o sentido desse embargo do poder da aula: abrir os métodos (o como guiar) e os objetivos (para onde guiar) à intervenção daqueles que estão sendo guiados.

Rumo a um *modus operandi*

Mas como se *embarga* o poder? Não com um confronto entre estudantes e instituição. Afinal de contas, nem os estudantes estão absolutamente desempoderados nem a instituição é um monólito que concentra o poder. Ao contrário, a universidade é um entorno para onde convergem agentes com interesses diferentes, quando não opostos, cujas fricções – disputas de poder – abrem fissuras que facilitam as operações de *embargo*. Daí que o pessoal docente, administrativo e de apoio seja um potencial aliado, e não necessariamente um obstáculo, para tais iniciativas estudantis, algo que requer certa flexibilidade da parte do pessoal em relação às hierarquias institucionalmente estabelecidas.

Nenhum desses agentes, porém, opera com total autonomia, pois seu campo de ação está demarcado burocraticamente. Isso se aplica tanto aos grupos docentes confrontados por suas ideias, metodologias ou ambições como pelos departamentos que competem por financiamento ou por alunos, pois ambos operam sob aquilo que Pascal Gielen e Paul De Bruyne denominam o "regime de *catering*" da educação: uma administração neoliberal que regula minuciosamente a disponibilidade de recursos (aulas, equipes, dinheiro etc.) e a atribuição de tempos de encontro entre estudantes e professores (assessorias, aulas, horas livres etc.)[1].

É daí que emergem os limites dos *embargos de poder*, pois inserir na dinâmica de classe, propor atividades complementares ou gerar eventos paralelos afronta o controle difuso dos protocolos que regem os distintos departamentos e agentes, que estão orientados à eficiência e à maximização (econômica). Fora do planejado há "desperdício". Sustentar a possibilidade do espontâneo demanda espaços, tempos, equipes e fundos de livre disponibilidade; ou seja, recursos não "explorados", de difícil acesso para pequenas iniciativas ou experimentos estudantis.

Talvez por isso os professores recolheram o pedido de Valentina, mas ao invés de eles darem aula, deixaram como tarefa escrever um breve ensaio sobre o tema. Incorporar novos conteúdos não depende somente da disposição dos professores, uma vez que isso pode entrar em conflito com um programa calendarizado que deve ser cumprido dentro dos prazos estipulados.

Mesmo assim, embora Omar e Viviana pretendessem realizar várias edições da oficina durante o semestre, só conseguiram lançar o piloto durante a última semana de aula. Isso se deveu à dificuldade de coordenar horas disponíveis entre os estudantes de especialidades distintas, num horário livre dos professores, e achar uma sala de aula desocupada nesse mesmo horário para as apresentações.

A inauguração do espaço temporário onde se realizariam várias atividades do projeto de Alfredo e Úrsula foi postergada para a semana de provas (depois do fim das aulas, quando os estudantes dos primeiros anos já não as frequentam). A participação do público será reduzida por essa decisão a que os artistas estão sujeitos, pois a construção desse espaço, sendo parte de um projeto de conclusão de curso, precisa de permissão das autoridades da faculdade.

A dificuldade fundamental que enfrentam essas iniciativas é um modelo de gestão próprio do regime de *catering*, mas isso requer mais que um professor aliado disposto a enfrentar a burocracia institucional. Visto que tal regime se legitima sobre a base de discursos de eficiência e produtividade

---

1 Segundo Pascal Gielen e Paul De Bruyne, o regime de *catering* que opera na educação pressupõe uma administração, distribuição e sincronização de fornecimentos de curto prazo, enquanto requer estimações de demanda potencial, o que o torna "um assunto de cálculo contínuo". *In*: *Teaching Art in the Neoliberal Realm*, Amsterdam: Valiz, 2012, p. 3.

– localmente erigidos quase em "sentido comum" –, a verdadeira tensão há de sustentar perante a nós mesmos, na medida em que podemos reproduzir as lógicas neoliberais, por assimilação de seus discursos, em cumprimento com nossas obrigações ou, em última instância, em defesa de nossos postos de trabalho. Isso, sem mencionar a disposição protoneoliberal das formas de subjetividade do campo artístico, sintonizadas com o empreendimento, propensas ao narcisismo e cultoras da excepcionalidade atribuída ao talento individual, muitas vezes em detrimento dos processos colaborativos e do sentido de coletividade.

Sustentar essa tensão interna também pode habilitar o espaço para a incerteza que toda colaboração comporta, não apenas em relação a seu resultado, mas ao futuro de seus participantes, pois, tal como assinala Judith Butler, "[...] nos desfazemos uns aos outros. E se não, não estamos perdendo algo"[2]. Essa autora ilustra sua ideia usando os exemplos do luto e do desejo, que evocam as dinâmicas de expectativa e frustração inerentes à incerteza que o processo educativo nos faz enfrentar. Tudo aquilo que assumimos como essencialmente "nosso" se torna incerto no encontro pedagógico, porque coloca em risco nossos modos de pensar, nosso sentido de identidade (artística ou outras) e nossa ideia mesma de *self*.

Talvez, pois, o realmente necessário seja nos apropriarmos novamente de nosso próprio agenciamento semiembargado pela lógica da eficiência econômica, a orientação à competição, a demanda de diferença valorizável, a identificação com a empresa, a tendência ao cálculo de retorno e a quantificação do benefício; ou seja, por todo o universo discursivo do neoliberalismo. Exigindo de volta nossa capacidade potencial e o potencial de nossas capacidades podemos gerar a possibilidade de uma transformação capaz de nos surpreender além de nossas expectativas e alheia às nossas frustrações.

---

2 Judith Butler, *Deshacer el género*, Barcelona e Buenos Aires: Paidós, 2006, p. 38.

Eduardo Molinari

O homem de milho
Entrevista por Renata Cervetto

Esta entrevista com Eduardo Molinari revisa, em seu papel como docente e artista, alguns eventos fundamentais para enxergar o atual panorama da educação artística em Buenos Aires. O que implica formar artistas a partir da esfera pública? Sob que parâmetros entendemos seu papel dentro da sociedade? Molinari conta, por sua vez, de que forma sua prática artística interpela fatos sociais e políticos atuais, esclarecendo assim as diferenças ideológicas e metodológicas que ele mantém com outros agrupamentos e coletivos que atravessam componentes pedagógicos e comunitários em sua prática.

Renata Cervetto: Eu gostaria de começar perguntando sobre seu papel como docente. Para as Jornadas Permanentes de Pesquisa, organizadas pela Universidad Nacional del Arte (UNA), em 2014[1], você fala da possibilidade de pesquisar e criar pensamento com ferramentas artísticas. Pergunto-me a que você recorre para construí-las e, nesse sentido, como sua prática artística dialoga com sua abordagem pedagógica.

Eduardo Molinari: Eu fiz esse texto que você menciona para umas jornadas que se realizaram na UNA[2], em que a pergunta convocatória era como pensar a pesquisa *em* ou *a partir da* arte. Para a maioria dos docentes, com

---

1 Ver <https://goo.gl/VC0eXO>.
2 O Instituto Universitario Nacional de las Artes (IUNA) passou a ser a Universidad Nacional del Arte (UNA) em 22 de outubro de 2014.

uma perspectiva que ficou, a meu ver, no tempo, a pesquisa no campo da arte ainda está ligada a uma questão muito endogâmica de explorações quase científicas em relação aos pigmentos, à luz, a uma reflexão sobre sua própria linguagem. Em minha apresentação oral, procurei abrir uma discussão quando postulei que a partir da arte outros tipos de processos podem ser pesquisados. Minha proposta pedagógica, no que se refere à possibilidade de pesquisa, provém do tipo de prática artística que realizo, uma prática situada no contexto, que articula narrativas visuais e textuais a partir do meu interesse pela história. Acho que pesquisar com ferramentas artísticas é uma atividade que pode ser dirigida a diferentes dimensões da realidade circundante: a economia, a política, as relações com a natureza etc.

RC: Dessa maneira, o foco estaria no *método* artístico, que, diferentemente do método científico, recorre a um processo de pesquisa subjetivo baseado no cruzamento de meios e referências para criar o que você denomina o "corpo da obra". Como entende esse conceito, qual é seu campo de ação, e de que forma pode incidir finalmente sobre essa realidade?

EM: Recentemente, o Conicet[3] reconheceu a arte como um item dentro de sua estrutura burocrática. Isso permite um artista se unir a um historiador, a um arquivista ou a um arquiteto, por exemplo, e que eles possam gerar um projeto de pesquisa que, eventualmente, receberá apoio econômico. Pessoalmente, e em resposta ao que vi refletido durante essas jornadas, é um tanto anacrônico pensar que não seja possível expandir a pesquisa com ferramentas da arte. A simples proposta de pesquisar com ferramentas artísticas continua soando esquisita ou estranha, quando, na verdade, atualmente é moeda corrente. De sua especificidade, a arte aporta instrumentos para pensar e atuar; isto é, de sua capacidade de conhecer o mundo circundante a partir dos planos sensoriais, perceptivos e intuitivos de nossa existência. Do que se trata é de fugir da concepção de "objeto mundo-mapeado" para habitar uma relação com os novos mundos possíveis latentes na realidade existente. Habitar uma trama entre ferramentas, métodos, processos e contextos.

---

3 Consejo Nacional de Investigaciones Científicas y Técnicas de la Argentina [Conselho Nacional de Pesquisas Científicas e Técnicas da Argentina].

RC: Quais modificações você viu ou viveu durante estes anos em relação às políticas educativas e às mudanças pelas quais passou o que hoje é a UNA?

EM: Eu estudei na Prilidiano Pueyrredón, que naquela época tinha um corpo docente de importância nacional. Dependia do Ministério da Educação, mas, em 1995, é realizada, em nível nacional, a reforma educativa, incentivada por [Domingo] Cavallo, ministro da Economia naquela época. Tal lei tira os professores da esfera orçamentária nacional e os coloca na órbita estadual ou municipal. O objetivo final era ajustar o orçamento, economizar com as despesas públicas, e a questão acadêmica aparece subordinada a esse objetivo. Até então, a Escola Manuel Belgrano, a Pueyrredón e a De la Cárcova funcionavam como um sistema articulado. A Lei 24.251, da Educação Superior, gera um novo marco legal, de modo que novas instituições, entre elas o Instituto Universitario Nacional de las Artes (IUNA), encontram-se reguladas pela mesma normativa que outras preexistentes, o que dá origem a uma "comunidade acadêmica" que reúne instituições com objetivos díspares, se não antagônicos. O Iuna passa a integrar esse conglomerado junto com os institutos universitários ligados às forças armadas e de seguridade, uma situação muito absurda, sem dúvida.

RC: Quais aspectos mudaram internamente ao passar de um instituto para uma universidade? Como ela se desenvolve agora?

EM: Para mim essa é a parte positiva; sempre fui a favor dessa mudança, embora o contexto e a forma não fossem os melhores. Acho que a Pueyrredón estava estagnada com o que se passava, já desde aquela época, em 1995. Tinha-se a sensação de que era uma escola que sequer estava vinculada ao mundo da arte local, como uma espécie de utopia dos mestres e dos discípulos. Com o passar do tempo, desde 2002, tudo foi mudando muito. Aquele que se comporta como docente segundo a antiga modalidade, acho que, com o passar dos anos, se torna ridículo.

RC: Quais consequências trouxe essa mudança de modalidade para os alunos, e quais vantagens você vê em relação à oferta e à qualidade curricular que oferece a universidade pública comparada à privada?

EM: No início, teve resistência de uma parte dos alunos e professores da escola anterior. Havia muita gente que era contra a mudança para a estrutura universitária. Havia alunos que vinham do antigo modelo, ou que ingressavam no Iuna com certa referência "nostálgica" do que era antes a Pueyrredón.

Quanto à UNA, estamos falando de uma formação muito específica. No mundo privado, não sei onde ocorre a formação artística universitária (refiro-me ao que faz as artes visuais; não me refiro à gestão, nem à crítica, nem à história da arte). Neste último período se deu uma particularidade, existem as universidades da região metropolitana, algumas das quais têm relação com o mundo da arte, mas não são universidades de formação de artistas nem de professores.

Uma das ambiguidades históricas do ensino da Escola de Belas Artes, que depois se transforma em IUNA e UNA, é a pergunta sobre o perfil do formando. Ainda hoje há resistências de dentro da instituição sobre se estão formando artistas. Dizem que são "realizadores visuais"; é difícil definir o perfil de uma pessoa graduada em Artes Visuais. Nesse sentido, fui muito crítico. Tive muitas discussões e momentos muito difíceis com outros colegas, afirmando que não se pode confundir os alunos. Ou seja, me lembro de que ninguém outorga um "diploma de artista", mas não há dúvidas de que a instituição forma artistas, ou seja, pessoas com capacidade de produzir obras de arte. Os modos de nomeação, de fato, não me importam. Poderia dizer que "homens de milho" são formados, uma imagem de que eu gosto muito para definir um tipo de subjetividade que tem muito a ver com a arte: ser muitos em um, ter memória e um olhar profundo. A definição oficial é que são formados "realizadores visuais".

RC: Talvez seja porque vejam de uma perspectiva mercantil, como realizadores de objetos ou coisas que possam ser vendidas ou compradas.

EM: Vou nessa direção; mas existe uma ambiguidade aí. O fato de querer se converter em uma universidade não deveria colocar como prioridade fazer objetos úteis ou mercadorias; para isso bastaria um curso técnico, que de fato existe. Com o tempo, o Iuna teve de retroceder, reformular-se; voltaram a outorgar diplomas de cursos de curta duração, curso técnico e magistério. Isso demonstrava claramente que a reforma educacional de Cavallo tinha procurado destruir a formação artística e pedagógica. Ninguém formava docentes de arte, e isso era terrível. Ninguém formava professores para o Ensino Médio, cuja consequência era um vazio laboral enorme.

Voltando ao ponto do perfil de uma pessoa graduada em Artes Visuais, e hoje mais ainda, quando a oferta acadêmica inclui pós-graduados e doutorados, acho que o interessante é repensar a dificuldade para definir tal perfil, que não tem a ver apenas com o que acontece dentro da universidade artística pública, mas com as condições sociais e do campo específico profissional que supostamente vão acolher essas pessoas. Que tipo de agentes culturais são os que darão trabalho a um "graduado"? O que acontece se uma pessoa graduada em Artes Visuais não tem como metas nem a docência nem o mercado de arte?

RC: Quais são as expectativas dos estudantes que se inscrevem nessa graduação? Quais são suas expectativas em relação à formação, à saída para o mercado de trabalho?

EM: No período em que eu me formei, entre 1986 e 1990, ainda persistia o dilema de ser docente ou artista como meio de subsistência. Mesmo os estudantes mais "rebeldes" tomavam consciência, com a passagem dos anos, da importância do título de docente como ferramenta para o trabalho. Atualmente acho que, embora as expectativas dos estudantes continuem passando em grande medida por adquirir ofícios e técnicas que lhes permitam desenvolver sua obra artística, o contexto contemporâneo de produção, circulação e recepção das práticas artísticas se expandiu. Por um lado, existem práticas de produção interdisciplinar, ligadas às novas tecnologias e à noção de pós-produção. Por outro, há um sem-número de empreendimentos protagonizados por coletivos que unem artistas com pessoas de outras áreas de formação e que também funcionam como "saídas para o mercado de trabalho": editoras, rádios comunitárias, espaços de exposição e formação, desenho de plataformas virtuais, trabalhos com movimentos sociais, ambientais etc. Acho que, nesse sentido, é imprescindível que a universidade pública possa pensar em incorporar em seus programas de formação a dimensão de "arte no contexto" ou de "práticas artísticas públicas" que permitiriam vincular os estudantes e os formados com as dimensões comunitárias ligadas aos universos empresariais, segundo as inclinações de cada formando. Por ora, a docência continua sendo uma ferramenta profissional fundamental.

RC: Ocorre algo parecido na Universidade de Buenos Aires (UBA), onde o diploma que se obtém é "bacharel em História da Arte", mas as opções para o mercado de trabalho estão, por ora, mais orientadas para a docência ou a pesquisa.

EM: Pensando na formação artística, acho que é muito difícil vincular a produção de pensamento à produção de imagens. É difícil porque a maioria dos docentes não são educados ou formados dessa maneira; e eu te diria que muitos recusam isso, não acreditam que seja possível, ou não se interessam. Há outra geração intermediária que se interessa; isso o Iuna tem produzido nas últimas décadas. Há professores que são adjuntos ou chefes de trabalhos práticos (JTO); eles falam de outra maneira. Mas acho que ainda não se produziu o salto de poder ocupar posições que permitam reformular de um modo mais interessante os conteúdos, com mais fluidez e maior rapidez. Faltam concursos.

Esse é o desafio que tem hoje a UNA. Acho que o que não fluiu é a mudança nos paradigmas mentais que orientam a instituição, ainda não há uma mudança de rumo. A comunidade educacional poderia ter um vínculo muitíssimo mais fluído com a sociedade, mas não o tem. Por que isso acontece? Há até agora ausência de biblioteca, auditório, galeria em condições profissionais contemporâneas, locais para atrair aos distintos setores sociais, trazer convidados e compartilhar.

Este ano foi inaugurado um edifício novo, em Puerto Madero. A nova sede estuda a possibilidade de melhorar tal situação, mas isso requer um compromisso maior de todos: autoridades, docentes, não docentes e alunos. E melhorar a forma de comunicar para a sociedade o que acontece na UNA. Na Untref, na Unsam ou na UMSA, você não pode fazer a mesma coisa que na UNA; menos ainda na UBA. A Universidade de Buenos Aires é o único lugar de formação artística pública gratuita, que é o que, afinal de contas, a torna tão valiosa, e é o que eu destaco e defendo.

O uso da imagem e da palavra é *no* contexto

RC: Como acha que o *Archivo Caminante* e o projeto de *La Dársena*, que você compartilha com Azul Blaseotto, contribuem para gerar outro tipo de conhecimento, análise crítica e consciência sobre certos episódios históricos e políticos?

EM: O *Archivo Caminante* começa a ser pensado em meados dos anos 1990 e adquire esse nome a partir de 2001. No final daquela década, eu já estava desenvolvendo uma coleta não sistemática de materiais documentais diversos ligados à história argentina. Sempre tive interesse na tradição da colagem manual, e a utilizava de modo intermitente em meus trabalhos. Mas foi a visita ao Departamento Fotográfico do Arquivo Geral da Nação, em 1999, o que modificou radicalmente e para sempre minha prática artística. Este ano acudi, uma vez por semana, durante quase seis meses, a esse local em busca de fotografias que documentassem a cerimônia de passagem do comando dos presidentes argentinos. A peculiar ordem classificatória existente no arquivo fez com que eu deixasse de lado esse vetor de trabalho e mergulhasse numa pesquisa de fôlego mais amplo, motivada basicamente pela fascinação que me produziram as imagens, mas também sua materialidade, sua realização. Duas operações estéticas se incorporaram à minha prática desde então: comecei a tirar fotos e a realizar caminhadas, percursos urbanos ou pela natureza em locais de relevância histórica. Esses dois eixos, somados à minha já existente coleta do que podia chamar "documentação sucata" (o descarte da produção gráfica que podia encontrar nas ruas: panfletos, folhetos, cartazes, propaganda diversa, diários, revistas, livros etc.), deram forma à "nave mãe" do *Archivo Caminante*. Posso defini-lo como um arquivo visual em progresso que indaga as relações entre arte e história, promovendo o simultâneo exercício coletivo de trabalhos de memória e de imaginação política. O caminhar como prática estética, a pesquisa com ferramenta artística e um trabalho coletivo interdisciplinar estão no centro do seu trabalho. Desde o final da década de 2000, outra fonte documental foi incorporada, um registro fotográfico que vem da tela de meu computador. São fragmentos e detalhes de imagens que encontro em minhas "caminhadas pelas redes virtuais". Da articulação dessas quatro fontes documentais, surgem minhas instalações, intervenções no espaço público e publicações.

La Dársena (Plataforma de Pensamento e Interação Artística) é um espaço de autogestão que desde 2010 codirijo com Azul Blaseotto, também artista visual e docente universitária, cujo principal objetivo é realizar processos coletivos de arte e pensamento crítico, situados em um espaço específico, mas com uma dimensão *"glocal"*. A plataforma conta também com um especial interesse em realizar publicações.

RC: Gostaria de retomar o que você pensa sobre certa terminologia no campo artístico, como os chamados "projetos alternativos" ou os "artistas emergentes". Quais paradoxos você encontra no uso dessas palavras?

EM: É uma questão mais política, que depende das experiências de cada um nessa área. Servem como exemplo as experiências dos *Iconoclasistas* ou as do *Errorismo*[4], pelas quais sinto afinidade. Não ocorre o mesmo com outras mais distantes de minhas convicções, como *Belleza y Felicidad* ou a *Cooperativa Guatemalteca*, ou esse tipo de projetos. Enquanto estas duas últimas são emblemáticas quanto à "alternatividade", as primeiras se autodefinem como resistentes e alheias ao pensamento dominante. As segundas, embora valiosas, ao serem analisadas com maior profundidade, não funcionam, de minha humilde perspectiva, como alternativa. Essas experiências se iniciaram muito ligadas à herança da sobrevivência do mais apto durante o período 1989-2001, quando, de alguma maneira, trabalhar com modos precários tinha um "sentido", testemunhando os resultados das políticas culturais públicas neoliberais. No entanto, como disse antes, no contexto do novo ciclo político (2001-2015), as experiências contribuem mais para naturalizar as condições de trabalho precárias do que para exigir novas e mais dignas formas de trabalho para os artistas. Também estão em jogo dois aspectos muito importantes nas categorias de "projetos alternativos" ou "artistas emergentes": a pergunta sobre a noção de "representação" (ou seja, se alguém representa ou não os atores sociais com os quais se envolve) e a pergunta sobre as transferências de saberes e conhecimentos; ou seja, voltamos ao ponto da educação ou formação. Aparece aqui uma associação um tanto automática e que foi analisada sem grande profundidade: o vínculo dessas experiências com a noção de "des-educação". Reconheço o valor da crítica aos sistemas educativos que fazem o *Errorismo* ou os *Iconoclasistas*; não ocorre algo similar com os coletivos. Falar de "des-educação" no hemisfério Norte é diferente

---

4 O "Errorismo" faz referência ao coletivo argentino Etcétera / Internacional Errorista, formado por Loreto Garín e Federico Zukerfeld. O grupo Iconoclasistas é um coletivo argentino (presente nesta publicação) formado por Julia Risler e Pablo Ares. [N.E.]

de fazê-lo aqui, em razão de tudo o que falamos sobre o estado da educação pública nas perguntas anteriores.

RC: Ser críticos, de alguma forma, com a instituição que nos forma como cidadãos...

EM: Sim, mas se somos radicais na crítica à universidade de arte pública, o que, na verdade, estamos dizendo? Onde terminariam estudando aqueles que não podem pagar por essa formação? Quais são os espaços alternativos que se propõem? Tenho interesse em analisar uma experiência dos últimos anos, realizada por artistas visuais e docentes numa escola de um assentamento em Villa Fiorito. Ela é para mim um exemplo da complexidade das relações entre arte contemporânea, des-educação e mundos possíveis, alternativos ou emergentes. Como fazer para que, a partir das práticas artísticas desenvolvidas numa escola pública de um bairro humilde, possam se configurar novos mundos possíveis? Como fazer para que tais mundos possam ser habitados pela comunidade a que essa escola pertence? Não acho que visitar arteBA[5] ou as oficinas do programa de artistas da Universidade Di Tella possam ser ferramentas emancipadoras para essas crianças. Tampouco incorporá-las simpaticamente a artistas consagrados em mostras no exterior. O desafio de construir uma prática contemporânea localizada num bairro humilde abre interrogações sobre as representações visuais de seu mundo cotidiano e seu itinerário existencial, mas, sobretudo, interpela os lugares de recepção, circulação e legitimação desse imaginário social. Como fazer para criar formas institucionais que contenham as próprias criações? Que tipo de especificidades institucionais deveriam ter os espaços que contenham e promovam as visões de tal imaginário social? Acho que aqui é onde muitos projetos emperram, em grande medida devido à influência hegemônica de uma estética que, desde o final dos anos 1990, se organiza em torno das denominadas "tecnologias da amizade".

O problema reside, a meu ver, por um lado, na escassa relação que essas "tecnologias" promovem das relações com o contexto e com a história. Autoassumidas como herdeiras das práticas hegemônicas dos 1990 (da arte

---

5 arteBA é uma organização não governamental sem fins lucrativos, fundada em 1991, voltada para o desenvolvimento e o fortalecimento do mercado de arte. [N.T.]

rosa light reistoricizada nos anos 2000 em chave "política"), adotam, de sua instituição formativa emblemática (o/a CIA, Centro de Investigações Artísticas), processos de subjetivação que adoram nomear os artistas emergentes de "agentes" (da CIA). Pergunto-me: esse paradigma de artista é útil a qual regime de visibilidade e sensibilidade? Por último, a centralidade em suas narrativas da ironia, da paródia, os simulacros de participação e o infantilismo evidenciam uma convivência cômoda com a operação central do capitalismo semiótico na hora de produzir mais-valia, aquela que descreve com extrema lucidez Franco Berardi Bifo: a simples recombinação de signos antes da produção de sentidos ou significados.

Andrea Francke

Escolas de arte, maternidade e ativismo.
A experiência do *Invisible Spaces of Parenthood*

O *Invisible Spaces of Parenthood* (ISP)[1] nasceu de uma experiência pessoal: um momento de raiva e de aborrecimento que, graças à solidariedade e ao diálogo, permitiu tornar visíveis problemas sociais estruturais que, lamentavelmente, ainda continuam sendo vistos como meramente pessoais. O projeto é uma pesquisa artística e política em torno da prática da maternidade e o trabalho de criação. Juntamente com a artista e escritora canadense Kim Dhillon, integrante do projeto desde 2014, temos realizado uma série de atividades que incluem a organização de eventos e discussões coletivas, a reimpressão de livros infantis publicados pelas imprensas feministas nos anos 1960 e 1970 e o desenho de brinquedos em colaboração com creches governamentais, entre várias outras ações.

Comecemos, porém, pelo princípio, pela raiva. Sou peruana. Nasci em Lima, em 1978, mas emigrei com minha família materna para o Brasil no final dos anos 1980. Ali me formei em Artes, e, em janeiro de 2007, me mudei para Londres com o objetivo de fazer uma pós-graduação no Chelsea College

---

1 *Invisible Spaces of Parenthood* pode ser traduzido como "Espaços invisíveis de criação" ou "Espaços invisíveis de maternidade/paternidade". Optei por manter o título em inglês neste ensaio, porque o termo *parenthood* tem para mim duas características que me interessam: carece de um gênero definido e, ao mesmo tempo, pressupõe uma conexão familiar. A meu ver, "criação" é uma prática que pode ser levada a cabo institucionalmente ou profissionalmente. Embora neste projeto esteja conectado com a educação nesse sentido mais amplo (isto é, com as creches, trabalhadoras domésticas, professoras ou babás), parece-me importante deixar claro que o ponto principal da origem é nossa prática como mães.

The Nursery [A creche], Chelsea College of Arts, Londres, 2010.
Imagem: cortesia da autora.

Andrea Francke, seu filho (Oscar) e um membro do pessoal da creche num protesto em frente ao London College of Communication (LCC), Londres, 27 de maio de 2010.
Imagem: cortesia da autora.

of Arts and Design. Nesse mesmo ano decidi ter um filho com meu companheiro daquela época[2]. Eu tinha optado por adiar o segundo ano do mestrado, e Oscar nasceu em junho de 2008[3]. Depois disso, a decisão de voltar a estudar foi em si mesma difícil. A negociação entre minha prática artística e minha vida pessoal se converteu numa discussão mais pública do que eu jamais imaginara. Ser mãe – acho que também ser pai, ou qualquer outra prática de criação – pode gerar para nós formas intensas de disciplinamento social sobre como levar adiante esse trabalho. De repente, eu escutava frases que julgavam de modo autoritário minhas dúvidas ou decisões em relação às maneiras de eu retomar minha própria vida profissional, por exemplo: "Tão pequeninho e você já vai voltar a trabalhar?". Muitas pessoas, inclusive estranhos, sentiam que tinham o direito de me dizer que eu estava fazendo algo ruim ao pensar em deixá-lo numa creche, que isso poderia causar algum dano ao menino. Mais ainda, a suposição geral ditava que, devido ao elevado custo das creches em Londres, a opção natural era que eu deixasse de trabalhar e/ou estudar e me dedicasse ao meu filho as 24 horas do dia por tempo indefinido[4]. Esse preconceito era reforçado ainda mais considerando

---

[2] Não sei por que decidi ter um filho. Hoje essa é uma pergunta importante para mim, que ainda me falta resposta. De alguma forma, para nós, como casal, naquele momento, isso parecia ser o passo "natural". Não me arrependo de ter Oscar, mas reconheço as forças sociais e culturais que me levaram a tomar essa decisão naquele momento.

[3] As pessoas têm diferentes necessidades, desejos e orientações. Para mim, o primeiro ano cuidando de meu filho foi uma das experiências mais violentas que já vivi. Eu estava em confronto com uma série de ideias ou comentários que me diziam, direta ou indiretamente, que, de repente, eu já não existia, que não contava como pessoa, que esse bebê deveria ser a única coisa importante em minha vida. Esses comentários apareciam como um eco constante a minha volta. Eu nunca tinha me dado conta de que ter um filho ou filha poderia significar deixar de existir como sujeito. Por esse motivo, tenho certa desconfiança das narrativas acríticas da maternidade que elevam a mãe e a experiência da maternidade acima de qualquer outra coisa.

[4] O número de horas gratuitas em creches no Reino Unido aumentou progressivamente nos últimos anos, mas naquele momento era bastante restrito, e acessível apenas em algumas regiões, a partir dos 3 anos (quinze horas por semana). Os antigos parâmetros sociais promoviam a ideia de que, se a mãe não ganhava acima de um determinado montante salarial, era melhor para as finanças familiares que se dedicasse integralmente à criação do filho até a idade escolar. Com a presença crescente do discurso feminista, essa posição tradicional foi questionada, não apenas na maneira em que assume os papéis de gênero, mas também nas consequências para as mulheres que deixam o mercado de trabalho e perpetuam uma situação de dependência econômica. Esta última é mais delicada ainda, porque o trabalho doméstico não é remunerado e, habitualmente, não é reconhecido nos processos de divórcio, ou, mais ainda, gera reações como a demonização de um amplo número de mães solteiras que possuem mínimos benefícios governamentais.

que não apenas eu ia estudar, mas estudar arte! Para todos, obviamente, havia um problema em minhas prioridades.

Justo no momento em que me encontrava lutando, interna e coletivamente, com a ideia de "permitir-me" ser artista, soube que o Chelsea College tinha uma creche. Foi um alívio. Assim, deram uma vaga para Oscar, e, no início de 2009, retomei meu mestrado. De fato, o que me fez voltar a ter confiança para que eu decidisse retornar a meus estudos na universidade foi, em grande parte, a existência dessa creche. Interpretei que sua presença demonstrava que a universidade reconhecia que as artistas podem ser mães e que as mães podem ser artistas. A creche estava localizada no London College of Communication e não apenas provia cuidado e atenção para os filhos dos estudantes, mas para os filhos de todo o pessoal de trabalho e dos professores das cinco universidades compreendidas pela UAL, University of the Arts London (Chelsea College, London College of Communication, London College of Fashion, Camberwell School of Arts e Central Saint Martin College of Arts and Design); eram atendidas diariamente por volta de sessenta crianças.

No entanto, pouco tempo depois, no dia 26 de março, anunciaram que a creche iria ser fechada. Nesse momento, a Inglaterra atravessava severos cortes econômicos de programas sociais e das instituições educativas governamentais, cortes que persistem até os dias de hoje. Diante disso, os estudantes se organizaram por toda a cidade de Londres contra essas medidas. Em nossas classes, nossos companheiros tomavam a palavra para nos convocar a participar de protestos e mobilizações. Quando subi ao pódio para sugerir que a creche deveria ser incluída na lista de demandas, nunca imaginei que receberia as seguintes respostas: "Qual é a importância da creche para nós?" "Se é preciso cortar gastos, melhor isso do que qualquer outra coisa!". E a minha favorita, que, na verdade, doeu e deu origem a tudo isso: "Você decidiu ser mãe, e todos sabemos que não se pode ser mãe e artista". Certamente, eu tinha ouvido essa última resposta muitas vezes: dizer que nós tínhamos tomado a decisão de ter filhos e que tínhamos que assumir esse trabalho individualmente, que o cuidado das crianças era uma responsabilidade pessoal.

Enquanto escrevo e relembro todas as vezes que escutei essas frases naquele ano, ainda fico com raiva. Raiva, porque, embora as coisas tenham melhorado, eu conheço o efeito que elas têm e continuam tendo em muitas mulheres. É ali onde se torna muito mais evidente como está estruturado o sistema de privilégios do mundo cultural, assinalando as maneiras desiguais em que se construem as possibilidades para fazer arte, a preeminência daqueles que podem falar, o poder daqueles que têm a faculdade de construir os sistemas de crítica, de representação, de ética, nos quais todos nós vivemos. Raiva, porque deixa claro o que todos sabemos e nunca decidimos: que os corpos que têm a permissão de dar forma ao mundo (e, nessa tarefa, as artes têm mais responsabilidade do que estamos acostumados a admitir) pertencem habitualmente a certo gênero, raça, classe social, nacionalidade etc. O mais violento é que meus companheiros e colegas que me responderam isso não pensaram bem. Disseram como quem diz uma verdade, uma obviedade, algo natural, algo que não se discute. Inclusive um companheiro tempos depois até me citou as palavras da artista sérvia Marina Abramovic sobre sua decisão explícita de não ser mãe para se dedicar integralmente à prática artística, enfatizando a incompatibilidade de ambos os trabalhos[5]. Se ela é mulher e disse isso, não apenas deve obviamente ser verdade, como também deve ser aplicado a todas as artistas mulheres.

Diante da ameaça de fechamento e da escassa solidariedade com nossas demandas, o pessoal da creche e os usuários se organizaram[6]. Protestamos. Alguém teve a ideia de forçar a UAL a fazer um estudo de impacto, algo que era uma obrigação legal na Inglaterra antes de acabar com um serviço como esse. O estudo demonstrou que o fechamento afetaria desproporcionalmente as mulheres (aproximadamente, 96%). A UAL respondeu que sua obrigação legal era realizar o estudo, mas não necessariamente seguir suas recomendações. No dia 30 de julho de 2009, a creche da UAL foi fechada. O processo foi abrupto, e o resultado foi que oito trabalhadores da instituição e 22 mães/pais tiveram que buscar alternativas de cuidado em muito pouco tempo. A maioria de nós conseguiu outras soluções passando por sérias dificuldades. Em Londres, as creches normalmente têm lista de espera que

---

5 Marina Abramovic disse: "Eu nunca quis... Eu nunca tive o relógio biológico correndo contra mim como outras mulheres. Sempre quis ser artista, e sabia que não podia dividir essa energia com nada adicional. Olhando para trás, acho que foi, sim, a decisão correta". Ver Jonathan Jones, "Marina Abramovic: 'I'm not a vampire'". Disponível em: <https://goo.gl/N89Nqr>. Acesso em: 21 jun. 2016. (Tradução dos editores)

6 Nesse aspecto, eles foram mais ativos que eu. Quero deixar claro que meu papel como ativista nessa parte não foi de modo algum de liderança ou organizacional.

demoram meses, até anos, mas, apesar de ser uma das mais custosas em termos econômicos da Europa, pelo menos existe uma estrutura de cuidado das crianças.

Coloquei meu filho numa creche, que pôde admiti-lo na última hora, perto de minha casa, e da qual ele ainda se lembra como a creche de que não gostava de ir. Outras pessoas que enfrentaram a mesma situação pediram ajuda a seus familiares ou, simplesmente, viram-se forçadas a diminuir suas horas de trabalho ou estudo. Duas jovens negras que cursavam a graduação, mães solteiras que tinham tido seus filhos durante a adolescência, tiveram que parar de estudar. É importante mencionar isso, porque seria hipócrita não assinalar que existe uma cadeia de privilégios que faz com que alguns corpos sejam sempre os mais afetados e excluídos nesses processos de precarização, produto da reestruturação neoliberal das instituições educativas. Ambas tinham sido as primeiras dentro de suas famílias a ir para a universidade, e tinham lutado para poder realizar os cursos em arte e desenho, que suas famílias viam como banais ou supérfluos. "Quem pensam que eram? Como se atreviam a estudar vindo de onde vinham e sendo mães solteiras?" diria o senso comum machista sobre o que elas estavam fazendo. Apesar de haver bolsas para estudantes que precisavam de ajuda com o cuidado das crianças, elas não tinham o apoio estrutural suficiente nem tempo livre para se organizarem e realizarem os trâmites. Finalmente, abandonaram todos os cursos. A universidade lhes deixou claro que todas as vozes e o senso comum racista e patriarcal em torno delas tinham razão, que suas possibilidades tinham sido predefinidas há muito tempo.

Por mais violento que tenha sido, posso entender melhor agora as condições neoliberais que fizeram com que a universidade se visse forçada a fechar a creche. O sistema educacional na Inglaterra (e em muitos outros lugares do mundo) caminha para a privatização total, e, claramente, o lucro corporativo não é compatível com uma ética social. No entanto, o que considero inadmissível é que os estudantes que se presumiam de esquerda não viram nem reconheceram as mães trabalhadoras, não compreenderam o abismo de desigualdade que o fechamento da creche perpetuava e não foram capazes de se solidarizar conosco. Tudo o que eu queria naquele momento era que eles assumissem a responsabilidade por suas ações, que entendessem as consequências de sua maneira de conceituar o mundo e o campo das artes. Ou, senão, que fossem suficientemente honestos, que seus corpos confrontassem nossos corpos, que nos olhassem nos olhos e nos dissessem: "Vocês não têm o direito de ser artistas ou professoras. Nós, sim".

Foi novamente a raiva, como uma reação diante da falta de apoio e de consideração, o que me obrigou a montar uma creche utópica temporária como parte de nossa exposição final de mestrado. O espaço que recebemos era bastante grande, e ali nasceu o primeiro projeto do *Invisible Spaces of Parenthood*, intitulado *The Nursery* [A creche] (2010), cujo principal objetivo era nos tornar, as mães e os pais, visíveis. Enquanto dinâmica artística, o projeto forçava o reconhecimento daquilo que fora ignorado e apagado pelos efeitos dos modelos gerenciais e neoliberais que a instituição educativa atravessava.

Desenhei e construí todos os móveis e brinquedos, com o apoio e a colaboração dos trabalhadores da então creche fechada da UAL, o que nos permitiu pensar as implicações da infraestrutura e suas possibilidades nos processos de criação – por aquela época eu já tinha construído móveis utilizando manuais *do it yourself* dos anos 1970, vários deles para serem usados por meu filho Oscar. Do mesmo modo, organizamos várias conversas com o pessoal da instituição e com outras mães/pais sobre o que gostávamos da creche e o que mudaríamos se pudéssemos. Consegui algumas poucas permissões especiais para que as crianças pudessem ter acesso ao edifício sem restrição. Imprimi cópias de textos e fotografias que documentavam a história da creche e seu recente fechamento na universidade. E no mapa de montagem da exposição final do mestrado, nosso espaço era simplesmente um mero quarto descrito como creche, sem um destaque particular ou especial.

No entanto, *The Nursery* nunca funcionou como uma creche normal. A exigência das permissões e requisitos institucionais foi muito maior do que eu jamais poderia ter conseguido. Mas o espaço conseguiu, sim, tornar palpável a forma em que as práticas de criação afetam diferentes pessoas no *campus* e, além disso, ajudou a desfazer a invisibilidade das maternidades e paternidades na escola de arte. Várias das professoras e dos usuários da creche passaram aquela semana no espaço comigo; eles queriam falar do que a creche tornara possível em suas vidas; compartilhar histórias sobre como todos fomos criados por alguém; o impacto que teve sua existência no número de professoras ativas na universidade, ou como as reclamações feministas pela existência de creches se remontavam aos anos 1970. Outros visitantes, habitualmente mulheres, traziam seus filhos ao espaço para lhes mostrar o sacrifício que elas no passado tinham feito por causa da falta de serviços para o cuidado de crianças ou por não terem podido assumir a criação em condições de igualdade com seu companheiro. O projeto surgiu de uma posição muito pessoal de frustração, mas revelou o impacto que esse tipo de infraestrutura tem nos mecanismos universitários e educativos, assim como nas estruturas afetivas do cuidar e compartilhar.

Até agora, minha história preferida é a de um colega de mestrado que, no momento de se referir a *The Nursery*, disse a seus pais: "Isto não é nada, é uma aluna que protesta porque fecharam a creche"; na sequência, ele foi imediatamente arrastado para dentro da sala por sua mãe, que lhe explicou que ela não tinha tido outra opção a não ser abandonar sua carreira para cuidar dele, porque naquela época não havia creches suficientes na Inglaterra. Em razão do projeto, muitos estudantes se deram conta de que várias de suas professoras tinham filhos, e quão difícil tinha sido ou quão difícil ainda era para elas conciliar a maternidade com uma carreira. Muitas tomaram consciência de que todos estamos implicados no trabalho reprodutivo; que se trata de um trabalho coletivo e não meramente individual, embora não seja sempre evidente e não falemos nunca disso. Esse desconhecimento é muito problemático e tem a ver com as maneiras em que habitualmente o conhecimento é tratado no mundo da arte, como um produto elitista, que não se conecta com outros saberes produzidos fora de suas esferas tradicionais nem com percepções que vêm da experiência cotidiana. Como mudaria a paisagem do mundo da arte se pudéssemos construir creches em todas as escolas de arte e instituições? Não haveria uma transformação nos modos de avaliar e entender a relação social entre filhos, pais e cuidadores se sua visibilidade fosse aumentada?

Foi depois de *The Nursery* – tenho que admitir que naquele momento sequer tive um título claro ou um discurso artístico muito profundo –, quando criei o conceito de *Invisible Spaces of Parenthood* (ISP), que me serviu como uma sombrinha para aparições posteriores do projeto, que continuam indagando sobre a maternidade e sobre o cuidado de crianças no mundo da arte. ISP foi uma ferramenta que me permitiu continuar navegando pelos problemas que encontrei naquele momento[7]. Hoje em dia o discurso feminista em

---

[7] Um projeto posterior importante foi a série de discussões públicas e oficinas sob o título *How to Support the Artist/Mother/Father?*, coorganizada com Martina Mullanery. Essas atividades fizeram parte de uma residência em The Showroom, em 2012. Nesta atividade conheci Kim Dhillon, que

Londres é muito mais forte, e a maternidade se tornou um tema importante. Mas, para mim, grande parte do discurso politizado sobre a maternidade repete os erros de falta de solidariedade. Considero que um dos pontos políticos mais importantes para discutir é a perpetuação das mulheres (e são quase sempre mulheres) na concessão e atribuição de trabalhos de criação em estruturas de cuidado formais ou informais (babás, trabalhadoras domésticas, avós, professoras de educação infantil, funcionárias de creches etc.). Apesar de existir uma tradição de transmissão de afeto e amor através do cuidado principalmente das mulheres em casa, acho que devemos estar atentos a que os processos de emancipação ou liberação não se constroem através de simples transferências de sistemas de opressão a outros grupos. Em Londres, colaborei de forma habitual com *Justice for Domestic Workers* (J4DW), um sindicato informal de trabalhadoras domésticas que exercem suas funções em condições de trabalho escravo. A maior parte de seus membros são mulheres que deixaram suas famílias em seus países de origem (no hemisfério Sul). Sua situação migratória (um visto de trabalhadora doméstica com múltiplas restrições) faz com que para muitas delas seja impossível mudar de empregador, o que gera um modo de trabalho praticamente invisível em que abundam casos de exploração laboral e abuso sexual. A exploração dessas mulheres encarregadas do trabalho de criação de outras mulheres, que enviam o pouco dinheiro recebido a seus países de origem para que, por sua vez, suas mães ou irmãs criem seus próprios filhos (que elas deixaram para trás para poder trabalhar), é uma clara ilustração de quão perversas também podem ser as cadeias globais de trabalhos de criação. E isso assinala também as várias discussões ainda pendentes sobre o cuidado das crianças, as formas de aprendizagem não autoritária, os padrões de educação historicamente estabelecidos como femininos e as possibilidades de construir justiça no trabalho, no acesso e condições econômicas equitativas.

plantou a semente para nossas futuras colaborações com ISP. Ver Andrea Francke, *Invisible Spaces of Parenthood: A Collection of Pragmatic Propositions for a Better Future*, London: The Showroom, 2012.

Protestos, crises e reconstrução dos modelos educativos

Mônica Hoff e Cayo Honorato

Mediação não é representação: uma conversa

A ocupação de mais de duzentas escolas no fim de 2015 por secundaristas em São Paulo, assim como em muitas outras cidades do Brasil, deu início a um grande movimento de protesto que se estende até hoje em dia contra as medidas governamentais que enfraquecem e tornam precária a educação pública no país. A auto-organização e a determinação que esses estudantes demonstraram evidenciam uma nova maneira de repensar modelos de ensino vigentes até o momento, dando conta da educação que querem e necessitam. Nesse contexto, Mônica Hoff e Cayo Honorato conversam sobre o papel que esses estudantes mediadores exercem na hora de questionar a representação política e desafiar, com seu exemplo, aqueles que trabalham com docência e mediação educativa e artística.

Mônica Hoff vive em Florianópolis e Cayo Honorato em Brasília. Esta conversa em duas partes foi realizada por Skype entre maio e junho de 2016.

Primeira parte

CAYO HONORATO: O Brasil parece ter se tornado, desde as eleições de 2014, uma sociedade abertamente conflitiva. A propósito, parece-me sintomático que o presidente interino Michel Temer, em seu discurso de posse, tenha afirmado ser urgente "pacificar a nação e unificar o Brasil". Mas o conflito não se resume à esfera político-partidária. Os avanços sociais e as políticas afirmativas têm sido confrontados por uma ascensão conservadora, não

Encontro do grupo Mediação Extrainstitucional, parque Ibirapuera, São Paulo, 29 de novembro de 2014. Foto de Ethiene Nachtigall.

Registro da ação *Paralis(AÇÃO)* dos mediadores da Bienal do Mercosul, Porto Alegre, 10 de novembro de 2013. Foto de Leonardo Barreiro.

necessariamente coesa, mas que pode assumir feições neoliberais, neopentecostais ou mesmo neofascistas – o que as esquerdas em crise não têm conseguido debelar, muito menos escutar. Que desafios esse cenário traz para a mediação – se os traz –, considerando-se o papel social da arte e da cultura?

MÔNICA HOFF: Me parece que este "estado conflitivo" da sociedade brasileira precede 2014. Já era possível ver tensões e contendas, com bastante força, nas manifestações de junho de 2013 – temos ali, senão "o", seguramente, um dos momentos inaugurais tanto do destampar político como das investidas neofascistas e ultraconservadoras que estão interessadas em "pacificar" a nação. Nunca foram só os R$ 0,20 (de reajuste da passagem de ônibus), tampouco os altos gastos com a Copa do mundo, sequer uma reivindicação somente à esquerda da esquerda. As primeiras manifestações abaixo a corrupção (ainda não visualmente verde-amarelas) e contra projetos sociais propostos pelo Governo Federal (como o Mais Médicos, por exemplo) começaram ali. As pautas neofascistas ensaiavam seus primeiros passos já naquele momento. A rua foi definitivamente reconhecida como espaço público e democrático, ainda que muitas das pautas apresentadas naquele cenário reivindicassem justamente o contrário.

Desde então, e de uma maneira nada programada, me parece que a sociedade brasileira vem alimentando uma espécie de gosto pelo conflito, em grande medida exercido e compreendido como uma disputa (polarização), e não como uma possibilidade de debate. Poderíamos, diante disso, identificar a situação como de uma banalização do conflito, mas eu tendo a considerar esta uma perspectiva insuficiente. Concordar com ela significa considerar que as contendas, manifestações e divergências não estão gerando debate em nenhum nível e que, portanto, não está havendo nenhum tipo de aprendizado – o que eu duvido. Mais do que uma banalização, entendo que se trata de uma espécie de reflexão coletiva em tempo real, portanto, desmesurada, com relação aos problemas sociais, políticos e éticos fundadores da sociedade brasileira, não apenas em escala macro, mas também, principalmente, nas esferas micropolíticas. Parece que, ao mesmo tempo em que está havendo um desmanche, está também ocorrendo um estorno – o Brasil está se desmantelando e refazendo-se a si mesmo – sem saber como, pois, afinal, nunca esteve totalmente de pé. O grande desafio do momento é conseguir construir algo, à revelia dos discursos dominantes e/ou ultraconservadores, que não seja, porém, uma reprodução do que se vinha vivendo como ideia de esquerda nos últimos anos. Os dois modelos faliram, e estamos nos sentindo sem pai nem mãe. É hora de termos imaginação!

Considerando a conjuntura política e sociocultural atual, vejo, pelo menos, dois desafios com relação à mediação: o primeiro está relacionado à compreensão do que seja mediação e do que seja o mediador; e o segundo diz respeito à necessidade de revisão dos modelos, formatos e políticas que estruturam as instituições culturais e, principalmente, o pensamento institucional relacionado à cultura no Brasil.

Em relação a ambos, é fundamental começarmos pelo começo: considerar que a mediação da arte não é, nem nunca foi, (só) sobre obras de arte e processos autorreferentes do campo da arte, mas sobre tomar partido das coisas. Ou seja, agir politicamente e produzir conhecimento; conhecimento este que é irregular, enviesado, social, político, cultural e, em alguma medida, também estético e/ou artístico. E, sendo assim, os mediadores não são, portanto, agentes passivos a serviço da instituição, mas o que há de mais político (e desejosamente democrático) dentro da instituição, uma vez que eles são muitos; vêm de contextos sociais, econômicos, educacionais e culturais diferentes e são aqueles, dentro da instituição, responsáveis pelo debate direto com os públicos. Logo, eles formam, ao mesmo tempo, um coletivo e um sentido de coletividade dentro da instituição. Eles são a instância mais extrainstitucional no organismo institucional – ou a oportunidade que as instituições têm de aprenderem a ser espaços, realmente, públicos.

Um exemplo do que estou falando – da necessidade de revisão dos modelos, formatos e políticas institucionais – pode ser identificado nas ocupações das escolas públicas feitas pelos próprios estudantes em todo o Brasil desde o segundo semestre de 2015. Por meio de assembleias abertas, músicas, vídeos, manifestos e aulas criadas por eles mesmos, os secundaristas expressam o que entendem e desejam como educação. Estão, ao mesmo tempo, reivindicando e fazendo educação em tempo real e, com isso, dando uma resposta esperançosa e ensinando uma noção de luta e debate público para a sociedade brasileira.

Na minha percepção, considerando a barafunda ética e política que se tornou o país, os secundaristas são os melhores mediadores do que estamos vivendo – pelo frescor do seu pensamento político, pela ética inquestionável contida em suas ações, pela capacidade de mobilização social e cultural que têm e porque estão, à medida que ocupam e resistem, produzindo novas formas de viver e conviver. Nada, neste momento, é tão potente quanto o que estão vivendo e, ao mesmo tempo, nos ensinando. Enquanto lutam por educação, o que eles mais estão fazendo é educação.

Oxalá as instituições culturais brasileiras possam aprender alguma coisa com os secundaristas – e com os seus mediadores. Me parece que, se há alguma possibilidade de uma "virada educacional" nas práticas artísticas, curatoriais e institucionais brasileiras, talvez esta seja o lugar de onde ela pode partir. Se "o museu é uma escola", talvez estas sejam as escolas para as quais ele deve olhar.

CH: Nos últimos 20 anos, a mediação no Brasil parece fundamentar-se em basicamente dois princípios ou práticas: diálogo e provocação. Tais princípios, no entanto, não são palavras transparentes. Eles se vinculam ao trabalho de, respectivamente, duas das principais referências sobre o tema, no campo do ensino da arte no Brasil: Ana Mae Barbosa e Mirian Celeste Martins. Mais recentemente, uma versão daqueles princípios, embora não necessariamente referida àquelas autoras, aparece nos eixos curatoriais do Educativo Permanente da Bienal de São Paulo, sob a curadoria de Stela Barbieri: encontro, diálogo e experiência. Na sua opinião, que capacidade têm esses princípios para enfrentar os desafios lançados pelas problemáticas socioculturais atuais – se é que deveriam enfrentá-los?

MH: Gostaria de começar esta resposta dizendo que entendo que mediação é tudo isso – encontro, diálogo e experiência –, o que não significa, entretanto, que seja só isso. Tanto o encontro como o diálogo e a experiência podem ser percebidos e ativados a partir de perspectivas distintas – desde pontos de vista mais afirmativos como também desde uma ótica mais desconstrutiva. No entanto, no geral, no contexto das instituições, eles têm sido compreendidos por mediadores, educadores, curadores, artistas, pesquisadores e gestores, sobretudo, como princípios conciliatórios. No caso do Brasil, esta tem sido a métrica da mediação desde sempre: ser conciliadora, jamais divergente ou digressiva (ainda que se estruture a partir de perguntas, e não de respostas). Eu vejo, pelo menos, duas problemáticas nisso: a primeira é que, ao convertermos tais qualidades em discursos e/ou enunciados, fazemos com que o que originalmente eram aspectos se transformem em premissas, regras, normativas; e a segunda é que, sendo esses aspectos compreendidos como conciliadores, quando se convertem em premissas da mediação, não restará à mediação ser outra coisa senão conciliadora. Tudo isso para dizer que o problema não está em ver a mediação como encontro, diálogo ou experiência, mas em enxergá-la, tomá-la desde uma ótica conciliadora e afirmativa – e isso independe do momento sociopolítico e cultural que se esteja vivendo. Talvez o que esteja acontecendo agora é que as problemáticas políticas, éticas e sociais tenham tomado proporções tão tremendas que estejam nos colocando diante da impossibilidade de insistir em uma mediação afirmativa e conciliadora.

Isso nos mostra que a problemática envolvendo a necessidade de uma revisão da mediação não é de hoje – há questões com relação à ideia de mediação que se cristalizaram na cabeça dos próprios mediadores, de educadores, teóricos, artistas, curadores, públicos e diretores de instituições, que precisam ser revistas há muito tempo. A primeira é esta, de que mediação é conciliação; a segunda é de que a mediação da arte sempre parte e deve partir da arte; a terceira é a necessidade insistente de criar conceitos com relação à mediação e a necessidade obsessiva de acreditar neles (conceitos, no geral, afirmativos; raramente, desconstrutivos ou anarquistas); a quarta é pensar que a mediação é feita para os públicos, logo todos os conceitos são construídos pensando na relação com os públicos; a quinta, de que ela é sempre para fora da instituição, nunca para dentro da instituição; e a sexta, para não ficar extenso demais, de que o fato de ela acontecer dentro ou vinculada a alguma instituição impede que ela seja crítica a esta instituição.

Após mais de uma década pensando a mediação na prática, e não apenas atrelada às instituições, percebi que uma mediação conciliadora demais inviabiliza a própria mediação, pois uma mediação conciliadora demais olha para a mediação, não para o mediador; numa mediação conciliadora demais, os mediadores não existem – pois ela reforça a ideia de que eles são o "meio", a "ponte", os que "facilitam conexões", fazendo-os, portanto, desaparecer enquanto agenciadores de um pensamento crítico e autônomo.

Depois da experiência na Bienal do Mercosul, que tinha como uma de suas principais ações formar mediadores, e, sobretudo, pós 9ª edição, em que esta formação se materializou em respostas críticas dos mediadores com relação à instituição, venho me perguntando de forma insistente: o que, afinal, entendemos ou deveríamos compreender como mediação? Qual é o seu papel dentro e à parte da instituição? Por que ela precisa ser contida ou pretender sempre a conciliação? Se "a arte não responde, pergunta", um dos *slogans* utilizados pela Bienal do Mercosul no decorrer de algumas edições e presente no discurso de muitos artistas, educadores, curadores e instituições, por que o mediador precisa responder, e satisfatoriamente (não para si, mas para os outros)? Por que uma resposta satisfatória deve ser uma resposta que agrada, contenta, apazigua, e não uma resposta que gera debate, desacordo, autocrítica? Que ideia, afinal, temos de educação para achar que a mediação deve ser reprodutora e/ou pacificadora? Que ideia, afinal, temos de mediação para achar que o processo de investigação e criação de um mediador difere tão significativamente do processo de investigação de um artista ou de um educador?

Parece-me que chegamos num momento de tamanha urgência que ou passamos a pensar e encarar a mediação como dissenso, ou estamos perdidos. Neste momento, pensar a mediação – enquanto diálogo, encontro e experiência – como dissenso talvez possa ser o primeiro passo para uma virada efetivamente educacional na arte e em suas instituições. Para tanto, porém, é preciso (também) que a mediação aprenda a ensinar a instituição a ser a instituição mediadora na qual ela quer acreditar.

CH: De que maneira a mediação como dissenso pode trabalhar em um contexto de gosto pelo conflito? Quais seriam as condições institucionais para esse trabalho?

MH: Me parece que a única maneira de a mediação trabalhar atualmente – sem se converter em ilustração (ou representação) de um discurso pré-dado –, considerando as problemáticas políticas, éticas e socioculturais atuais e o declarado gosto pelo conflito levado ao pé da letra pela sociedade brasileira nos últimos tempos, é por dissenso. Não se trata, portanto, de uma opção, mas de uma inevitabilidade. Por outra parte, é necessário pensarmos que uma mediação por dissenso não é, entretanto, uma mediação que propõe o conflito como forma de disputa, mas que admite a sua existência e o assume como ponto de partida e como elemento importante na construção do debate. Trata-se de uma mediação que parte do desencontro e tem clareza sobre isso, portanto, atua e joga com isso.

No fim de 2015, por ocasião de um *workshop* que ministrei em Madri, me deparei com a expressão "*desencuentro point*" – ou "ponto de desencontro". A mediação como dissenso é este *desencuentro point*, ou seja, o ponto exato em que o encontro se dá, mas por divergência, desarmonia, diferença, dissidência, desacordo, disparidade, contradição. Como efetivamente fazer isso no exercício da prática diária de mediação no contexto das instituições? Assumindo os "barulhos" dessa partitura – ou "as sujeiras", aqueles elementos que nunca têm lugar, que estão excluídos ou que ainda não existem para aquele contexto; olhando para as sobras e partindo de questões que não estão dadas (nem pelas obras, nem pela instituição, tampouco pela arte) ou que não são assumidas; construindo a mediação como um lugar de crítica e autocrítica, portanto, de análise da própria instituição, e não de aquietação. Se já vimos que a aquietação não funciona na educação, por que tem que funcionar na mediação?

Há algo bastante curioso nas instituições culturais, e também nas escolas de arte, que é o fato de olharem para as manifestações artísticas marcadamente críticas e políticas como processos de extrema importância no contexto da história da arte, mas nunca, ou raríssimas vezes, se valerem destas iniciativas, manifestações e processos críticos como impulso para se reverem em suas práticas e modos de apresentação em tempo real. No geral, as instituições enxergam e/ou transformam tais processos em objetos de representação – ilustrando-os em programas, aulas e exposições –, dando conta deles, portanto, como temáticas, não como exercício autocrítico. Se, por um lado, isso pode parecer interessante e demonstrar que a instituição está conversando com as questões do seu tempo, por outro, se converte numa espécie de autoproteção, pois faz com que elas não precisem olhar para si e suas práticas, ou seja, não precisem sair da sua zona de conforto.

Nessa discussão, acho que uma das questões cruciais é que, no geral, as instituições aprendem pouco e ensinam demais. Há mais proposições de fala do que de escuta. É preciso reverter isso. Esta é, para mim, a condição mais básica para que as instituições sigam de pé em tempos de (gosto pelo) conflito.

CH: Nossa "virada educacional" teve certamente suas ambivalências. Mas talvez um de seus momentos pudesse ser emblematizado pela instituição da figura do curador pedagógico, pela primeira vez, em 2007, na 6ª Bienal do

Mercosul, e depois, em 2010, na 29ª Bienal de São Paulo. O fato é que, desde o ano passado (2015), essa figura foi extinta nessas duas instituições, sem que um balanço do que significou sua existência tenha sido feito. Considerando que a instituição dessa figura tenha correspondido a uma promoção conceitual e política da educação nesses contextos, o que significa sua extinção, ainda que temporária? Acaso ela corresponde a uma virada conservadora das instituições, visando conter um eventual "excesso de democracia" provocado pelos educativos, senão pelos educadores?

MH: Vou começar esta resposta pelo avesso. Antes de ser convidada a assumir a curadoria pedagógica – identificada como curadoria de base – na 9ª Bienal do Mercosul, em conversa informal com Sofía Hernandez Chong Cuy, então curadora-chefe daquela edição do projeto, Sofía me indagou sobre a importância da existência do curador pedagógico naquele contexto, quais eram as minhas previsões para a sua continuidade e como eu percebia aquele modelo pensando no futuro. Sua pergunta tinha como mote refletir mais amplamente sobre a prática curatorial e sobre o que, afinal de contas, deveria ou poderia caber nela, qual seria a sua grande responsabilidade; e mais especificamente, sobre os benefícios, mas, também, os paradoxos que a especificação da curadoria pedagógica gera no que diz respeito à própria noção de curadoria como práxis educacional expandida, debate tão presente nos círculos artísticos na última década.

A questão que estava em jogo, portanto, era que se, idealmente, a curadoria deve ser concebida e acionada como uma prática educacional por excelência, quando você cria ou implementa a curadoria pedagógica, você ao mesmo tempo inviabiliza este processo e setorializa a educação uma vez mais – denominando-a como algo específico e colocando-a no colo de "um" único responsável, que não é mais o coordenador pedagógico, mas o curador pedagógico. Logo, isso não consiste exatamente em uma "virada educacional", mas num evidente e estridente paradoxo. Primeiro, porque se por um lado a presença de uma curadoria pedagógica pode significar interesse curatorial e/ou institucional em educação, por outro não significa que este interesse em educação seja diferente do interesse que se tinha antes; logo, a curadoria pedagógica é, neste caso, apenas um novo nome para uma velha função. E, segundo, porque se a criação da figura do curador pedagógico confere e representa que curatorial e/ou institucionalmente há certo respeito ou interesse em educação, ela também ajuda a ratificar a ideia, da qual em teoria se busca escapar, da educação como um algo específico, inviabilizando, portanto, ser concebida como um processo inerente a todas as instâncias e curadores/atores no desenvolvimento de um projeto curatorial e/ou institucional.

Talvez a chave para isso, e que pouco se discute, é que a curadoria pedagógica, ao fim e ao cabo, não é uma função que olha apenas, ou exclusivamente, para os públicos ou para o que está fora da instituição pensando a educação como um programa externo, mas, sobretudo, para a própria instituição e seus processos. Sua principal função, enquanto estratégia de educação, é interna – consiste em "ensinar" a instituição e/ou a curadoria a compreenderem-se como instâncias educativas por excelência. No que ela é bem-sucedida, cumpre seu papel, e não precisa mais existir.

A pergunta trazida por Sofía era muito importante – ela não estava olhando especificamente, ou apenas, para a curadoria pedagógica, mas estava preocupada em como pensar curatorialmente um projeto que fosse, de fato e integralmente, uma prática educacional que de algum modo refletisse no pensamento e na prática institucional da Bienal do Mercosul. Algumas estratégias muito sutis foram utilizadas naquela ocasião para tornar isso evidente no projeto. A começar pelo fato de não haver um curador pedagógico, mas um "curador de base" (ou *ground curator*, curador da terra), o que no contexto da Bienal do Mercosul, conhecida e reconhecida como uma "bienal pedagógica", nos pareceu um passo interessante. Tratava-se do fim da curadoria pedagógica na Bienal do Mercosul? Ou o fim de uma possibilidade de "lugar respeitável" para a educação no contexto de uma instituição de arte? Havia ali um desejo enorme e uma tentativa real de pensar na prática as relações entre curadoria e educação. O nosso entendimento, naquele momento, era o de que a educação não está apenas onde a palavra educação ou o predicado educativo estão, mas onde os processos críticos, divergentes, irregulares e poéticos têm lugar. Para tanto, as ações não precisavam ser constantemente denominadas como educativas, desde que o fossem. O curador pedagógico, não o "curador de base", e o projeto pedagógico não se chamava projeto pedagógico, mas "Redes de Formação", e incluía formação para mediadores, educadores e curiosos.

Essa decisão tem a ver com a minha resposta à pergunta de Sofía. Eu lhe disse naquele momento que, se o trabalho educativo desenvolvido pela Bienal do Mercosul (institucional e curatorialmente, para dentro e para fora) fosse realmente sério, ou seja, que seu discurso e sua prática fossem uma coisa só, então que, não em 2013, nem em 2015, mas num futuro próximo, o fim da curadoria pedagógica não seria uma escolha, mas uma condição de existência da Bienal. Seria o sinal de que ela havia compreendido o sentido de educação que vinha construindo.

Respondendo finalmente à sua pergunta, é que ainda que a extinção da curadoria pedagógica no caso das Bienais do Mercosul e de São Paulo, respectivamente em suas 10ª e 31ª edições, seja um processo temporário, essa atitude fala obviamente muito mais da precariedade institucional das duas bienais do que põe em xeque a importância ou não da curadoria pedagógica. Obviamente, uma é sintoma da outra, mas eu ouso dizer que o debate sobre a importância ou relevância da curadoria pedagógica nem chegou a existir, não chegamos nessa etapa, abortamos o processo no meio, e esta é a questão: sua extinção foi simples e diretamente uma deliberação. No caso da primeira, que me sinto mais à vontade em comentar, a exclusão me pareceu uma total ingerência (delinquência?) curatorial[1], com o aval da instituição, em processos que vinham sendo construídos, à custa de muito debate, há praticamente uma década. Os motivos que levaram a curadoria a tomar tal atitude, ainda que não explicitados, podem ser percebidos na maneira como o projeto da 10ª Bienal foi dando-se a ver – através das escolhas, prioridades e encaminhamentos curatoriais – no decorrer de todo o seu desenvolvimento. Essa ingerência foi tamanha que, pela primeira vez, após quatro edições, e justamente tendo como curador-chefe um profissional local, o curador pedagógico não foi o primeiro curador a ser chamado a compor a equipe curatorial, sequer foi mencionado no momento de apresentação pública da bienal, e quando finalmente foi convidado, a terminologia usada não era mais a de "curador pedagógico", mas de "coordenador pedagógico". Cobrir novos processos com velhas roupagens não é, nem de longe, uma atitude inocente, sabemos. Do meio para o fim da 10ª edição, provavelmente, após debates internos, o título de "curador pedagógico" voltou a vigorar. Se este último ato parece ter sido fruto de alguma sanidade, acredito que movida por reivindicação do próprio coordenador/curador pedagógico, por outra parte, o conjunto de atitudes que o precederam demonstraram que, mais do que um

---

1   Essa negligência da curadoria geral no início do projeto foi reavaliada posteriormente durante o processo. Com a intervenção do coordenador de educação, o programa passou a se chamar "*Dialogante – Curador do Programa Educativo*".

problema curatorial, o que se deixou ver foi a total inoperância institucional sobre seus próprios processos. Ainda que os efeitos provocados pela ingerência curatorial tenham sido avassaladores, a curadoria é algo temporário, a instituição, não. Portanto, o que fica é o escancaramento de uma política institucional que, mais do que conservadora e sentinela, mostrou-se praticamente inexistente. É sobre esta debilidade institucional que, me parece, precisamos falar. Enquanto ela não for debatida, esmiuçada, mudada, e enquanto as instituições não se perceberem como espaços públicos, dificilmente qualquer processo educacional acontecerá que não seja de efeito.

Quanto à extinção (ainda que temporária) da curadoria pedagógica ser uma espécie de censura da instituição com relação a um possível excesso de democracia provocado pelos educativos e/ou educadores nas edições anteriores, por um lado, eu adoraria pensar que sim, pois confirmaria que a instituição conseguiu em alguma medida e por algum tempo gerar e viver processos democráticos, ainda que os viesse a rechaçar, e também porque eu acredito que processos de censura podem realmente ser postos abaixo através de novas maneiras de se organizar e responder a eles, principalmente no que diz respeito às instituições de arte e de educação (basta olharmos com um pouco mais de atenção para as ocupações das escolas coordenadas pelos secundaristas desde 2015 e, atualmente, no país todo), que não existem sem "seus públicos".

Mas, infelizmente, eu entendo que, mesmo para isso, as instituições precisariam saber quem são, e eu receio que elas ainda não saibam. Na maioria das vezes, elas brincam de casinha dentro delas mesmas e não percebem.

Segunda parte

Mônica Hoff: Como surgiu o grupo mediação extrainstitucional? Como você vê sua atuação? Que reverberação isso tem na prática de mediação no Brasil? O que você considera mediação extrainstitucional?

Cayo Honorato: Criei o grupo em 2013, quando buscava um espaço de interlocução com mediadores fora da universidade. Mas, antes disso, realizei um projeto no Centro Cultural São Paulo (CCSP)[2], onde tornou-se clara a neces-

---

2 Cayo Honorato, "Mediação como [prática documentária]". Texto de avaliação final do projeto de mediação, janeiro de 2012. Disponível em: <http://bit.ly/1TLHFCu>.

sidade de espaços de discussão entre mediadores, fora de suas instituições. Suas questões levantavam problemas que nem a mediação institucional nem a bibliografia da área têm se interessado por enfrentar. Duas coisas podiam ser elaboradas aí: (1) o que se faz e se discute sobre mediação, no Ensino das Artes, tem sido, invariavelmente, uma iniciativa das instituições; (2) a mediação institucional padece de uma "delimitação cognitiva", que apenas lhe permite aprender sobre determinadas questões – o que desperdiça inúmeras oportunidades de aprendizagem. O extrainstitucional opera, portanto, um movimento duplo: ele circunscreve essa delimitação, solicitando-nos pensar o que são as instituições; mas ele também abre um espaço para se considerar, justamente, as questões que vêm sendo proscritas, em meio à crescente crise de confiança nas instituições[3].

Mas o grupo é só um grupo no Facebook[4]. Não digo isso para menosprezá-lo, mas, se isso tem suas possibilidades, também tem seus limites. Neste momento, há mais de mil membros. São, principalmente, mediadores e outros agentes de diferentes lugares do Brasil. Naturalmente, pouco mais de uma dezena participa efetivamente. Não sei que reverberação isso tem. Mas imagino que o reconheçam como um espaço para questões extrainstitucionais. Ali foram discutidas, no fim de 2013, a greve dos mediadores da Bienal do Mercosul[5] ou, mais recentemente, a rescisão do contrato da Oca Lage pelo governo do Rio[6]. Além disso, acho importante mencionar a realização de uma conversa pública presencial, em 29 de novembro de 2014, a partir de uma pauta coletiva gerada no interior do grupo. Mas o grupo não tem nenhum programa, é tão somente um tipo de "praça", onde se pode estabelecer algumas conversas, não necessariamente entre iguais. Assim o vejo.

MH: Você visualiza alguma instância extrainstitucional nas instituições culturais?

---

3   Cayo Honorato, "Mediação extrainstitucional", *Museologia & Interdisciplinaridade*, vol. 3, n° 6, 2014, pp. 205-20. Disponível em: <http://bit.ly/1VhyX2g>.
4   Grupo no Facebook "Mediação extrainstitucional". Disponível em: <http://bit.ly/1UBJl1x>.
5   Samir Oliveira, "Mediadores da Bienal do Mercosul paralisam atividades contra organização do evento", *Sul 21*, 10 de novembro de 2013. Disponível em: <http://bit.ly/1OTG6xQ>.
6   "Governo do Estado do Rio rescinde contrato com a Oca Lage", *O Globo*, 2 de março de 2016. Disponível em: <http://glo.bo/1X3nPXu>.

CH: Gosto de pensar na figura do *ombudsman*[7], para indicar que se trata de algo tangível. Tem-se aí um profissional contratado pela instituição, mas que assume posições divergentes da instituição. Certamente, se os *ombudsmen* parecem críticos de fachada, isso novamente nos remete à delimitação das instituições. Mas o extrainstitucional não se limita à atuação de um profissional. Ele diz respeito ao grau de participação social nas instâncias decisórias das instituições, assim como ao grau de participação das instituições nos processos de transformação social. Nesse sentido, caracteriza-o menos um "fora" do que uma "tensão permanente" em relação à lógica das instituições. Há certamente instâncias que podem ser diferentemente pensadas como tal. Uma delas foi a greve dos mediadores da 9ª Bienal do Mercosul, organizada pelo Coletivo Autônomo de Mediadores, reivindicando uma atuação pública da instituição, que ela mesma não foi capaz de sustentar. Há também o Conselho Consultivo da Documenta 12[8], uma tentativa de envolver a exposição no tecido social da cidade de Kassel. Outra é o Canteiro Aberto da Vila Itororó[9], que propõe um centro cultural temporário, no qual diferentes públicos são convidados a discutir seus usos futuros. Há também o trabalho da área de Mediação Comunitária[10], implementada em 2013 – mas recentemente dissolvida – pela Fundação Museus de Quito. A certa altura, os mediadores passam a etnografar um mercado popular, a partir do qual se evidenciam lutas diversas, em contraste com os planos da própria municipalidade para o local. Enfim, não são instâncias exclusivas, mas imagino que possam sugerir um espectro de alternativas.

MH: No contexto das instituições culturais brasileiras, a presença do curador pedagógico gerou novos posicionamentos com relação à educação. No entanto, pós-2013, vimos a extinção em alguma medida dessa figura. Trata-se de uma figura complexa, senão paradoxal: se, por um lado, ela garante algum respeito à educação na instituição, por outro, ela ratifica a ideia de que o curador pedagógico é quem fala em nome da educação como um "algo"

---

7 *Ombudsman* é um termo sueco para se referir ao Defensor do Povo, uma autoridade encarregada de garantir os direitos dos habitantes diante dos abusos dos poderes políticos. O antecedente dessa figura se localiza nos países escandinavos. (Nota dos editores).
8 Wanda Wieczorek *et al.* (eds.), *Documenta 12 Education*, v. 1 – *Engaging Audiences, Opening Institutions*, Berlin: Diaphanes, 2009.
9 Para mais informação sobre a Vila Itororó Canteiro Aberto, acesse <http://vilaitororo.org.br/>.
10 FMQ. Mediación comunitaria. Disponível em: <http://bit.ly/1RAq23Y>.

específico dentro da instituição/curadoria, e não como um enunciado institucional/curatorial. Qual é a sua posição com relação a isso?

CH: Se o curador pedagógico foi extinto – é o que parece ter acontecido nas Bienais do Mercosul e de São Paulo, que institucionalizaram o conceito no Brasil –, é oportuno repassarmos quais foram esses posicionamentos. De fato, sua criação reconhece que os projetos educativos devem ser concebidos simultaneamente às exposições, em vez de lhes serem acrescentados posteriormente. Na verdade, isso altera a própria concepção/organização dessas instituições. São casos muito distintos, mas essa extinção sugere que nenhuma das Bienais queria realmente conceder um lugar de importância para a educação. Penso que um elemento decisivo para tanto foi, em Porto Alegre, a sublevação dos mediadores em 2013 e, em São Paulo, as divergências assumidas entre as diferentes curadorias (artística e pedagógica) em 2014. Desse modo, a extinção corresponde à decisão de conter certos "excessos democráticos" – em que pese o conservadorismo do educativo em São Paulo naquele momento. Por certo, a fragilidade das instituições culturais no Brasil deve ser considerada, mas é inaceitável que os conflitos deem ensejo a reformas conservadoras. Contudo, a curadoria pedagógica me parece problemática em si mesma. Afinal, por que a educação, para ser respeitada, deveria ser "promovida" a curadoria? Nesse ponto, parece-me salutar considerarmos as especificidades de cada uma dessas atividades. Do contrário, tal promoção pode redundar numa diluição (da educação na instituição). Além disso, se essa figura, por um lado, sugere uma redistribuição de poderes dentro das instituições, por outro, ela amplia a hierarquia interna dos educativos. Não devemos confundir a posição do curador pedagógico com a dos educadores. Em suma, não acho que seja o caso de, necessariamente, reinstalar a curadoria pedagógica. Proporia, em vez disso, que as instituições convidassem/contratassem coletivos de mediação extrainstitucional, reconhecendo-os nos seus próprios termos.

MH: Nos últimos meses, vivemos no Brasil uma "revirada educacional" com a ocupação das escolas públicas pelos estudantes em defesa do ensino público. Em texto publicado recentemente[11], Peter Pál Pelbart afirmou que esse

---

11 Peter Pál Pelbart, "Carta aberta aos secundaristas". Disponível em: <http://bit.ly/1Wzyecl>.

movimento "destampou a imaginação política em nosso país". Pensando nas instituições culturais brasileiras, o que você acha que elas podem aprender com esse movimento?

CH: A luta pela educação como um direito social, entre outras pautas, esteve bastante presente nas jornadas de junho de 2013. Desta vez, no entanto, parte da eficácia das ocupações decorre, justamente, da especificidade de suas pautas. Em São Paulo, por exemplo, a luta era contra a Reorganização Escolar[12]. Em Goiás, contra a terceirização das escolas públicas[13]. Mas outro componente das ocupações passa pela renovação da própria forma de resistir. Parece-me interessante uma diferença feita pela Marilena Chaui entre as ocupações da Reitoria da USP e as ocupações em questão[14]. No primeiro caso, fazia-se reivindicações à instituição, outorgando-lhe o papel de quem traria as soluções. No segundo, os estudantes afirmam que "a escola é nossa", destituindo a própria autoridade do Estado na gestão desses espaços. Ao assumirem as escolas como suas, no sentido de públicas, os estudantes se permitem uma experiência formativa extraordinária. A escola costuma ser pensada como lugar de preparação para um futuro em que enfim se pudesse atuar. Mas o futuro é cada vez mais incerto e mantê-lo à distância faz com que a aprendizagem, muitas vezes, assuma um caráter de simulação. Nas ocupações, os estudantes aprendem porque se transformam objetivamente, ao transformarem a própria instituição. Certamente, trata-se de uma experimentação permeada pela constituição de laços afetivos, que as inaceitáveis perseguições em curso só poderão reforçar. Assim, essa "revirada" parece endereçar um ultimato às escolas: elas não mais devem ser o lugar para se aprender, segundo critérios alheios, sobre o que tem utilidade futura, mas sim o lugar aberto àquilo que os estudantes desejam aprender agora, diante do mundo que se lhes descortina. Enfim, elas precisam confiar mais na dimensão ética desses desejos e então amplificá-los. Certamente, a imaginação política liberada pelas ocupações tem, como disse Pelbart, um caráter simultaneamente disruptivo e instituinte – daí sua potência. Pen-

---

12 Seesp, Reorganização Escolar. Disponível em: <http://bit.ly/1sFTQHE>.
13 Fábio Mazzitelli e Philippe Scerb, "Goiás prepara parceria inédita com setor privado para escolas públicas", *Folha de S. Paulo*, 3 de setembro de 2015. Disponível em: <http://bit.ly/1UqzCOo>.
14 Juvenal Savian Filho e Laís Modelli, "Sociedade brasileira: violência e autoritarismo por todos os lados", *Cult*, ano 19, nº 209, fevereiro de 2016. Disponível em: <http://bit.ly/20Zrpkb>.

sando nas instituições culturais, elas também têm sido confrontadas por práticas distribuídas[15] cada vez mais articuladas. Diante disso, ou elas se tornam experimentos de democracia cultural e, por que não, "assembleias constituintes contemporâneas"[16], ou sua relevância sociocultural estará seriamente comprometida.

---

[15] A expressão evoca o conceito de "redes distribuídas", desenvolvido pelo engenheiro Paul Baran no início dos anos 1960, em referência a um tipo de rede comunicativa que seria possibilitada pela internet. Quando é aplicada ao campo cultural, a expressão alude aos circuitos interdependentes que muitas vezes se constituem em instituições culturais hegemônicas e que são igualmente possibilitados pela popularização da internet e de diversos meios de produção, permitindo-nos pensar já não unicamente numa distribuição para muitos do que é produzido por poucos (difusão ou democratização cultural), mas numa articulação entre muitos do que é também produzido por muitos (democracia cultural).

[16] Alexandre F. Mendes, "Ocupações estudantis: novas assembleias constituintes diante da crise?", *Rede Universidade Nômade*, 14 de dezembro de 2015. Disponível em: <http://bit.ly/1UgHOuD>.

Felipe Rivas San Martín

Uma educação *sexy*.
Dissidência sexual e espaços estudantis
Entrevista por Miguel A. López

O Colectivo Universitario de Disidencia Sexual [Coletivo Universitário de Dissidência Sexual] (CUDS)[17] *, fundado em 2002, em Santiago do Chile, é um dos coletivos transfeministas mais ativos, experimentais e provocadores que surgiram no contexto universitário da América Latina. Sua produção teórica e ativismo se caracterizaram pelo desdobramento de uma variedade de expressões criativas não normativas, as quais permitiram politizar o gênero e a sexualidade dentro dos espaços educativos desse país. Desde a organização de seminários e oficinas de escrita, a* performance *de rua, a intervenção em redes sociais, até aparições clandestinas em marchas e ocupações, o trabalho da CUDS se caracterizou por ser sempre insolente e incômodo. Nesta conversa, Felipe Rivas San Martín, um dos membros fundadores, fala sobre as implicações do universitário no ativismo do coletivo, as diferenças entre universidade e academia, as formas encobertas da violência de gênero na educação e a repolitização sexual dos movimentos estudantis.*

MIGUEL A. LÓPEZ: Às vezes tenho a impressão de que, quando falamos sobre as interseções das demandas do feminismo e da dissidência sexual com a pedagogia, muitos pensam que o que discutimos é unicamente sobre como

---

[17] Originalmente, a sigla CUDS significava "Coordenadora Universitária de Dissidência Sexual", por isso se usava o artigo feminino "a" para se referir ao movimento. Depois de um tempo, "Coordenadora" foi substituída por "Coletivo", mas se continuou usando o artigo feminino. Por pedido do entrevistado, manteremos aqui esta denominação.

Participação da CUDS no contexto da marcha "revolução dos pinguins" dos estudantes secundaristas, Santiago do Chile, 2006. Foto do Arquivo CUDS.

se organizam cursos de "educação sexual" nas escolas. Apesar de isso ser parte da agenda de debate e de luta, há uma estrutura maior, naturalizada sobre a base da reprodução da heterossexualidade obrigatória como ponto de partida para a aprendizagem: uma heteropedagogia. Os aparatos educativos nunca são neutros, mas constituem maneiras específicas de organizar o conhecimento e de regular o corpo e o desejo. Vocês, como coletivo, surgem em 2002, do coração da experiência estudantil. Que implicação tem o aparato educativo universitário para seu ativismo?

FELIPE RIVAS SAN MARTÍN: A CUDS foi o primeiro coletivo de política sexual chileno que se posicionou de maneira estratégica na universidade. Acho que nesses primeiros anos não estava tão claro para nós o que isso ia implicar ou, então, poderia ter implicado muitas coisas diferentes. Num primeiro momento, a decisão de ocupar a universidade foi uma tática político-territorial. Xs que iniciamos a CUDS vínhamos do Comitê de Esquerda pela Dissidência Sexual, e quando esse grupo se dissolveu, ao final de 2001, decidiu-se irradiar nos espaços que eram mais próximos a cada pessoa. Algumas pessoas formaram o Sindicato Luis Gauthier, outras produziram alguns agenciamentos de bairro. As pessoas que estavam entrando na universidade, entre elas eu, se propuseram a criar um coletivo ali. Inicialmente foi entre a Universidade do Chile e a Universidade Católica, que são bem diferentes entre si, mas coincidem em ser as mais tradicionais do país.

MAL: E como essa condição "universitária" da CUDS determinou suas primeiras alianças e antagonismos? Imagino que isso implicou repensar politicamente o que significam as próprias ideias de aprendizagem e de universidade.

FRSM: Sim. O [aspecto] universitário da CUDS nos colocou numa posição de diálogo com o movimento estudantil e, ao mesmo tempo, com os espaços acadêmicos. Também colocou o coletivo numa relação de proximidade com a reflexão teórico-crítica. Todas essas dimensões do "universitário" configuram a universidade como um lugar político de forças e tempos contraditórios. Esse marco de contradições foi muito produtivo para nós, pois não recusamos nada *a priori*.

Um dos aspectos da universidade como projeto é ser ela mesma uma espécie de espaço suspenso, uma espécie de parêntesis de tudo o que é seu "fora". Ou seja, a agitação contingente do político-social, mas também da velocidade dos fluxos do mercado. A universidade, em sua dimensão de interioridade e autonomia, permite e impõe resguardo e distância reflexiva. Mas existia ali o risco iminente de que essa suspensão se transformasse num tempo perpétuo de desconexão absoluta com o "fora". Nesse ponto, a relação com o movimento estudantil foi fundamental, em especial porque esse movimento é um dos atores sociais de maior excitabilidade histórica no Chile, e particularmente nos últimos anos, considerando dois marcos recentes: a revolução dos pinguins (2006) e o contexto de 2011. Me parece que essa contradição, na qual estamos muito implicadxs, quebra o que poderia ser uma maneira muito dicotômica de entender o universitário: seja como um "dentro" hiper-reflexivo ou um "fora" de pura contingência.

Esse assunto é um pouco complexo, mas eu o relaciono também com a questão da universidade e as disciplinas acadêmicas. Nós, xs ativistas da CUDS, viemos de diferentes áreas: da arte, da filosofia, da biologia, do jornalismo, do cinema, do teatro e do desenho. Em todos estes anos, circularam também pessoas de muitos outros programas universitários diferentes. Poderia se entender que grande parte da produtividade do grupo está dada pelo caráter transdisciplinar. No entanto, penso que não seria correto falar de transdisciplinaridade para definir o ativismo da CUDS em relação com as disciplinas acadêmicas das quais cada uma das pessoas é oriunda. Eu pensaria mais na prática da *indisciplina*.

MAL: Vocês entendem a *indisciplina* como uma maneira de confrontar as marcas da autoridade da academia e seus modos tradicionais de gerar saberes e competências de trabalho para uma sociedade heteronormalizada?

FRSM: Entendemos a *indisciplina* em seus dois sentidos relacionados. Em primeiro lugar, a indisciplina pressupõe a impossibilidade de colocar "ordem entre os membros de um grupo", ou seja, corresponde a uma prática coletiva. Em segundo lugar, é a "falta de obediência a uma disciplina". Ela possui um caráter de insurreição. No trabalho com outros, na coletividade da CUDS, o que temos é a possibilidade de ir perdendo nossas disciplinas, que significa ir perdendo o respeito a esse direcionamento acadêmico profissional que impõe o ensino universitário, em que as ferramentas acadêmicas teriam um uso e um fim preestabelecido. Esse fim preestabelecido é heteronormativo, no sentido de que funciona como uma máquina de reprodução (heterossexual) do próprio sistema para o futuro.

Se quiséssemos tornar isso mais esquemático, diríamos assim: a universidade é estruturada em faculdades justamente porque pretende conceder a faculdade do exercício profissional em diversas áreas. Aí opera um disciplinamento muito forte, que nos constitui e nos regula a todxs xs que passamos pela universidade. Ao mesmo tempo, nos legitima e nos faculta. É um jogo duplo, *nos submete e nos entrega o poder*. Exercer a disciplina tal qual nos foi ensinada, profissionalmente, é muito cômodo, provoca segurança. Mas também poderíamos considerar que a passagem pela disciplina seja exatamente isso: um estado de passagem para ativar formas diferentes das previstas pelo aparato de profissionalização acadêmico. A disciplina nos concederia, sim, uma margem de agenciamento, mas para fins inesperados. A isso chamaríamos *indisciplina*: uma traição à disciplina e à sua ordem facultativa heteronormatizada. A indisciplina não seria um abandono total nem uma ruptura radical com a disciplina, mas pressuporia a disciplina como um requisito para o agenciamento crítico.

Foi justamente a desordem coletiva da CUDS que nos permitiu disparar linhas de agenciamento não profissionais e indisciplinadas. Por isso penso que com a CUDS, fizemos algo assim como uma *tomada dissidente* do universitário, uma *okupa*. Por isso em nossas ações e projetos é possível reconhecer certos fragmentos das disciplinas: na utilização e insistência científico-semiótica da imagem do feto, nas piscadelas ilegais ao direito e aos marcos jurídicos, nas ações que usam as gramáticas da arte, na reflexão teórico-crítica[1].

A universidade e a academia

MAL: Como foram suas primeiras tensões com a instituição universitária?

FRSM: Num primeiro momento, as tensões com a universidade tiveram relação com o caráter conservador que prevalece nessas instituições. Quando iniciamos o trabalho, entre 2002 e 2003, esses temas não tinham repercussão

---

[1] Sobre o uso de algumas dessas estratégias no contexto político chileno recente, ver a entrevista de três integrantes da CUDS (Cristian Cabell, Jorge Díaz e Felipa Rivas San Martín). Em: Nely Richard, "Izquierda, feminismo y sexualidades críticas", *The Clinic*, ano 16, nº 587, Santiago de Chile, 26 de março de 2015, pp. 28-30.

nem no movimento estudantil nem no espaço acadêmico. Isso claramente variava dependendo de cada universidade e das diferentes faculdades, mas tivemos problemas em todos os espaços, inclusive na Universidade do Chile, que foi, contudo, a mais "progressista". Lembro-me particularmente de que na Universidade Católica, lugar em que realizamos mais ações quando surgiu o coletivo, sofremos muita censura. Os guardas tinham nos identificado, seguiam-nos a distância e estavam alertas quando pregávamos cartazes, que eles, por ordem das autoridades, arrancavam imediatamente. Também nos negaram muitos espaços para realizar atividades, fóruns e ciclos de cinema. O que acontecia é que no último minuto havia uma mudança de planos ou problemas técnicos, e as atividades eram suspensas sem serem apresentadas soluções alternativas.

Trabalhar esses temas na universidade daqueles anos tinha um caráter bem disruptivo, porque isso não havia sido feito antes. Ao mesmo tempo penso que ter irrompido na universidade, provocando desordem, também marcou um modo de relação com a instituição universitária que é importante para pensar nossa própria política de dissidência sexual, afastada do modelo de *diversidade integrativa*. Como a universidade não nos recebeu com os braços abertos, mas bem ao contrário, nossa atitude para com a instituição universitária também não foi comemorativa ou reivindicativa, mas de certo receio, distância e incômodo. Nunca tínhamos estado "integradxs" na universidade como instituição, ao menos não como CUDS. Nunca tivemos um espaço estável de funcionamento ou algum tipo de apoio sistemático que assegurasse ou servisse de suporte e apoio à CUDS. Nossas relações de aliança entre o estudantil e o acadêmico foram flexíveis, instáveis e móveis.

MAL: Como a CUDS vê os espaços educativos nos quais intervém?

FRSM: Existe uma distinção que nos foi de grande utilidade, e é a que se pode estabelecer entre "universidade" e "academia". Penso que a universidade é um espaço importante para a ação política que não devemos abandonar. Como tal, é um espaço permeável que tem duas dimensões interessantes para a CUDS: como espaço de produção de saberes (de sua confrontação crítica) e como lugar que acolhe o movimento estudantil. Esses dois campos de intervenção justificam o trabalho na universidade.

O problema aparece com a questão da "academia" e sua configuração contemporânea como entidade fiscalizadora, reguladora e disciplinar de um modo de produção de pensamento único e legítimo. Esse modo de produção de pensamento está vinculado a um mercado de conhecimento que privilegia a utilidade capitalista e que vem estruturando a produção universitária com rígidos formatos: o *paper*, os sistemas de citação, a indexação das publicações e seu monopólio em agências internacionais, o *ranking*, a linguagem clara e precisa, eficiente para a utilidade do mercado – sem os sobressaltos ou dobras da dúvida ou da vacilação crítica, sem o barroquismo afetado da linguagem de maricas, obviamente. Há um modelo *straight* de produção acadêmica, masculino e heterossexual em sua forma, neoliberal em seu marco, a que estamos começando a resistir abertamente com modelos de reflexão crítica e dissidente.

MAL: Algumas ações de vocês me vêm à mente agora, como a intervenção com o lema "Educação sem cura"[2] que realizaram em frente à Universidade Católica numa marcha estudantil, em 2011. Ou, mais ainda, a ação que realizaram em 2008, na Casa Central da Universidade do Chile, em que travestiram com plumas, lantejoulas e maquiagem a enorme estátua de Andrés Bello, o jurista e reitor fundador dessa instituição. Com essas ações, que intervêm inclusive em outros protestos e ocupações, vocês estavam abrindo espaço para uma sexualidade na educação pública? Quais outras linguagens pensam em usar, e como essas intervenções tiveram efeito nos modos em que vieram se configurando o descontentamento social e a aparição de novos movimentos?

FRSM: Trata-se de uma política da promiscuidade das linguagens e das estratégias, que pretendeu alterar o conservadorismo que também prevalece no movimento estudantil. A frase "Educação sem cura", por exemplo, tinha vários sentidos: em primeiro lugar, expressar o estado terminal de um modelo educativo; em segundo lugar, denunciar e questionar o poder católico e religioso nos colégios e universidades; e, por último, reivindicar uma educação *louca*, transbordante. Por outro lado, a ação *Andrés Bello más bella que nunca*

---

2 O lema em espanhol é "Educación sin cura" – que joga com o duplo sentido da palavra "cura", a saber: "cura" no sentido de "restabelecimento da saúde física e/ou mental"; e "cura" no sentido de "padre, pároco". [N.T.]

[Andrés Bello mais bela que nunca] foi bastante incômoda para xs estudantes que mantinham a ocupação da Casa Central. Essxs estudantes de esquerda podiam ocupar o edifício mais emblemático da Universidade no Chile, mas lhes parecia uma falta de respeito travestir Andrés Bello. Dessa forma, você se dá conta de que existem protocolos muito estreitos da política que normalizam e canalizam as lutas sociais. Trata-se de códigos normativos cujo peso tem de ser enfrentado. Por isso, dentro da CUDS e em outros grupos de dissidência sexual no Chile, aposta-se na multiplicação mais experimental das práticas. É o caso das linguagens midiáticas, tecnológicas ou mesmo do espetáculo como possibilidade crítica. Houve num momento a Frente Jilista[3] e também o caso de Josecarlo Henríquez, garoto de programa feminista e ativista da CUDS, que teve uma presença na mídia muito importante no Chile, primeiro nas redes sociais, chegando a participar de programas televisivos com discursos de dissidência sexual. Ao mesmo tempo, depois das mobilizações estudantis de 2011, e a propósito do feminismo abortivo, reforçamos nossa proximidade com o movimento estudantil e os feminismos recentes. Hoje o movimento estudantil começou a exigir uma "educação não sexista", questão que vai além de uma simples "educação sexual" que era parte dos programas estatais. Nós, na CUDS, estamos falando de uma *educação sexy*.

Há um enfoque múltiplo de campos de ação (do "escrever difícil" da prática teórico-crítica às linguagens de massas da televisão; das redes sociais à rua, do feminismo ao espetáculo). Já há alguns anos, na CUDS, começamos a nos chamar *vizinhas*: somos as vizinhas da CUDS. Agora todo o mundo nos conhece assim, e as pessoas acham engraçado. Ser "vizinha" significa que compartilhamos um bairro, um território de proximidade, um espaço de circulação comum, certas práticas e rituais que produzem sentido, mas que não são necessariamente coerentes entre si. Os territórios da dissidência sexual são espaços ambíguos de intervenção intermitente e descontínuo, sondagens experimentais sem rumo predeterminado.

---

3   Referência a um episódio de 2009, em que Pamela Jiles (1960-), jornalista, escritora e política chilena, eleita no último pleito para deputada, por meio de uma coluna sua no jornal *The Clinic*, lançou sua pré-candidatura presidencial com o lema "Somos milhões de Jiles", que teve apoio de feministas, grupos de diversidade sexual e jovens de todo o Chile. Em razão das mídias sociais, a candidatura cresceu além do esperado. [N.T.]

A mobilização estudantil

MAL: Gostaria de perguntar um pouco mais sobre sua relação com o movimento estudantil. É importante a incorporação dessas demandas sobre um ensino não sexista nas lutas estudantis contra a privatização da educação de 2011. Já se passaram cinco anos do movimento. Vocês consideram que essas posições maricas e transfeministas continuaram entrando no debate sobre a educação nos espaços do movimento social ou do movimento estudantil?

FRSM: Sim. Essa incorporação de uma educação não sexista tem a ver com vários fatores simultâneos. Por um lado, está relacionada com uma questão conjuntural que ocorreu em 2011 e com a extensão temporal que teve a mobilização, pois durou muitos meses e teve um alcance nxs alunxs secundaristas e nxs universitárixs.

Uma das estratégias centrais dxs estudantes secundaristas foi a ocupação dos estabelecimentos educativos. Xs estudantes secundaristas ocuparam seus liceus e colégios, saíram de seus lares e de suas rotinas para morar por muitos meses nos liceus. Esse foi um fenômeno que ocorreu em todo o Chile. O liceu ou colégio se converteu no novo lar delxs. E nessa mudança de hábitat há uma questão-chave para entender a politização de 2011 em diante. O documentário da cineasta feminista Cecilia Barriga, *Tres instantes, un grito*, registra de um jeito muito potente e eloquente esse processo. A ocupação dos liceus os transformou em espaços de vida altamente políticos. Ao ser, ao mesmo tempo, lares e zonas de protesto, converteram-se em locais estranhos, espaços *queer* se se quiser, pois alteravam de maneira exemplar a tradicional distinção estabelecida entre o público e o privado.

Pouco tempo depois, xs estudantes começaram a questionar a reprodução de modelos heteronormativos e sexistas no interior dos mesmos liceus ocupados: "os homens" iam às assembleias e "as mulheres" se dedicavam a cozinhar ou varrer. O documentário de Barriga é interessante em especial porque escapa do olhar heroico com o qual muitas vezes se enfoca o movimento social. Longe disso, expõe justamente as confrontações internas e os nós problemáticos que nunca terminam de fechar os processos sociais e que os expõem como movimentos altamente políticos e democráticos, já que sempre existirá conflitos *por resolver*. Estes modelos heterossexistas foram um nó que afetou a ocupação. E os trânsitos feministas foram uma dobra que tornou mais complexos os pedidos estudantis, inicialmente baseados em questões econômicas e de acesso.

No plano estudantil universitário, isso teve um efeito muito notório também: de 2011 em diante, foram criadas várias secretarias de gênero e sexualidade em diversas universidades de distintas regiões do Chile. Essas secretarias são áreas temáticas associadas a centros estudantis ou federações. Existem secretarias de diferentes temas: cultura, esportes, dependendo do interesse dxs estudantes, ou seja, não são taxativas, você pode criar uma secretaria daquilo que te der na cabeça. E tem um respaldo institucional, pois estão associadas aos espaços de representação estudantil. Então, as secretarias de gênero e sexualidade foram uma estratégia bem efetiva para espalhar discursos dissidentes no interior do movimento estudantil, muitas vezes hegemonizados pelas lógicas masculinas e patriarcais da esquerda mais tradicional.

MAL: A criação dessas secretarias é significativa, porque assinala uma transformação real na forma que o movimento estudantil está pensando sua organização interna, mas, além disso, é uma posição afirmativa do gênero e da sexualidade como lugares de contestação política.

FRSM: Sim. Um momento relevante de continuidade foi também a criação da Coordenadoria Feminista em Luta, em 2014, aproveitando que a presidência da Federação de Estudantes da Universidade do Chile era ocupada por Melissa Sepúlveda, uma feminista libertária declarada. Esse grupo aglutina coletivos e ativistas feministas e de dissidência sexual, várixs delxs estudantis, com quem estivemos bem envolvidxs.

Nessa agitação toda se propôs a educação não sexista, pois se entende que não basta uma educação sexual, já que a que hoje é realizada no Chile reproduz modelos heterossexuais e discriminatórios. No Chile, a educação sexual choca-se com o princípio ditatorial de liberdade de ensino, um princípio que funciona em benefício de uma hegemonia educativa neoconservadora que mistura o neoliberal com o religioso. Trata-se de uma modelo em que os estudantes são propriedade privada de seus pais, e são estes últimos os que têm o direito inalienável de decidir a educação que terão os filhos, mesmo que essa educação seja heterossexista e discriminatória, porque eles são os pais. Ao menos assim se agiu e assim se entende. O avanço dos colégios e liceus religiosos privados e semiprivados foi gigantesco. A resposta do Ministério da

Educação foi, então, avalizar múltiplas opções de programas de educação sexual, vários deles de caráter conservador, para escolas e liceus religiosos. Esses programas são explicitamente heteronormativos e discriminatórios. Por isso, a virada da "educação sexual" para uma educação "não sexista" é muito certeira, mas deve-se entender que o que se encontra atrás desse modelo são encraves e vícios ditatoriais, que sustentam um modelo ao mesmo tempo classista, conservador e neoliberal da paternidade e da educação.

MAL: Num momento anterior você disse que vocês preferem falar de uma *educação sexy*. A que se referem com isso?

FRSM: Quando nesses espaços coletivos se começou a falar de educação não sexista, comentávamos que seria "não sexista, mas *sexy*". O que está aí presente é um alerta prévio diante de alguns riscos conservadores e repressores que subjazem em certas maneiras de entender a política feminista quando se enfrenta a política sexual. Existem e existiram modelos conservadores de feminismo; por exemplo, diante do tema da prostituição ou da pornografia. O antagonismo entre o feminismo antipornô e o feminismo pró-sexo é um exemplo paradigmático. Também as disputas entre o feminismo mais essencialista e a dissidência sexual, ou os movimentos *queer*. E os debates suscitados pelas políticas contra assédio nas ruas.

Uma educação de base não sexista, mas *sexy*, utilizaria estratégias lúdicas e desdramatizadas para confrontar as associações comuns e os lugares habituais que nos são impostos em matéria sexual. Ela entenderia o sexual não como um objeto de contenção e resguardo, mas como um campo criativo de potencialidade radical, de gozo e de prazer, de experimentação e de erro.

Lisette Lagnado[1]

Parque Lage: notas para adensar uma atmosfera

Aos estudantes, artistas, professores e funcionários do parque Lage, de ontem e do futuro. Em especial, aos amigos Rosa Melo, Ulisses Carrilho e Paulo Vieira, do meu presente.

A Escola de Artes Visuais (EAV) do Parque Lage foi criada em 1975 pelo artista Rubens Gerchman (1942-2008), tendo por objetivo substituir o então Instituto de Belas Artes (IBA), onde prevalecia a prática acadêmica da pintura de cavalete. Seu surgimento acontece em plena Guerra Fria na América Latina, durante o período de forte censura e repressão militar no Brasil. A partir de um momento fundador que sela seu horizonte narrativo, esse espaço imantado ganha destaque como "escola livre" e "jardim da oposição", conseguindo mobilizar a classe artística em diversos episódios que ameaçaram sua continuidade. Tamanha notoriedade resulta ainda da síntese explosiva de pedagogias libertárias implantadas com Gerchman, recém-voltado de uma temporada em Nova York, e Hélio Eichbauer (prestigiado cenógrafo que estudara com Josef Svoboda em Praga), propositor de oficinas visando

---

[1] A autora dirigiu a Escola de Artes Visuais do Parque Lage, indicada pela organização social (gestão compartilhada com fundos públicos e privados) que ganhou o edital lançado pela Secretaria de Estado da Cultura. Em abril de 2015, frente à atual crise e impossibilidade do Estado em realizar os aportes financeiros previstos em contrato, a Secretaria de Cultura retomou para si a gestão da escola e convidou sua diretora a permanecer no cargo. Ver Luisa Duarte, "Precariedade de fundo", *Select*, nº 29, 11 de abril de 2016.

Tertúlia, evento de poesia em EAVerão, parque Lage, Rio de Janeiro, janeiro de 2015. Fotografia de Pedro Agilson.

"Não deixe o artista virar professor – Uma aula pública". Aula de Daniel Jablonski na área da exposição *Agora somos mais de mil*, com curadoria de Marta Mestre, Programa Curador Visitante do Parque Lage, 2016.

estimular a liberdade corporal dos participantes por meio de experiências iniciáticas engendradas durante célebres sessões coletivas[2].

Outra fonte de magia provém das instalações da escola, um conjunto arquitetônico e paisagístico tombado como patrimônio histórico, artístico e ambiental, à beira da floresta da Tijuca. As aulas, baseadas nos princípios de uma "estrutura aberta e multidisciplinar", costumam espalhar-se pelo palacete de estilo eclético, tirando proveito de áreas excêntricas para realizar intervenções ao ar livre (terraço, piscina, jardins, gruta, torre e outros), proporcionando uma aliança extraordinária entre arte, natureza e educação[3]. Ao longo de quarenta anos, a escola protagonizou manifestações culturais expressivas da cena carioca, exemplificadas na poesia marginal (liderada por Chacal, nos anos 1970) e no chamado "retorno à pintura" promovido pela emblemática mostra "Como vai você, Geração 80?" (1984)[4]. O espírito associado à contracultura encontrou nessa paisagem tropical um meio propício para fomentar o "desbunde" – expressão surgida no Brasil do início dos anos 1970, mitigando as ideias marxistas com questões relativas à sexualidade e alterações psicoativas de consciência. Não por acaso, a vanguarda lacaniana escolheu o parque Lage para sediar a Escola Freudiana do Brasil, servindo também de local para imprimir a *Lampião*, uma das primeiras revistas *gays*. Embora possa parecer vago ou inconsistente, o termo "atmosfera", reiterado por diversos professores e ex-diretores, resume e qualifica melhor o parque Lage do que inferir uma linha de ensino a partir das ementas apresentadas. Historicamente, a maioria dos cursos é de natureza teórico-prática, com ênfase em discussões suscitadas a partir dos trabalhos dos alunos.

Uma escola livre

Responder à pergunta "o que é uma escola livre?" remete, portanto, à *atmosfera* desses rápidos exemplos[5]. A missão de uma instituição – seja ela museu,

---

2 Ainda carece de estudos a colaboração informal da arquiteta Lina Bo Bardi durante a gestão de Gerchman, entre 1975 e 1979.
3 Determinados usos requerem solicitações junto ao Instituto de Patrimônio Histórico e Artístico Nacional e o Instituto Chico Mendes de Conservação da Biodiversidade.
4 Essa exposição, que reuniu 123 artistas, foi realizada em julho de 1984, na Escola de Artes Visuais do Parque Lage.
5 Ver Lisette Lagnado (org.), *O que é uma escola livre?*, Rio de Janeiro: Cobogó, 2015. Versão disponível em pdf no *site* da EAV Parque Lage.

bienal ou escola – costuma ser delineada a partir das origens que lhe conferem identidade. Todavia, a "escola livre", tal como fora formulada por seus precursores, precisa ser colocada em perspectiva a fim de corresponder ao contexto histórico em que está atuando para evitar as mitificações de praxe. É importante ressaltar que a alta reputação do Parque Lage no cenário cultural se deve à tenacidade e paixão de diversas gestões que sucederam Gerchman, uma vez que a formação cultural e institucional do Brasil esconde numerosos casos de modernidades interrompidas, que sucumbiram sem obter uma justa revisão. O desenho pedagógico de Frederico Morais, diretor da escola entre 1987 e 1988, pertence a essa extensa lista de iniciativas descontinuadas[6], mas vem sendo discutido desde 2014 para delinear os princípios gerais de uma instituição de ensino inserida em local de enorme atração turística.

O quadro atual ganhou maior complexidade quando a cidade do Rio de Janeiro foi designada para sediar os Jogos Olímpicos de 2016. Um dos esforços dos últimos anos tem examinado como estabelecer uma ponte entre a produção interna dos estudantes, a vocação do espaço como polo cultural e uma crescente movimentação vinculada a interesses turísticos. São fatores novos a serem agregados às balizas que Morais anunciou de saída para entender a missão de uma escola de arte encravada no coração do parque Lage: a) sua contiguidade geográfica com uma área de lazer para a população; b) a possibilidade de atuar como "instrumento de viabilização da política cultural do Estado" na condição de equipamento vinculado à Secretaria de Cultura[7]. A partir dessas duas premissas, Morais estruturou um plano cujos principais pontos repercutem na atual gestão da escola, a saber:

- integrar o aluno ao meio cultural, preparando-o também para o momento em que deixar a escola;
- criar um setor teórico forte (mas sem abandonar a prática no ateliê);
- não submeter o ensino aos modismos impostos pelo mercado (ou pela crítica);

---

6 Sabe-se que a impossibilidade de realizar uma Bienal de Escultura precipitou a saída de Frederico Morais da condução da escola.
7 Ver Frederico Morais, "Notas para a elaboração de um projeto didático-cultural para a Escola de Artes Visuais do Parque Lage", 31 de agosto de 1987. Para mais informações, consultar: <www.eavparquelage.rj.gov.br/memoria/gestor/frederico-morais>.

- todas as áreas em funcionamento na escola – ensino, animação cultural e pesquisa – devem se entrosar; ensino e pesquisa devem gerar exposições, exposições devem propiciar cursos e seminários etc.;
- examinar novas mídias, *performances* e novas tecnologias aplicadas à arte;
- obrigatoriedade de aulas teóricas gratuitas;
- estimular os alunos a participar das demais atividades da escola;
- criar um núcleo de estudos sobre o circuito da arte para exame das relações da arte com o público, com o mercado e com o Estado;
- avaliar o funcionamento dos cursos infantis e estudar o atendimento à chamada terceira idade;
- criar cursos rápidos para a formação de plateias (inclusive para novos colecionadores);
- obrigatoriedade dos professores de colaborarem com pelo menos uma aula semestral para o Curso Popular de Arte, a ser criado, e que será gratuito;
- promover eventos-discussão sobre outros ofícios, além dos propriamente artísticos: marcenaria, serralheria, padaria, brinquedos etc.

Concebido em 2015, o atual Programa Curador Visitante reúne várias características elencadas anteriormente, buscando fortalecer a relação entre o ensino e a programação de exposições do parque Lage. O desafio implica poder recusar projetos sem vínculo com os temas debatidos por sua comunidade de professores e estudantes, artistas e pesquisadores. Além de trazer novos agentes, agora com ênfase nas práticas curatoriais e nas matrizes afro-latinas da cultura brasileira, esse programa foi concebido para melhor divulgar a produção da escola e integrar-se à disputada agenda cultural da cidade[8]. Na verdade, o programa proporciona uma especialização informal em termos de experiência curatorial dentro de uma instituição, tendo em vista que todos os convidados são escolhidos com um perfil jovem e independente.

[8] Até a data desse artigo, o Programa Curador Visitante realizou seis plataformas de exposição com seus respectivos programas públicos: Bernardo Mosqueira, "Encruzilhada"; Bernardo José de Souza, "A mão negativa"; Luisa Duarte, "Quarta-feira de cinzas"; Daniela Labra, "Depois do futuro"; Marta Mestre, "Agora somos mais de mil". Beatriz Lemos, coordenadora da Biblioteca e Centro de Pesquisa e Documentação, recebeu a 10ª Feira Tijuana de impressos de arte, convidada por Pablo León de La Barra para a Casa França-Brasil.

São curadores de interesses diversos, sem configurar um grupo ideológico ou estético. Trata-se de fazer a diferenciação entre um *open call* destinado a acolher exposições e um programa que só poderia acontecer dentro de uma escola experimental interessada em incentivar simultaneamente o desenvolvimento de artistas e curadores.

Entretanto, além do Parque Lage ter ingressado na rota do turismo global, a frágil saúde financeira do Rio levanta a necessidade de a escola se tornar autossustentável[9]. Cabe frisar que as dotações orçamentárias advindas da Secretaria de Cultura se caracterizam historicamente por uma crônica ausência de estabilidade. A marca oscilante deste subsídio, subordinado a diferentes governos, imprime à escola uma situação ambígua (ainda que muito comum) enquanto órgão vinculado ao Estado: depender de complementações advindas de receitas obtidas por meio de cursos rentáveis e de locações para eventos. Tal vulnerabilidade precisa, contudo, seguir critérios mínimos que assegurem um ambiente adequado para os artistas fazerem suas experimentações, usando livremente os locais para aulas e exposições.

Ora, desde os anos 2000, os "cursos livres"[10] em museus, institutos, fundações e centros culturais vivem em franca expansão. Me parece importante sinalizar que a multiplicação de plataformas de ensino livre diminui um dos atrativos do curso "aberto", sem prazo para iniciar nem terminar, que trazia a ideia de o aluno desenhar sua própria trajetória. Do mesmo modo, a acepção de uma "escola livre", transposta para a era do capitalismo neoliberal, constitui-se em argumento trivial, em que a noção de "liberdade" se confunde na famigerada cilada das "indústrias criativas" subordinadas ao *mainstream*. Com esse crítico pano de fundo, o grande exercício da direção de uma escola livre hoje consiste em dissociar sua "liberdade" de conteúdos nostálgicos, apelos demagógicos e um horizonte focado na rentabilidade dos cursos.

Seria ingênuo pensar que o declínio dos investimentos públicos no ensino formal – cenário responsável por um ambiente sociocultural em processo de sucateamento e desqualificação – não tem reflexos sobre a missão de uma

---

9 No dia 17 de junho de 2016, faltando menos de dois meses para o início dos Jogos Olímpicos, o Rio de Janeiro decretou estado de calamidade pública.
10 O modelo de cursos livres e pagos ganhou impulso em São Paulo e no Rio de Janeiro com as unidades da Casa do Saber, que oferecem palestras e oficinas de curta duração sobre filosofia, história, ciências sociais, psicologia e artes. Não se trata de um ambiente universitário, porém, os conferencistas são, em sua maioria, acadêmicos de renome, convidados por sua *expertise* no assunto. Disponível em: <http://casadosaber.com.br/sp/institucional/oquee/>. Acesso em: 12 jun. 2016.

escola com o prestígio do Parque Lage. A degradação dos níveis de educação (tanto na esfera pública quanto na esfera privada) não pode ser ignorada porque incide diretamente na qualidade do diálogo entre alunos e professores e na expectativa de preparar um sujeito para fazer da arte um campo não somente de realização pessoal, mas de elevação de valores coletivos.

Essas considerações são aqui mencionadas para ponderar a eficácia do curso livre enquanto valor absoluto. Assim, parte dos cursos ditos "livres" foram reestruturados em janeiro de 2015 de modo a oferecer uma formação continuada e robusta, totalizando 360 horas condensadas em um único ano. A aposta desse novo programa gratuito se organizou a partir de três vetores de trabalho: Teorias da Arte e da Cultura, Pesquisa e Projeto[11]. A gratuidade dos cursos é de fato um instrumento de inclusão social, mas a escola precisa, também, propor cursos novos e articulações entre as disciplinas, com objetivos claros em relação ao que se deseja (ou não) na trajetória de um jovem artista.

Precariedade e inventividade

Ora, o estado do Rio de Janeiro não enfrenta uma crise econômica de semelhante gravidade desde 1960, quando deixou de ser a capital do país[12]. Áreas vitais da sociedade, como a Saúde, Educação e Segurança, sofreram cortes drásticos em investimentos e manutenção de infraestrutura básica. Diante desse panorama, como uma escola de arte, instalada em um bairro nobre da zona sul da cidade, sem verba para lançar seu edital de formação gratuita do ano 2016, consegue manter-se "aberta" e "livre"? Como exemplo de mobilização contra a falta de repasses públicos, foi montado um Seminário de Pesquisa de Imagens em Movimento com quarenta horas, envolvendo mais de dez especialistas em cinema que doaram seus serviços de orientação. Há, contudo, um limite indiscutível para convocar professores a ministrar aulas sem remuneração, sob o risco de endossar a precarização das relações de

---

11 "Afro-latinidades" foi uma cadeira introduzida por meio de ciclos de vivências nas matrizes da cultura afro-brasileira.
12 Segundo artigo publicado no *Jornal do Brasil*, o estado estaria devendo 250 milhões a apenas uma das quarenta empresas que prestam serviços para o governo. Disponível em: <www.jb.com.br/rio/noticias/2015/02/07/crise-economica-do-estado-do-rio-exige-mudancas-estruturais-alerta-especialista>. Acesso em: 2 jun. 2016.

trabalho. O que a escola tem feito, entretanto, é integrar alguns estudantes a seu corpo de funcionários mediante estágios em cursos que requerem capacidades técnicas, por exemplo, o Núcleo de Arte e Tecnologia e as oficinas de fotografia, escultura e gravura. É inegável que esse trabalho funciona como prática pedagógica, proporcionando uma experiência ímpar a estudantes já formados, em início de carreira. Permite não somente expandir a interlocução com professores por meio de trocas horizontais (entre pares), como amenizar a angústia que acomete muitos deles logo após a conclusão de cursos. Uma das características mais singulares da EAV se funda, inclusive, em elos afetivos que dilatam o tempo de permanência dos "alunos" dentro da escola, perdurando por anos, semelhante ao sentimento de segurança conferido pela casa materna[13].

Com efeito, a crise evidencia a falência de modelos e a urgência de decisões diante de uma realidade nacional que piorou vertiginosamente com a chegada dos Jogos Olímpicos[14]. Há de ser considerado que trabalhar sem planejamento é uma realidade cotidiana na gestão pública de instituições culturais no Brasil, convertendo o improviso em instinto de sobrevivência cultural. Precariedade e inventividade são nossos pré-requisitos básicos, nas palavras da coreógrafa Lia Rodrigues, responsável pela Escola Livre de Dança da Maré, inaugurada em 2011, "com o objetivo de democratizar o acesso dos moradores à arte e à dança articulando ações de educação e profissionalização, formação de plateias e práticas socioeducativas"[15]. Não se trata de fazer o elogio da precariedade, mas de reconhecer sua presença inelutável e a necessidade de adequar programas a um contexto de crise[16].

A instabilidade, por sua vez, tem sido um ambiente fecundo para a própria incerteza virar um fórum apto a interrogar certos padrões adquiridos. Uma escola pode se declarar livre e resistir apenas com cursos pagos? Uma escola

---

[13] Essa observação mereceria uma análise mais pormenorizada à luz do fenômeno da adolescência prologada nos tempos atuais.
[14] Um contrato de aluguel de suas instalações para o comitê olímpico da Grã-Bretanha obriga a EAV a suspender suas atividades de julho e agosto. A dramaticidade do caso poderia ser atenuada, não fosse, segundo professores que participaram da criação da escola, o assombro de ameaças de despejo do parque Lage, em períodos anteriores, e o fato de funcionar atualmente apenas com cursos pagos, dada a inadimplência do estado para promover uma política de bolsas.
[15] Ver <www.liarodrigues.com/styled/index.html>. Acesso em: 17 jun. 2016.
[16] A ocupação de centenas de escolas secundaristas por seus próprios estudantes se tornou um fenômeno social que ainda aguarda uma vigorosa análise sociológica.

de arte deve capacitar seus alunos a ingressar no mercado? Quanto tempo dura a formação de um artista? Como articular educação e liberdade?[17]

Segundo Gerchman, a Escola do Parque Lage deveria se reinventar a cada semestre, reinvenção incessante que corromperia ementas e grades curriculares. Trata-se de calibrar estruturas abertas dentro de um plano diretor historicamente avesso aos academicismos. Afinal, definir-se como laboratório significa abraçar a possibilidade do fracasso de uma hipótese que ainda não havia sido testada no campo prático. Um verdadeiro experimentalismo não pode ficar refém de fórmulas se quiser responder às questões urgentes de seu tempo. O Parque Lage não está localizado no epicentro das transformações urbanas do Rio de Janeiro – o Porto Maravilha –[18], mas se insere dentro de políticas públicas de tábula rasa. Se quiser se manter como referência de ensino livre, não pode ignorar a agenda social[19].

Concluindo, a atual reurbanização da cidade do Rio de Janeiro é um fator inalienável da difícil conjuntura do país e, nesse sentido, o parque Lage precisa acompanhar uma escala que o obriga a operar um duplo movimento, tanto dentro como fora de seu recinto habitualmente hedonista: divulgar o que faz internamente sem deixar de assumir compromissos extramuros. Estão em andamento vários termos de cooperação técnica e cultural com a finalidade de compreender os domínios da escola como um rizoma que transcende uma casa. A responsabilidade pública de uma escola de arte contemporânea deve concentrar esforços para propor ações coletivas na zona portuária, em bibliotecas de comunidades (como a Biblioteca Parque da Rocinha), casarões abandonados, sem esquecer áreas rurais e outros estados do país. Se, nos anos 1970, o "jardim da oposição" precisava ficar concentrado em um único local, as questões artísticas sinalizam hoje uma mudança de *atmosfera* – e o retorno à movimentação das ruas. No que diz respeito à sua contiguidade com o Parque Nacional da Tijuca, a Escola de Artes Visuais precisa fomentar, o quanto antes, um laboratório de estudos científicos e artísticos relacionados ao ecossistema em que está situado. Essa é uma das

---

17 Ver Lisette Lagnado (org.), *O que é uma escola livre?*, Rio de Janeiro: Cobogó, 2015.
18 Ver <www.vitruvius.com.br/revistas/read/arquitextos/16.187/5885> (último acesso: 30 jun. 2016), sobre a reurbanização da praça Mauá.
19 Tal preocupação norteou o I Seminário Internacional de Escolas de Arte do Parque Lage, para diagnosticar carências, impasses e desejos coletivos. Rio de Janeiro, 1º e 2 de abril de 2016, em parceria com a Central Saint Martins University of the Arts London.

tarefas para uma escola do século XXI, preocupada com o futuro ambiental do planeta.

Gostaria de finalizar citando uma aula-*performance* de Daniel Jablonski intitulada *Não deixe o artista virar professor*. Ao longo de 21 horas seguidas (entre os dias 11 e 12 de junho de 2016), o artista e professor ministrou de forma ininterrupta o conteúdo semestral de seu curso "A fotografia e seus fantasmas". Às vésperas dos Jogos Olímpicos, a ação magistral de Jablonski reuniu vários ingredientes conhecidos de Kafka no conto "Um artista da fome": a resistência do circo contra a sociedade do espetáculo e a resistência física do corpo do atleta.

Dinâmicas afetivas: intercâmbios, colaboração, corpo e contexto

Iconoclasistas

Conhecimentos colaborativos

Entrevista por Renata Cervetto e Miguel A. López

As oficinas de mapeamento coletivo do Iconoclasistas (Julia Risler e Pablo Ares) buscam tecer as problemáticas sociais, políticas e econômicas de um determinado contexto por meio de mapas e cartografias, ativando os vínculos afetivos e as memórias daqueles que os produzem. Sua metodologia, baseada em colocar em diálogo elementos gráficos concebidos para cada oficina, revela as tensões associadas aos processos de representação territorial e geográfica da própria comunidade. Na seguinte entrevista, revisamos os primórdios de seu trabalho desde 2006, suas formas de aprendizagem e produção de conhecimento a partir do fazer, bem como os desafios que acompanharam sua prática durante a última década.

RENATA CERVETTO: Como surge o Iconoclasistas?

ICONOCLASISTAS: Surgimos em 2006, como uma dupla de criação colaborativa que combina arte gráfica, oficinas criativas e pesquisa coletiva para produzir recursos e práticas de livre circulação, apropriação e uso. Nós nos definimos como um "espaço de experimentação, pesquisa coletiva e práticas de colaboração". Nestes anos fomos aprofundando o método, a partir da inquietação de trabalhar com organizações de base ou a comunidade em geral no questionamento e difusão de panoramas de injustiça e desigualdade social e de impulsionar com esses coletivos práticas colaborativas de organização, resistência e transformação. Assim criamos imagens e dispositivos visuais,

Oficina de formação de mapeadores organizado por Clacalia e ECL, Caracas, março de 2013. Cortesia dos autores.

Encontro de mapeamento com dispositivos múltiplos: Esquizo-Córdoba, espaço La Casa 1234, Córdoba, novembro de 2011. Cortesia dos autores.

tais como mapas, cartazes e panfletos, folhetos, livros e grande quantidade de ilustrações, com o objetivo de oferecer ferramentas de compreensão sobre problemáticas locais e tecer redes de solidariedade e afinidade entre distintos grupos. Os recursos que disponibilizamos na *web* são abertos e, por isso, podem ser reapropriados, reproduzidos e reformulados, desde que não seja para fins comercias. O *site* funciona como suporte multimídia de difusão que potencializa a socialização e estimula a apropriação através de licenças *Creative Commons*.

RC: Levando em conta o contexto social e político vivido na Argentina a partir da crise econômica e política em 2001, como o trabalho do Iconoclasistas foi inserido nessa nova realidade?

I: Nós nos conhecemos em 2004, e durante dois anos realizamos algumas intervenções urbanas, principalmente em peças publicitárias. Embora as fizéssemos como algo lúdico e assistemático, sempre houve uma ideia política ou social como sustentáculo da ação. Éramos guiados pela busca de criar ferramentas para pensar novas estratégias de ação e resistência no cenário argentino pós-crise de 2001[1]. Essa inquietação cresceu num contexto de forte experimentação, com ações de denúncia, mobilização e inovação social que incluíam protestos, assembleias, piquetes; e novas formas de colaboração como feiras de trocas, oficinas coletivas etc. Ali percebemos a necessidade de elaborar novas ferramentas de comunicação para a mobilização e uma nova gestualidade política.

Em maio de 2006, começamos com um primeiro trabalho, o *Anuario volante*, com o qual tentamos reconstruir um panorama do país elaborado a partir de dados estatísticos, mas trabalhados do ponto de vista da ótica gráfica e da estética. Criamos 16 *flyers* que ofereciam um olhar geral da Argentina de 2005, e foram impressos em talões em branco e preto para facilitar sua reprodução e difusão por parte de outros coletivos de trabalho. Em 2008,

---

[1] A crise econômica, social, política e institucional tinha o lema "¡Que se vayan todos!" e foi uma revolta popular que impulsionou a queda do então presidente da Argentina, Fernando de la Rúa, dando lugar a um período de instabilidade causado por uma profunda recessão e uma crise de representatividade política. O desencadeador foi a imposição do "corralito", que limitava os saques em dinheiro, numa tentativa de enfrentar a recessão iniciada em 1998 e a pressão da dívida externa, seguindo as condições impostas pelo Fundo Monetário Internacional (FMI) em troca de ajudar o país.

iniciamos as oficinas de mapeamento coletivo, impulsionando um trabalho colaborativo com mapas e planos cartográficos a partir do desenho e da liberação de uma série de ferramentas para estimular criativamente o ato de compartilhar saberes cotidianos e experiências dos participantes. As ferramentas que desenvolvemos nas oficinas de mapeamento coletivo variam em função do grupo de trabalho, o tempo disponível e a problemática a ser abordada. Trata-se de uma instância de pesquisa conjunta, na qual, a partir do conhecimento disperso num determinado coletivo, constrói-se um relato que desafia as interpretações hegemônicas ou traz à luz uma realidade ignorada. As imagens (ícones, pictogramas e dispositivos gráficos) estão desenhadas em formatos de fácil reprodução que se encontram disponíveis no *site* para usar na intervenção de mapas.

MIGUEL A. LÓPEZ: Que papel cumprem as oficinas no trabalho de vocês? Podem prever os resultados que acontecem?

I: As oficinas são modalidades de trabalho coletivo que permitem a elaboração articulada e consensual de narrativas que disputam e contestam aquelas instaladas em diversas instâncias hegemônicas (não só políticas, sociais e institucionais, mas também as correspondentes à opinião pública e aos meios de comunicação de massa, e àquelas associadas ao nível das crenças, mandatos e formas do senso comum). A oficina é um espaço de reflexão coletiva desenvolvida com a finalidade de organizar relatos dispersos num suporte comum – o mapa –, para comunicar com maior eficácia as necessidades de um coletivo marginalizado.

Essas oficinas são muito variadas; algumas têm objetivos bem definidos e se realizam durante um longo período. Sistematizar a informação, caso tenhamos projetado desenhar uma cartografia crítica *a posteriori*, implica um trabalho de quatro a seis meses, no qual, além disso, devemos obter consenso entre todos os envolvidos. Também estão os exercícios de mapeamento, que são mais para inquietar ou então ativar atos comunicativos da rua; por exemplo, colocar uma mesa na rua e convidar os transeuntes a participar, ou nos reunir num bairro com seus atores fundamentais e conversar com eles apontando para um mapa, ou seja, dando materialidade territorial à palavra.

Mas, na maioria das vezes, podemos prever os resultados; aqui o segredo é chegar a essa instância de encontro coletivo com um tema de trabalho definido previamente com os organizadores, o qual será dinamizado por nós a partir das diversas ferramentas gráficas, estéticas e lúdicas que criamos para tal fim. Em algumas ocasiões, isso funciona muito bem, e, em outras, nem tanto. Há uma infinidade de variáveis em jogo quando se trabalha com comunidades e espaços sociais, políticos ou culturais; no entanto, acreditamos que é tal a potência ativadora dos mapas e de materiais gráficos que, na maior parte das vezes, o processo é muito prazeroso para nós e eficaz em termos táticos para os organizadores.

RC: Como se desenvolvem as dinâmicas das oficinas e como se estabelece o vínculo entre as pessoas?

I: Ao começar a oficina, após as apresentações dos participantes, realizamos uma introdução à cartografia crítica para esclarecer as possibilidades que oferece o trabalho com mapas e dispositivos gráficos e refletir sobre a construção ideológica das representações hegemônicas. Depois, os participantes se dividem em pequenos grupos de mapeamento, em que compartilham conhecimentos e vivências, e mostram a capacidade imaginativa e de rememoração deles para traçar e intervir no mapa. Não há requisitos nem condições para participar das oficinas.

Os ícones que utilizamos durante a oficina são desenhados especialmente para o encontro e usados para intervir nos mapas de maneira lúdica; depois, ficam disponibilizados no *site*. As temáticas dos ícones surgem de intercâmbios prévios com os organizadores, que proporcionam um marco a partir do qual iniciaremos o diálogo na oficina. Nela fazemos uso de vários tipos de linguagem – símbolos, gráficos e ícones – para compreender e indicar o espaço. Estimulamos a criação com colagens, frases, desenhos e instruções.

RC: Há um diálogo com os participantes antes do exercício das oficinas?

I: Os participantes já sabem que vêm à oficina de mapeamento coletivo para trabalhar uma problemática em particular; ou seja, nós não somos "paraquedistas" no território, mas trazemos elementos pensados exclusivamente para problematizar: ampliar, complexificar, revelar a temática a ser liberada. Aos organizadores – desde um movimento social ou um coletivo cultural até uma instituição universitária ou um museu –, a primeira coisa que lhes perguntamos é o que vamos mapear, com quem, durante quanto tempo e para quê; ou seja, nossa proposta se enquadra como um espaço tácito. Em função disso, montamos nossa "caixa de ferramentas" e a levamos para o local, e, quando a exibimos diante dos participantes, eles já sabem que vieram à oficina para refletir sobre determinadas temáticas. Por meio das ferramentas gráficas, começam a revelar essa trama; há discussões e posicionamentos diferentes, e cuidamos para que tudo isso fique exposto no mapa. A ideia é construir um relato coletivo que se organiza em torno do comum e se desdobra através da iconografia, a fim de situar quem são os organizados, o que fazem, onde podemos encontrá-los ou, então, o que eles gostariam de fazer e o que podem fazer, quais possibilidades existem, com quem podem se associar etc. Tendo sempre como horizonte comum a construção de alternativas de transformação.

Nosso papel é o de dinamizar; em geral, acontece de os participantes, no início da oficina, ficarem com medo de errar, de opinar qualquer coisa, de interromper de forma prolixa ou mesmo de escrever com ortografia errada. Logo que lhes transmitimos que o mapa é deles, que se sintam livres para marcá-lo, indicar zonas, apagar, riscar, porque é um trabalho que, para eles, será um pontapé inicial para desenvolver um processo mais longo.

A oficina finaliza com um plenário ou "exposição" dos mapas elaborados pelos grupos. Essa última parte – imprescindível para liberar diferenças e constituir horizontes de abordagem e compreensão – dá lugar a um espaço de discussão e criação que não pretende fechar-se em si mesmo, mas busca posicionar-se como um ponto de partida disponível para ser retomado. Desse modo, as oficinas se desdobram em dois objetivos gerais: por um lado, trabalhar territorialmente sobre a base de metas acordadas com os organizadores; e, por outro, socializar a ferramenta de mapeamento coletivo estimulando a apropriação e a experimentação dos participantes.

Gestualidade política

MAL: Gostaria de retomar o que vocês sugerem com a ideia de gerar uma "nova gestualidade política" tomando o mapa como ponto de partida e ferramenta principal. Como chegaram a essa escolha? De que outras maneiras vocês acham que é possível desenvolver uma "cartografia crítica" ou uma exposição das tensões, conflitos e situações cotidianas que acontecem numa determinada comunidade?

I: Viemos de uma tradição criativa e organizativa ligada à intervenção urbana, ao trabalho com organismos de direitos humanos, à não autoria (no caso de Pablo), e à cultura livre, às redes P2P, à docência e à pesquisa (no caso de Julia). É a partir desse cruzamento de saberes, campos, experiências e inquietações – um cruzamento que não é apenas político e transformador, mas também inclui um componente afetivo relevante, já que somos um casal, também, do ponto de vista amoroso; enfim, desde esse encontro, fomos modelando respostas experimentais a essa necessidade de inventar uma linguagem comunicativa e política renovada e, nesse ínterim, criamos – não a partir do zero, mas retomando e derivando metodologias, ferramentas e recursos próprios da educação popular e das pedagogias críticas – espaços de pesquisa e reflexão coletiva.

Nesse sentido, o mapa é uma ferramenta-chave; nós entendemos o mapeamento como uma prática ativada em razão da capacidade que todos temos de realizar um voo de pássaro (perceptivo, sensorial, imaginário, crítico) sobre o território que se busca mapear. O mapa nos permite trabalhar com os participantes da oficina sobre uma plataforma comum que funciona como um ótimo disparador para a intervenção. E do intercâmbio de saberes – técnicos, mas, principalmente, cotidianos e experienciais – construirmos um conhecimento situado que revela aspectos não contemplados de maneira prévia, tampouco acessíveis a partir de um trabalho com ferramentas que recorrem somente a um conhecimento racionalizado. O mapa nos possibilita a *mise-en-scène* de outros saberes, e o efeito desse mesmo mapa, ao construir a oficina, é superpotente em termos de problematização de aspectos associados.

A posterior elaboração do que chamamos cartografias críticas – que inclui informação já sistematizada a partir de um acordo com os participantes – sincretiza esse processo colaborativo numa ferramenta gráfica (um impresso, que pode ser um pôster, um folheto etc.), que se converte não apenas numa ferramenta de comunicação que evidencia determinadas temáticas, mas também em um recurso pedagógico que funciona como ponto de partida para continuar o processo de trabalho. Deve-se recordar que um mapa é uma foto de um determinado momento de pesquisa, e o território, um espaço que está em contínua mudança e transformação.

RC: Um componente importante do trabalho de vocês tem a ver com evitar a "especialização", apostando que as pessoas possam criar suas próprias formas de fazer por meio da participação coletiva.

I: A questão de evitar a especialização está vinculada à possibilidade de que os participantes das oficinas aprendam ferramentas que depois possam utilizar para problematizar de forma simples questões específicas, assinalar as relações de poder, visualizar os conflitos e as resistências etc. Para participar, por sua vez, não é preciso um "saber técnico" ou ser "douto", mas é necessário que as próprias pessoas de uma comunidade possam diagnosticar seu território e identificar algumas linhas tácitas para transformá-lo. Cria-se assim um conhecimento colaborativo que fica à disposição dos participantes e do público em geral. Esse conhecimento é compartilhado tanto nos espaços em que as oficinas são realizadas como por meio de nosso *site*. Fomenta-se também de maneira ativa a apropriação da metodologia a partir da publicação de materiais de ativação e difusão. Através de conceitos e dispositivos de pedagogias críticas, impulsionamos ferramentas que nos permitem reunir e sistematizar conhecimentos dispersos entre um grupo de pessoas (seja uma comunidade, seja uma organização) e, ao mesmo tempo, estimular seu reconhecimento subjetivo como grupo que emerge da colaboração e da cooperação de muitos indivíduos abordando uma mesma temática a partir de suas próprias experiências.

RC: Quais referentes, projetos artísticos ou políticos afins vocês levam em conta para pensar esses conceitos?

I: Temos múltiplas fontes de inspiração: o barroco americano, os artistas latino-americanos populares, a linguagem dos gibis e dos quadrinhos; ou seja, uma mistura entre arte e cultura popular, um tipo de antropofagia dos pampas. No nível cartográfico, o trabalho do coletivo de arte francês Bureau d'Études foi uma referência importante, e o do artista gráfico alemão Gerd Arntzen, na iconografia. Também a reunião de nossas experiências: Pablo participou durante os anos 1990 do Grupo de Arte Callejero (GAC), no qual, entre outras coisas, desenhou cartografias de protesto contra os militares da ditadura.

De passagem pela universidade, resgatamos textos de filosofia, psicologia e sociologia e a abordagem da comunicação comunitária através da

Investigación Acción Participativa (IAP). E dos espaços de oficina em distintos países da América Latina e Europa trouxemos novos enfoques e ferramentas, não apenas de comunidades ou coletivos, mas também do trabalho de redes de urbanismo participativo, patrimônio comunitário ou arte política.

Enfim, é muito difícil mencionar todas as fontes de inspiração que temos, e que, com certeza, são muitas mais do que as que citamos aqui.

Quando decidimos iniciar as oficinas de mapeamento coletivo, a primeira coisa que fizemos foi rastrear quem já estava utilizando essa ferramenta. Nós nos encontramos com muitas ONGs, principalmente brasileiras, mexicanas e colombianas, que articulavam com diversos setores do Estado para trabalhar com comunidades a partir da prática da cartografia social ou participativa. Embora para nós cartografar e mapear sejam a mesma coisa, decidimos chamar nossa prática de "mapeamento coletivo", para diferenciá-la do trabalho das ONGs. Queríamos distinguir nossa maneira de abordar os territórios – em função do interesse de uma comunidade –, ativar as ferramentas – construir conhecimento colaborativo – e os objetivos buscados – definidos pelos habitantes, em geral, vinculados a desenvolvimentos de autogestão comunitária e, fundamentalmente, orientados para ativar processos de transformação em diversas escalas. Na Argentina, fomos os primeiros a utilizar essa ferramenta, e, à medida que se popularizou, apareceram muitos grupos que a retomaram; agora está bem instalada tanto em grupos sociais quanto em coletivos culturais ou artísticos.

Conhecimentos colaborativos

MAL: Vocês falaram também de "construir conhecimentos colaborativos". Acho que esse é um conceito poderoso. Eu gostaria de voltar a esse ponto. Uma coisa muito valiosa das dinâmicas coletivas como a de vocês é que se posicionam criticamente diante de modelos verticais de aprendizagem. Vejo as oficinas e os mapeamentos como um tipo de *pedagogia da ação*, em que o saber responde à confluência de múltiplas vozes e agentes e que, além disso, toca ou modifica a estrutura sensível daqueles que a produzem. É como dizer: aprende-se no *fazer*. As dinâmicas de trabalho de vocês foram pensadas em relação ao pedagógico ou ao educativo?

I: Sim, totalmente. Por isso mencionamos antes que uma fonte importante de aprendizagem e inspiração é a tradição das pedagogias críticas – Paulo Freire e os zapatistas, para citar alguns – e a organização em assembleia, autogerida e horizontal própria dos movimentos sociais – as experiências pós-2001 na Argentina ou as praças do 15M na Espanha, para citar outros exemplos. A intenção neste "aprender fazendo" é emergir outros conhecimentos e habilidades que potencializem uma pesquisa colaborativa, agilizem a visualização e construção de pontos de encontro e reconstruam uma rede de práticas alternativas que facilite a ativação de práticas de transformação. Por outra parte, em relação ao educativo-formativo, as oficinas sempre se organizam de tal maneira que os participantes aprendem – enquanto experimentam – como desenvolver seus próprios espaços de trabalho com essas ferramentas. Daí nossa inquietação para compartilhar as crônicas de trabalho, os recursos que utilizamos, e, é óbvio, isso adquiriu uma institucionalidade mais visível com a publicação do *Manual de mapeo colectivo* em 2013. Neste momento estamos trabalhando numa segunda parte desse manual.

MAL: Outra coisa que eu também gosto em suas oficinas e mapeamentos é que o conhecimento surge de lugares impensáveis. Isso é importante, porque torna evidente uma estrutura educativa tradicionalmente normativa, que indica metodologias supostamente legítimas de aprendizagem, conhecimentos relevantes *versus* conhecimentos minorizados, ou hierarquias, sobre quais corpos podem produzir conhecimento e quais corpos são objetos de estudo. Acho que na escola isso é evidente; ali, desde a infância, estamos lidando todo o tempo com regras já estabelecidas sobre o que é que devemos aprender e como devemos aprender. Como vocês enxergam esse vínculo com conhecimentos que poderíamos chamar de não evidentes ou ocultos?

I: É como você disse. Há todo um trabalho de nossa parte para instalar outros modos de produção de conhecimento – como a desestruturação do espaço de trabalho ou a utilização de instrumentos mais ligados à arte e à criação –, para animar a participação de uma diversidade de membros da comunidade, justamente com essa ideia de revalorizar o conhecimento "menor" e lhe dar um espaço de visibilidade e articulação com outros tipos de saberes mais legitimados pelas instituições hegemônicas, procurando estabelecer mecanismos que facilitem a participação e a organização de dados, anedotas, sensações, pareceres etc., num suporte comum de trabalho que possa funcionar como memória de encontro e também como dinamizador para ser retomado num trabalho mais permanente.

MAL: Vivemos numa época em que o espírito empreendedor neoliberal permeia todas as esferas da vida; entre elas, a educação é vista também como uma forma de investimento no mercado, regido pelas lógicas da competividade. Desta perspectiva, os estudantes se veem a si mesmos como clientes, e o conhecimento, como algo privatizável. De que maneira vocês sentem que o trabalho coletivo e as formas auto-organizadas de aprendizagem, desenvolvidas no contexto de vocês, em contextos vizinhos ou em experiências próximas, traçaram uma forma de oposição a isso?

I: A construção de conhecimento colaborativo está entrelaçada à ideia de construir táticas em comum; ou seja, modos de transformação que beneficiem as maiorias sociais, sejam elas de um bairro, uma comunidade, um coletivo, ou os membros de um espaço. Parece-nos importante mencionar que, embora dinamizemos as oficinas com os participantes dentro de objetivos estabelecidos pelos organizadores, há uma questão político-experiencial nossa que sempre é colocada em jogo, e na qual está muito presente para nós a questão de amenizar a participação de todas as vozes presentes na oficina, não evitar as discussões, mas canalizá-las de maneira produtiva, e dar materialidade às propostas de mudança e compromisso que possam surgir desses espaços tão frutíferos de produção coletiva. Nada disso seria possível sem a intervenção de todos os atores envolvidos, tanto dos organizadores quanto dos participantes e de nós mesmos. Em cada um existe um papel e uma contribuição específica que se reúnem para poder construir a tática lúdica dos espaços da oficina. Retomando uma pergunta que nos fizeram antes, é também por isso que é difícil prever os resultados com antecipação.

Mónica Mayer

Educação artística e feminismo. Entre a educação amorosa e a educação por osmose[1]

Começo com uma confissão: sou tão fraca que, ao longo de minha vida, em vez de procurar fazer muitas coisas ao mesmo tempo, ou, como se diz, de trabalhar no que agora se denomina feminino *multitasking*, tratei de que cada coisa que faço sirva para muitos encargos. Sou fã da sinergia e me diverte a ideia de dissipar a compartimentação da vida. Gosto dos processos que são de ida e volta, como a educação, porque descobri que a melhor maneira de aprender é ensinar. Por isso, há mais de trinta anos, dou oficinas e conferências de arte feminista. Para mim, essas duas atividades são minha proposta artística e minha militância política. Nelas reuni minhas grandes paixões: a arte, o feminismo, a educação e o ativismo.

No meu caso, a arte feminista sempre teve a ver com a educação, talvez porque eu tenha começado a sentir e a entender a necessidade do feminismo sendo estudante na Escola Nacional de Artes Plásticas da Universidade Nacional Autônoma do México (UNAM), Cidade do México, no início dos anos 1970, quando me dei conta de que as mulheres eram invisíveis: nas aulas de história da arte, as artistas não eram citadas, nem as mulheres eram levadas em consideração. A maioria dos professores nos via como mulheres antes do que como artistas[2] e, mais absurdo ainda, a vida social da escola era realizada

1 Ensaio publicado originalmente em inglês na revista britânica de arte feminista *n.paradoxa*, vol. 26, 2010, sobre pedagogias feministas.
2 O grupo Tlacuilas y Retrateras realizou uma pesquisa para averiguar se havia sexismo no sistema artístico, pesquisa que foi publicada no vol. IX, nº 33, da revista *FEM*, em abril de 1984. Muitas das

Mónica Mayer, *Traduções: um diálogo internacional de mulheres artistas*, 1979-1980.
Foto de Ana Victoria Jiménez.

nas cantinas, às quais estávamos vetadas por explícitos letreiros que diziam: "Proibida a entrada de uniformizados, menores, cachorros e mulheres".

Isso me levou a seguir meus estudos no mítico Woman's Building, em Los Angeles, Califórnia. Eu já tinha começado a fazer obras com ideias feministas, por essa razão, em 1976, ao me inteirar de que existia uma escola especializada no tema, não hesitei e me inscrevi no primeiro curso disponível, uma oficina de duas semanas que incluía um módulo com Judy Chicago. Daí me converti numa viciada em educação de arte feminista; entre outras coisas, porque um de seus eixos primordiais era trabalhar com a experiência pessoal das participantes; o que sentíamos era tão importante quanto o que pensávamos.

Para mim, a experiência foi tão reveladora para entender que o sexismo permeava cada canto de minha existência e que a arte não estava apenas não isenta de responsabilidade, como também era um importante dispositivo de transmissão de ideias do patriarcado, que, ao voltar ao México, eu quis compartilhar o que eu tinha aprendido. De alguma forma, parece-me que os verdadeiros processos de educação, aqueles que mudam nossa vida, possuem uma estrutura de contágio que nos compele a reproduzi-los.

Dois de meus professores de história da arte, Juana Gutiérrez e Armando Torres Michúa, viraram meus cúmplices e me ajudaram a dar minha primeira conferência em público. Eles organizaram tudo. Aquela tarde, decoramos o auditório com velas, para criar um ambiente adequado, e nós três nos sentamos sobre a mesa, em vez de nas cadeiras, para tornar a reunião menos formal e para quebrar a ordem hierárquica entre nós, mas também com o público. A reunião começou com breves participações dos professores que contextualizaram a situação das mulheres artistas, e depois me jogaram na arena. Foi um grande exemplo de educação amorosa, ou seja, quando um professor ou facilitador acompanha sua aluna no processo de aprendizagem que ela mesma traçou.

Naquele mesmo ano, convoquei algumas mulheres entre as militantes da Coalizão de Mulheres Feministas para a primeira oficina de arte feminista.

respostas à pesquisa relatavam um tratamento sexista. As estudantes diziam: "Dificilmente você encontra um professor que te leve a sério como aluna", "... nós ficamos em segundo plano". E os professores: "Eu as trato de maneira igual. Acontece que influi o fato de que sejam mulheres, isto é, o atrativo como mulher influiu, sim". "Há muitas mulheres, sim, mas para mim parece que a maioria delas vem por um esnobismo bem descarado".

Eu tinha me unido a um dos dois grupos que a integravam naquele momento, porque me parecia que, se eu pretendia criar arte feminista, primeiro era indispensável entender de que se tratava o feminismo. A existência da oficina consta do *Cihuat*, o jornalzinho que publicávamos na coalizão, onde anunciei a oficina, e, na cronologia do arquivo Ana Victoria Jiménez[3], consta o registro de que ela foi realizada de fevereiro a outubro de 1976. Infelizmente, minhas recordações são nebulosas, e, naquela época, eu não tinha consciência da importância política de guardar arquivos, especialmente para aquelas que estiveram excluídas da história.

Naquele ano comecei a economizar para assistir ao Feminist Studio Workshop (FSW), o programa de dois anos do Woman's Building, no qual ingressei em 1978. As facilitadoras dessa geração foram Nancy Angelo, Vanalyn Green e Cheri Gaulke. Participavam alunas de diferentes partes dos Estados Unidos, de distintas classes sociais e níveis de educação, de várias procedências raciais e culturais, de todas as preferências sexuais, de diferentes idades e algumas estrangeiras, como eu.

No primeiro ano, o programa consistia em realizar dinâmicas, fazer leituras, escutar conferências, trabalhar em pequenos grupos e participar em diversos cursos, como o de crítica de arte de Arlene Raven. Em razão da diversidade do grupo, o ambiente sempre era tenso e intenso. Todas podíamos nos identificar como mulheres e entender a opressão que compartilhávamos, mas isso não nos levava automaticamente a nos desfazer de outros tipos de desigualdade, como o racismo, o preconceito de classes ou a homofobia. Era preciso trabalhar esses tipos de desigualdade e aceitar que, ao transitar por distintos eixos de iniquidade, às vezes éramos oprimidas e às vezes opressoras.

Lembro-me particularmente de uma oficina sobre mulheres negras (*women of color*), porque o conceito era totalmente estranho para mim. No México, há pelos menos cem anos, os governos construíram uma ideia do "mexicano" como a mestiçagem entre as culturas indígenas e a espanhola que as conquistou no século XVI. Ela é colocada como um ponto de união e identidade. A cultura nos Estados Unidos é o *melting pot*, no qual todos

---

3 O arquivo Ana Victoria Jiménez reúne o material que esta editora, fotógrafa e feminista formou durante os anos 1970 e 1980 sobre o movimento feminista e outras organizações de mulheres, mas particularmente sobre a arte feminista, da qual ela mesma participou como membro do grupo Tlacuilas y Retrateras. Atualmente o arquivo está em processo de catalogação, e estão sendo organizadas várias exposições com esses materiais.

vivem no mesmo território, mas não necessariamente compartilham uma identidade coletiva.

Quando começou a oficina, sinceramente, eu não sabia onde me colocar, porque o tom de minha pele é moreno claro, o que me faz sentir no mínimo menos mexicana ou *Euro-Mexican*, como me definiu certa vez uma artista chicana, fazendo-me sentir ofendidíssima. Contudo, pensei em ficar com o grupo "branco" para analisar meu próprio racismo, porque a ideia de mestiçagem que nos venderam no México nos une, mas também nos impede de ver a enorme diversidade cultural do país, ocultando um profundo racismo de que sequer se fala, e do qual padecem em primeiro lugar as culturas indígenas, mas também nossa forte raiz negra. Durante a oficina, uma das colegas começou a contar que tinha subido num caminhão no México e estava muito contente porque, apesar de serem autênticos mexicanos, não tinha acontecido nada com ela. Nesse momento entendi que eu definitivamente era uma *woman of color* e fui para o grupo das negras e das chicanas, que tinham sua própria discussão a partir de uma dupla discriminação.

Mais que compartilhar uma experiência pessoal, destaco essa história porque hoje se fala muito de que o feminismo dos anos 1970 foi branco e "classe média", mas minha experiência no FSW é que foi um celeiro em que todas estávamos abrindo espaços para compreender a estrutura da discriminação contra as mulheres e, a partir disso, entender também o restante das desigualdades de poder. O Woman's Building era uma instituição cujo objetivo era a redefinição da identidade de gênero por meio da produção cultural e, logicamente, esses problemas eram discutidos a fundo. Mas acontecia a mesma coisa no movimento feminista no México com suas diversas vozes. Talvez o discurso fosse incipiente, e até ríspido. Talvez faltassem vozes para se unir ou para se escutar. Mas negar essa diversidade de posições naquele feminismo desacredita as feministas brancas de classe média e inviabiliza a participação do restante das mulheres.

No segundo ano, dedicávamo-nos a realizar e promover nossa obra. A ênfase que davam na profissionalização das artistas era algo muito estranho para mim. Falavam em desenvolver estratégias para entrar nas galerias, fazer nossos portfólios, conseguir bolsas, promover e vender nosso trabalho. Em meu contexto, tudo isso era irrelevante, começando pelo fato de que o México era (e continua sendo) um país em vias de desenvolvimento, onde 40% da população vive em pobreza extrema. O mercado de arte era fraco, embora o Estado se encarregasse de promover a cultura, sempre dentro de seus próprios delineamentos. Não existia um sistema nacional de bolsas, que teve início por volta do fim dos anos 1980, quando a iniciativa privada também começou a assumir um papel mais ativo na cultura e algumas galerias começaram a se abrir para a arte contemporânea.

Mas, além disso, eu tinha estudado no México, país de grandes movimentos de arte política, como o dos muralistas, durante os anos 1970, de modo que estávamos influenciados até a medula pela matança estudantil de 1968 e a subsequente Guerra Suja, cuja repressão foi brutal. Eu vinha de um contexto latino-americano de ditaduras e "ditabrandas"[4], Para nós, a arte era um meio de expressão, uma ferramenta política, uma forma de defesa pessoal, e desdenhávamos do mercado. O desafio não era como promover minha obra e abrir mercado para mim, mas como conseguir maior eficiência política. Certamente por isso me atraiu imediatamente o trabalho de Suzanne Lacy e Leslie Labowitz, integrantes do grupo Ariadne: A Social Art Network, e me enfiei nos cursos que elas ofereciam no Woman's Building. Mas voltarei ao tema um pouco mais adiante.

Tendo participado principalmente de métodos educativos tradicionais em que uma distância imediata entre o emocional e o intelectual é estabelecida, a princípio a formação de arte feminista me incomodou muito. Lembro-me de ter passado uma tarde chorando amargamente com Nancy Angelo, porque sentia que tanta atenção me enjoava. Com os anos fui entendendo que o difícil não tinha sido falar a partir de minha experiência pessoal, mas começar a questionar tudo o que assumi como verdadeiro. Tratava-se não apenas de assimilar novos dados e ideias, mas de ir descobrindo até onde a forma como eu via a mim mesma e a maneira como eu entendia a realidade eram uma construção social.

Mas o que mais me aferrou a essa experiência foi apalpar pela primeira vez um método educativo "alternativo", para chamá-lo de alguma maneira. Durante anos eu tinha lido compulsiva e desordenadamente sobre educação, porque naquela época, como hoje, pensava que é a melhor opção para combater os preconceitos, sejam eles de gênero, raça, nacionalidade, religião etc.[5].

---

4 "Ditabranda" é um termo utilizado para descrever ditaduras que supostamente pretendem preservar as liberdades civis.
5 No início dos anos 1970, cursei os três últimos anos do ensino médio (Sixth Form) no Atlantic College, em Gales, a primeira das escolas dos United World Colleges, que é um movimento que promove o

No Woman's Building encontrei um modelo que me recordava a educação ativa nos termos de Montessori, significativa nos de Ausubel, libertária nos de Paulo Freire, autogerida como a da famosa escola Summerhill, de Alexander Sutherland, prática como a de John Dewey e tão empoderadora como o que promovia o polêmico pequeno livro vermelho da escola de Sorne Hansen e Jesper Jensen. Também via, na prática, um modelo de educação e de produção artística que partia do entendimento de cada um desses processos como parte de um sistema, que é o que eu havia aprendido nas aulas de teoria que tive na escola de arte com Juan Acha, o teórico peruano. Isso me permitiu apreciar o fato de que as artistas feministas em Los Angeles trabalhavam em equipe (historiadoras, curadoras, artistas, colecionadoras, funcionárias etc.), mas também com ativistas e pessoas de outras disciplinas, o que criava uma situação peculiar e maravilhosa que se dá em poucas ocasiões: um momento de sincronia entre os anseios sociais e a produção artística. Nesses instantes, a importância da arte é sentida. Os construtivistas russos e os muralistas mexicanos certamente sentiram isso também. O que mais eu podia pedir? Estava maravilhada.

Naturalmente, a primeira coisa que fiz foi perguntar o que nutria esse programa e quais eram suas origens. A referência imediata era o Feminist Art Program desenvolvido por Judy Chicago e Miriam Shapiro na CAL Arts em 1971. As outras referências eram mencionadas vagamente. Por exemplo, averiguei que o "pequeno grupo", o CR (Consciousness Raising Group), que era a ferramenta fundamental do movimento feminista e foi amplamente usada na educação de arte, tinha suas origens nos "*Speak bitterness groups*" da China de Mao, ou que alguns exercícios utilizados nas oficinas, como as fantasias guiadas, tinham influência das meditações curativas das religiões orientais[6]. Eu também via que essa estranha e efetiva miscelânea educativa tinha influências do amplo leque de tendências e escolas psicológicas e psicanalíticas tão em voga naquele momento, desde a psicologia humanista

---

entendimento internacional através da educação (*international understanding trough education*). Ter convivido com jovens (homens e mulheres) de uma centena de países e de todos os grupos e crenças religiosas me ajudou a ver que todo o conflito pode ser resolvido por meio do diálogo, o que despertou meu interesse pela educação.

6 Em minha tese de mestrado para o Goddard College em 1980, intitulada "Feminist Art: An Effective Political Art", escrevo uma carta para Nancy Angelo perguntando-lhe sobre este ponto e ela me responde esses antecedentes, aceitando que "*Many of the sources are, by this time, diluted and cloudly. Many I don't know*" [Muitas das fontes, nesse momento, são difusas. Muitas outras desconheço].

até as propostas como *Co-counseling*, formulado nos anos 1950 por Harvey Jackins, ou EST, de Werner Erhard, porque muitas mulheres no Woman's Building participavam desse tipo de atividades. A educação de arte feminista *angelina* era um produto daquele momento.

Como mencionei anteriormente, no segundo ano do FSW, estávamos concentrados em lançar nosso trabalho no mundo. Por essa época, eu já tinha começado a participar dos projetos de Ariadne: A Social Art Network, como o projeto *Making It Safe* [Tornando-o seguro][7], e Suzanne Lacy era minha orientadora de tese, porque tinha me inscrito no mestrado na Goddard College, que aceitava como válida minha participação no FSW. Graças ao trabalho com Suzanne, minhas ideias tinham mudado, e comecei a propor os processos políticos e educativos como arte, e a *performance* como intervenção social mais do que como ato cênico. Por isso, meu projeto de segundo ano do FSW consistiu em realizar uma peça que se chamou *Translations: An International Dialogue of Women Artists* [Traduções: um diálogo internacional entre mulheres artistas]. Era uma obra baseada no diálogo, cujo centro era a educação.

Para essa peça, trouxe ao México um grupo de artistas feministas de minha geração para dar uma oficina e uma série de conferências e, por sua vez, levar para os Estados Unidos informação sobre as artistas mexicanas. Criamos uma ponte.

As conferências, como é costume nesse tipo de evento de educação informal, foram abertas ao público e realizadas em espaços como o Museu Carrillo Gil. A oficina, de dois dias, foi na casa de Cuernavaca, da dramaturga Nancy Cárdenas, e incluiu uma série de dinâmicas que conduziam a realização de *performances* sobre nossa experiência como mulheres.

Algo que me resultou muito surpreendente foi que um setor das feministas mexicanas ficou muito irritado com a oficina, porque queriam dados duros e consideravam que nossos exercícios eram parecidos aos utilizados nos cursos motivacionais promovidos pelo capitalismo para incrementar a produtividade dos trabalhadores e explorá-los ainda mais. Esse seria mais um truque do "imperialismo ianque". Armaram uma confusão. Naquele momento

---

7 *Making It Safe* foi um projeto de vários meses na comunidade de Ocean Park, que tinha como objetivo reduzir o nível de violência em relação às mulheres. Essa peça de intervenção social, ou *non-audience oriented performance*, como a definia Lacy e Labowitz, estava constituída por muitos elementos, desde sessões de denúncia coletiva (*speak-outs*) até leituras de poesia, sessões de panfletagem, exposições, manifestações e trabalho nos meios de comunicação.

confirmei algo que eu já sabia: o primeiro passo para que qualquer processo educativo funcione, talvez o mais importante, é a confiança. As feministas mexicanas desconfiavam tanto das feministas dos Estados Unidos quanto as mulheres do Woman's Building, dos homens. Aprendi que, se esses conflitos não são colocados em evidência antes de começar e, de preferência, são resolvidos, o mais provável é que as coisas não saiam bem. Basta contar para vocês que as paixões se inflamaram e duas companheiras acabaram no tapa.

O FSW foi muito importante para mim, porque me fortaleceu como mulher e como ser humano, mas em termos de compreensão do que era a arte feminista em sua expressão mais política e militante, o aprendizado mais intenso veio da colaboração com os projetos de Lacy e Labowitz. Aprendi com o exemplo dessas extraordinárias mulheres e artistas, de sua capacidade como profissionais, da clareza com que expunham ideias que tinham transformado a arte e do compromisso político e artístico delas. Compreendi que se a arte quer causar uma revolução social, antes, porém, precisa ser revolucionária em termos artísticos. E o mesmo acontece com a educação. Trata-se não apenas de modificar os conteúdos, mas a primeira coisa que deve ser feita é mudar a forma. Com elas, percebi que, assim como existe a educação amorosa, sobre a qual eu falava anteriormente, também há a que se dá por osmose quando se trabalha com mestras que nos permitem compartilhar seu processo e são suficientemente abertas para nos deixarem ver seus sonhos, dúvidas e desencantos.

Além das origens e especificidades da educação de arte feminista californiana dos anos 1970, há alguns objetivos gerais que funcionavam naquele contexto e continuam válidos, por exemplo, criar um espaço de confiança no qual as mulheres possam aceitar a autoridade de outras mulheres e exercer a própria; detectar os obstáculos pessoais, profissionais e/ou sociais que dificultam os trabalhos das artistas e armar-se com ferramentas para desarticulá-los; e especificar os objetivos políticos e artísticos de nossa obra e desenvolver estratégias para alcançá-los.

A primeira oficina de arte feminista que dei numa instituição no México foi realizada em 1982. Cheia de confiança recém-adquirida no Woman's Building, um dia visitei José de Santiago, então diretor de estudos de pós-graduação da Enap, e disse-lhe que tinha concluído um mestrado em sociologia da arte, focalizada em arte feminista, e que estava decidida a dar uma oficina sobre o tema. Conclui afirmando que eu gostaria de dá-la na escola, mas se, porventura, não me contratassem, eu iria dá-la do mesmo jeito. Para minha surpresa, ele topou de imediato, e a iniciei imediatamente, apesar de alguns trabalhadores e professores fazerem até o impossível para nos boicotar, trancando o auditório ou enviando cartas ao diretor, queixando-se de que nós não aceitávamos homens, sendo que apenas mulheres haviam se inscrito.

O grupo de arte feminista Tlacuilas y Retrateras surgiu dessa oficina. Era composto, entre outras pessoas, por artistas muito jovens, como Patricia Torres e Elizabeth Valenzuela, historiadoras de arte, como Karen Cordero e Nicola Coleby, administradoras, como Marcela Ramírez, e militantes feministas, como Ana Victoria Jiménez.

Concebi esse primeiro curso de acordo com o modelo aprendido no FSW, mas consciente de que tinha de ser flexível e me deixar guiar pelo processo. Começamos trabalhando a partir do pequeno grupo e outras dinâmicas para estimular a criatividade e definir os conteúdos feministas da obra. Desde então, notei que, pelo menos no México, esse tipo de ferramenta era muito útil para um começo e momentos específicos, por exemplo, quando é preciso resolver um bloqueio criativo ou um conflito de grupo, mas não como estrutura de trabalho cotidiana.

Começamos também a criticar a obra de cada aluna. Isso funcionou melhor, já que tinha se estabelecido uma boa relação entre as participantes, porque neste país facilmente confundimos a crítica com a agressão.

Um aspecto importante da oficina foi a pesquisa sobre o trabalho de outras mulheres artistas. Atualmente isso continua sendo necessário, porque, apesar da enorme bibliografia existente sobre as artistas do passado, poucas das escolas de arte incorporaram tal material em seus programas.

Um tema recorrente nesta e em outras oficinas que dei é que todas sentimos discriminação direta ou sutil e que, ao denunciá-la, disseram-nos que estávamos exagerando. Nessa primeira oficina, como não havia nenhum estudo sobre o tema, o grupo decidiu entrevistar diversos professores de arte e galeristas. Também conseguiu dados sobre a participação das artistas em exposições ou a frequência com que se escrevia sobre o trabalho delas. O sexismo era evidente, desde o galerista que negava ser sexista, mas não representava nenhuma mulher, até os professores das escolas de arte que aceitavam sem embaraço que prestavam menos atenção a mulheres artistas porque era perda de tempo. Não só não exagerávamos como também não tínhamos, em nossa apreciação da realidade, percebido a complexidade da questão.

Quando nos demos conta do que estava acontecendo a nossa volta, e com a consolidação da oficina no grupo, começamos a esboçar um projeto coletivo ambicioso, que pretendia pensar, por meio da arte, sobre um tema que a todas nos parecia inquietante: a festa de quinze anos.

Para mim, a colaboração e o trabalho de grupo são parte fundamental da arte feminista. Entendo este feminismo como a construção de uma visão coletiva. Mas para que o trabalho coletivo funcione, tem de nascer de uma necessidade real. Não se pode forçar. Eu simplesmente sei que uma oficina está funcionando quando surge entre as participantes a inquietação de trabalhar em grupo e começar a lançar suas ideias ao mundo.

Mas voltemos à festa de quinze anos. No México, ainda é tradicional que, ao completar essa idade, as jovens sejam apresentadas à sociedade, numa cerimônia que inclui um discurso tradicional do pai, que basicamente as coloca no mercado do matrimônio. Tlacuilas y Retrateras realizou uma ampla pesquisa que partiu de nossas experiências pessoais. Embora compreendêssemos as implicações dessa festa dentro de um sistema patriarcal em que a mulher é considerada objeto e seu valor máximo é a reprodução, sendo que algumas artistas tinham vivido isso como um pesadelo, porque se sentiram expostas ou acossadas, outras tinham aproveitado o baile e o fato de serem o centro das atenções. Algumas inclusive opinaram que era melhor esse ritual do que o enfrentado pelos jovens, que tinham que provar que eram homens visitando um prostíbulo.

Ao ver a profundidade e o enraizamento dessa festa, a oficina postulou a hipótese de que, apesar de ter um antecedente imediato nas culturas europeias e organizarem até mesmo viagens à Áustria para dançar a valsa de quinze anos em algum castelo de sonhos, a festa certamente ecoa rituais de passagem pré-históricos, e por essa razão também mergulhamos na história e na antropologia. Estudamos também os aspectos econômicos de uma celebração que produz um grande gasto. *La fiesta de quince años* [A festa de quinze anos] virou naturalmente um projeto interdisciplinar.

Por outro lado, nosso empenho em entender, mais do que impor, fez com que criticássemos o tradicional baile sem demonizá-lo, resgatando seu aspecto de celebração. Sugeríamos até que os homens eram discriminados porque não tinham festa igual. Há pouco tempo, graças a uma aluna da oficina que dou atualmente, que está trabalhando o mesmo tema, inteirei-me de que começa a ficar na moda que os rapazes também tenham festa de quinze anos, o que me parece extraordinário, porque o feminino finalmente começa a deixar de ser tabu para os homens.

La fiesta de quince años foi conceitualizada como uma intervenção social de vários meses, semelhante ao projeto *Making It Safe*, no qual trabalhei com Suzanne Lacy, que ela denominou "*Non-audience oriented performance*" e que, no México, tínhamos começado a chamar de "projetos visuais". A peça incluiu uma exposição, conferências, leituras de poema, uma obra de teatro e *performances*, mas o projeto global foi uma ação coletiva à maneira de uma grande festa de quinze anos, com tudo e o baile, para o qual cada artista desenhou seu próprio vestido: alguns tinham mãos por todo o corpo, outros mostravam os genitais costurados do lado de fora, e não faltou o que incluía um cinto de castidade.

A estrutura da peça respondia à da festa de quinze anos: convidamos como madrinha do livro a crítica Raquel Tibol, o pintor José Luis Cuevas fingiu ser pai da debutante, e o artista Nahum B. Zenil foi padrinho da exposição e o único homem convidado a participar, para que não fôssemos acusadas de discriminar homens ao organizar uma mostra exclusiva de mulheres artistas. Era nosso *token male artist*. Também em razão da visão política do projeto, não hesitamos em nos aproximar da comunidade cultural. Convidamos feministas, meios de comunicação e, muito especialmente, a comunidade que morava nos arredores, porque queríamos quebrar o isolamento tradicional da arte e ter outro tipo de impacto. Estávamos levando à prática o que na oficina tínhamos visto na teoria.

A resposta ao evento foi impressionante em termos de público; vieram cerca de 2 mil pessoas. Isso causou um caos semelhante ao das verdadeiras festas de quinze anos. O interesse nos surpreendeu, mas não tanto quanto as severas e mal informadas críticas que choveram sobre nós. Nesse momento, a imprensa e a crítica de arte sequer tinham noção do que era uma *performance* e por isso nos acusaram, por exemplo, de sermos péssimas atrizes.

Apesar de nossos esforços, a avalanche de comentários negativos acabou por desintegrar a oficina. Algumas artistas chegaram a abandonar a arte. Tivemos a perspicácia e o ímpeto de convocar uma jornalista feminista, Magali Tercero, para escrever com outro ponto de vista a fim de resistir ao ocorrido.

A distância vejo que a crítica realmente não foi tão severa, mas desastrosa porque não estávamos preparadas. Hoje, após tantos anos de enfrentamento de vários desdéns e atitudes desqualificadoras, não me surpreende o que ocorreu. Parece-me até que a virulência com que o evento foi recebido e o fato de que continue sendo lembrado demonstram seu êxito. O grupo e o projeto foram incluídos no catálogo de *La era de la discrepancia* [A era da discrepância], uma importante exposição que, em 2007, recuperou as origens da arte atual mexicana[8].

No entanto, naquele momento, num mundo em que ainda acreditávamos em utopias, éramos suficientemente ingênuas para pensar que a sociedade mudaria rapidamente, e sequer tínhamos ouvido o que era o *backlash*; como oficina, pensamos que o que estávamos propondo era tão claro e tão justo que seríamos bem recebidas. E eu, como facilitadora, não pude ver que ainda não assumíamos nossa própria autoridade com suficiente força para resistir à necessidade de agradar que nos tinha imposto a educação tradicional.

Outro dos grupos que se formou nos anos 1980 foi Polvo de Gallina Negra, que integramos Maris Bustamante e eu[9]. O nome foi tirado de um remédio contra o olho gordo, porque considerávamos que era difícil ser artista, mas ser mulher artista e feminista constituía um verdadeiro desafio e queríamos estar protegidas desde nosso próprio nome. A ironia e o humor sempre foram nossas melhores ferramentas.

Nesse afã de combinar a educação, a militância e a arte, de unir em vez de fragmentar, um de nossos principais projetos foi um *tour* de trinta conferências/*performances* pelas instituições de educação de ensino médio oficiais, intitulada *Mujeres artistas o Se solicita esposa* [Mulheres artistas ou Solicita-se esposa], nas quais falávamos do trabalho invisível da mulher.

Para começar essas conferências, vestíamos aventais com enormes barrigas de grávidas para ressaltar que podíamos pôr e tirar a nosso bel-prazer esse papel designado pela sociedade. Para nós, era evidente, mesmo nesses tempos, que, como diria Judith Butler, gênero é performatividade[10]. Imedia-

---

8   Olivier Debroise (ed.), *La era de la discrepancia. Arte y cultura visual en México 1968-1997*, México: UNAM, 2007.
9   Para mais informação sobre Polvo de Gallina Negra e o restante do movimento feminista no México, pode-se consultar meu artigo "De la vida y el arte como feminista" em n° 8 de *n.paradoxa*.
10 Judith Butler, *Your Behavior Creates Your Gender*. Conferência disponível em: <https://goo.gl/2tgnPL>. Acesso em: out. 2016. Um antecedente direto dessa proposta é uma *performance* de Maris Bustamante de 1982 no Museo de Arte Moderno de la Ciudad de México [Museu de Arte Moderna da Cidade do México], *El pene como instrumento de trabajo* [O pênis como instrumento de trabalho], projeto que descreve da seguinte maneira: "Mandei fazer 300 máscaras com minha foto como Mona Lisa com um pinto no nariz no qual estava pendurada uma etiqueta que dizia: 'instrumento de trabalho'. A máscara tinha um troquel no nariz para que este se levantasse. Enquanto vestíamos as máscaras, através

tamente depois apagamos as luzes, e Maris jogava no chão vários estalinhos, que chamamos "bruxas", que estalam quando batem no chão. Sabíamos, de maneira intuitiva, que se nós duas, mulheres, quiséssemos obter a atenção do público e/ou dos estudantes, por um lado, tínhamos que surpreendê-los e, por outro, desarticular sua resistência através do humor. Essa experiência me levou a entender que as conferências e o trabalho educativo diante de um grupo são atos cênicos e, como tais, requerem uma energia e um ritmo particulares.

Na conferência não falávamos de arte. Usávamos o trabalho de colegas como Magali Lara ou Yolanda Andrade para nos referir às diversas problemáticas que afetam a mulher. Por exemplo, as fotografias de lutadoras de Lourdes Grobet nos davam motivos para falar da violência intrafamiliar, já que algumas delas tinham comentado com a fotógrafa que, apesar do treino físico, todas apanhavam do marido. Alguns dos temas de que tratávamos eram aborto, estupro, direito à educação, igualdade no trabalho, rigidez dos papéis sociais, maternidade e feminismo.

Recebemos muitas surpresas ao longo desse *tour* de conferências por pequenos povoados ou cidades de médio porte do México, desde um presidente municipal que assistiu à conferência e se ofendeu porque nós duas usávamos botas, o que lhe parecia um gesto atrevido, até jovens que nos confessavam que se sentiam apoiados pela dissertação, porque em suas casas havia violência intrafamiliar e nunca tinham visto esse tema ser tratado publicamente. Através de nossos gestos, as imagens que mostrávamos e nossas palavras, buscávamos produzir uma fissura cognitiva no público, e em alguns casos conseguimos, porque, ao longo dos anos, pessoas que assistiram a alguma das conferências se aproximaram de mim e ainda se lembram delas como algo que lhes fez abrir os olhos.

Mas também não faltaram momentos divertidos. Numa ocasião, chegamos a um pequeno vilarejo à tarde e, para nossa surpresa, soubemos que a eletricidade diminuía a essa hora e era impossível usar o projetor de *slides*. Começamos a conversa com dificuldade, porque as imagens guiavam nosso discurso, mas com a vantagem de poder ver o público, porque não era necessária a escuridão para projetar. Surpreendeu-nos que a maioria dos participantes fossem mais jovens do que de costume. Em geral, contávamos

dos olhos também com troquéis, líamos uma tradução da canção que ouvíamos, cantada por Nina Hagen, que dizia que ela gostaria de ter sido homem, porque eles podem se divertir mais".

com alunos dos últimos anos do ensino médio, e aqueles tinham 14 ou 15 anos, mas não nos preocupamos, porque nossa conferência era coloquial e adequada para qualquer público. Quanto mais a conferência avançava, mais desconcerto os rostos dos participantes mostravam. Por isso interrompemos a conferência para lhes perguntar por que a estavam assistindo e quem os tinha enviado. Qual não foi nossa surpresa quando nos disseram que a professora de biologia tinha mandado os alunos para que aprendessem as doenças das galinhas! Nesse momento terminamos a conversa, enviamos os jovens para casa, e o grupo Polvo de Gallina Negra inteiro se retirou.

Ao longo dos anos, continuei realizando conferências "performáticas" sobre arte e feminismo, porque acho que é um formato educativo concentrado que permite causar uma fissura cognitiva, da que falava anteriormente, para que depois a pessoa interessada busque por sua própria conta outras ferramentas para se aprofundar no tema. Também continuei dando diversas oficinas de arte e gênero que resultaram muito enriquecedoras, porque a situação mudou e cada circunstância é diferente.

Uma das mudanças importantes é que, a partir da década de 1980, começou o processo de institucionalização do feminismo, que por muitos anos ignorou as artes visuais. Nas universidades foram abertas uma variedade de especializações e departamentos de estudos de gênero ou estudos da mulher, como o Programa Interdisciplinar de Estudos da Mulher (PIEM) no Colégio do México, em 1983, ou o Programa Universitário de Estudos de Gênero (PUEG) na UNAM, em 1992. Nos anos 1980, estando a escritora feminista Elena Urrutia à frente do Piem, Maris Bustamante e eu nos aproximamos para ver como podíamos integrar as artes visuais em seus programas, mas não tivemos sucesso. Somente muito recentemente o Pueg mostrou interesse na arte: a doutora Déborah Dorotinsky começou a coordenar o seminário "Cultura visual e gênero" e também começou a publicar a revista virtual *Arte, Cultura Visual e Gênero*[11].

Por outro lado, no início do novo milênio, tanto o governo federal quanto os governos estaduais criaram institutos da mulher pelo país. A visão desses institutos nem sempre incluíam as manifestações culturais, mas organizaram algumas exposições e eventos acadêmicos. Por exemplo, o Instituto da Mulher Oaxaqueña (IMO) realizou, em 2001, o Primeiro Colóquio sobre Arte

---

11 Ver <http://revista-red.pueg.unam.mx>. Acesso em: ago. 2016.

e Cultura da Perspectiva de Gênero e, em 2002, o Instituto Nacional da Mulher convocou o Colóquio "Arte e gênero", para o qual convidaram artistas e teóricas de várias disciplinas para discutir a problemática e as contribuições das mulheres em cada um desses campos. O colóquio durou duas edições e *Inmujeres* publicou as memórias da primeira. Isso marca uma das grandes diferenças da educação de arte feminista de princípios dos anos 1980 e do novo milênio: agora pelo menos já há uns quantos livros próprios dos quais partir[12]. Não posso deixar de destacar a importância de contar com essas publicações, porque de outro modo passaríamos tentando ver se cabemos nas definições das teorias dos países de Primeiro Mundo, que contam com muito mais recursos humanos e econômicos para realizar e publicar suas pesquisas.

Em 2004, o Instituto da Mulher Guanajuatense (Imug) me convidou para dar uma das oficinas de arte e gênero mais interessantes que já tive a oportunidade de dar. Um ano antes tinham me chamado do estado de Guanajuato para dar uma oficina intensiva que foi muito estimulante, porque as participantes já sabiam bem como funcionava o sexismo e juntas desenvolveram estratégias para visualizar a presença das mulheres artistas. Eu tinha ficado surpresa que Guanajuato, que tem fama de ser um estado muito conservador, promovesse um tipo de oficina assim, mas me agradou muito. No ano seguinte, me surpreenderam ainda mais quando me propuseram a ideia de conceber uma oficina sobre arte e gênero para as pessoas que trabalhavam de maneira permanente nos museus e nas casas de cultura, desde administradores e professores até o pessoal de base que se encarrega das tarefas, por exemplo, de receber os tíquetes de entrada. Nessa ocasião, a oficina era organizada em conjunto com o Instituto de Cultura do Estado e formava parte do plano Imug para transversalizar sua política de gênero por todas as dependências do Estado. Não queriam que participassem da oficina funcionários ou diretores, porque o tempo que permanecem em seus postos é limitado e o que se buscava era uma mudança a longo prazo. A lógica era que, se tinham conseguido a promulgação de leis que promovessem a igualdade das

---

[12] Existem poucas publicações sobre arte e gênero no México, mas eu, que sei quão difícil foi realizá-las e quão útil elas são, não posso senão estar orgulhosa delas. Algumas são: *Arte feminista de los ochentas* (Araceli Barbosa); *El desnudo femenino: una visión de lo propio* (Lorena Zamora); *La imagen femenina en artistas mexicanas contemporáneas* (Gladys Villegas); *Crítica feminista en la teoría e historia del arte* (Karen Cordero e Inda Sáenz, comps.); *Rosa Chillante: Mujeres y performance en México* (Mónica Mayer), y *Desbordamientos de una periferia femenina* (Laura García).

mulheres, devia-se implementar programas para que os funcionários públicos soubessem o que isso significava. Diante de tanto senso comum, naturalmente aceitei o desafio.

A primeira coisa que fizemos, como sempre, foi falar de nossas expectativas sobre a oficina. Isso me permite explicar o que eu considero meu papel como facilitadora e descrever o método com o qual trabalharemos e seus objetivos. Parece-me necessário compartilhar essa informação porque, embora a oficina seja sobre arte e gênero, sugere implicitamente uma reflexão sobre a educação feminista. E faço isso com a péssima intenção de que depois se replique.

Em seguida, cada um escreve os objetivos pessoais que quer alcançar na oficina e assina um documento especificando-os, que guardo até o final da oficina, quando fazemos um encerramento analisando os resultados e solicito retroalimentação sobre meu desempenho. O objetivo disso é fomentar que cada participante se torne responsável por seu próprio processo educativo.

Naquela ocasião, da introdução passamos diretamente a definir em grupo o que os participantes, homens e mulheres, entendiam por gênero e por cultura. Em minha experiência, sempre é mais enriquecedor quando todos contribuem para construir uma definição comum do que quando ela vem do professor ou de um texto, seja porque ela vira uma base que a coletividade pode assumir como própria, seja pela complexidade que se pode alcançar. Já depois temperamos o prato com teoria e história. O exercício sempre resultou empoderador, porque as participantes se dão conta de que sabem mais do que acreditavam e que, na verdade, são especialistas em questões de gênero e identidade.

Posteriormente detectamos as situações que cada uma observava em seu trabalho, que iam desde o fato de que os pais se negavam a que suas filhas tivessem aulas de balé com um professor homem, por temor do contato físico, até ter que lidar com maridos que não permitiam que suas esposas fossem a algum evento, especialmente em comunidades muito pequenas cuja "casa da cultura" era um caminhão que as visitava esporadicamente. Mas o maior desafio era conseguir que os homens – especialmente os idosos – se aproximassem mais da cultura, porque consideravam que era algo feminino e se negavam a oportunidade de ter uma aula ou assistir a um espetáculo. Ao entender a complexidade dessas situações, começaram a pensar em estratégias a longo prazo.

Fiquei surpresa de que todos os e as participantes tiveram uma postura abertamente favorável aos direitos da mulher. Gostaria de pensar que o feminismo permeou mais profundamente a cultura do que me dou conta, mas a realidade me diz que não é bem assim. Em 2005, a Secretaria de Desenvolvimento Social publicou a Primeira Pesquisa Nacional sobre Discriminação no México. A maioria dos entrevistados expressou que as mulheres merecem ser tratadas como iguais, mas 40% afirmou que devíamos nos limitar a trabalhos próprios de nosso sexo. Em outras palavras, mudamos apenas na aparência, o que em si mesmo é uma grande vitória, porque se trata de um pequeno avanço em toda a população. Hoje é politicamente incorreto aceitar a desigualdade da mulher, mas, na prática, ainda há muito trabalho a ser feito.

É claro que os e as participantes da oficina também analisaram a forma em que funcionava o sexismo dentro da estrutura da instituição para a qual trabalhavam. Falou-se sobre assédio sexual, sobre o fato de os homens conseguirem postos mais altos e com melhores salários, e as mulheres terem de se encarregar quase de toda a criação dos filhos. Era interessante ver que eram as mesmas demandas pela igualdade que as feministas tinham pleiteado décadas antes. Parecia até que nada tinha mudado. Mas não era assim. Eram as mesmas demandas, mas num contexto totalmente diferente: agora se apresentavam dentro de uma oficina organizada por uma instituição cujo mandato era implementá-las.

Ainda que eu compreenda a necessidade que temos de nos reunir em grupos exclusivamente de mulheres quando se começa a falar de gênero, neste caso foi muito útil que houvesse homens e mulheres. Parecia que nunca tinham se sentado para falar. Elas expunham problemas que eles sequer imaginavam, e vice-versa. O sistema patriarcal foi muito eficiente ao nos dividir em gêneros para nos vencer.

Também se designou um espaço para compartilhar experiências pessoais, o que resultou particularmente difícil, porque era uma comunidade com uma história comum em que alguns eram chefes, e outros, empregados. Procurei evitar então que isso virasse um problema falando aberta e diretamente do tema.

Antes mencionei que considero que uma oficina está funcionando bem quando seus participantes se propõem a trabalhar coletivamente, mas é um êxito quando, além disso, são tecidas cumplicidades que permitem que o trabalho continue sendo desenvolvido de maneira independente. Estas podem ser coletivas (por exemplo, a organização de uma exposição) ou simplesmente que duas pessoas saibam que podem recorrer uma a outra para se apoiarem. Infelizmente, no caso de Guanajuato, eu nunca soube se isso tinha ocorrido, porque mudaram a diretora do Imug e, como é de costume no México, puseram para fora todo o pessoal e eliminaram os programas que vinham se desenvolvendo.

Em setembro de 2009, decidi abrir a Oficina Permanente de Arte e Gênero, porque sentia que o ambiente tinha se modificado. De alguma maneira, exposições como *Wack: Art and the Feminist Revolution*, nos Estados Unidos, ou *A batalha dos gêneros*, na Espanha, e a abertura do Elizabeth A. Sackeler Center for Feminist Art, no Brooklyn Museum of Art, tinham voltado a colocar os refletores sobre o tema e gerado interesse, especialmente entre as artistas mais jovens. Abri então a oficina de maneira independente, como "Pinto mi raya" [Pinto minha raia], que é o projeto artístico que fundei, em 1989, com meu esposo e colega, Victor Lerma, cujo objetivo é fortalecer o sistema artístico mexicano. Passaram-se quase três décadas das primeiras oficinas de arte feminista, e o panorama é diferente.

Do lado positivo, a maior mudança é a influência do feminismo na sociedade em geral e no meio artístico. Para mim, isso é evidente em vários aspectos: primeiro fortaleceu-se a presença das mulheres em todos os campos; e na arte isso é muito notório na quantidade de mulheres que estudam arte e ganham prêmios e bolsas dadas a jovens criadoras. Em segundo lugar, há materiais publicados sobre as artistas, inclusive sobre a arte feminista e todo o caminho percorrido por minha geração. Embora ainda estejam para ser escritas muitas das histórias locais ou dos grupos mais marginais, existe já uma ampla bibliografia. Por último, muitos artistas estiveram e estão realizando trabalhos sobre identidade de gênero.

Do lado negativo, o sexismo continua forte e vigoroso. Às vezes, o *backlash* foi brutal e, no México, levou a extremos como o feminicídio, mas também está presente de maneira sutil e perniciosa. O desprestígio do feminismo é profundo, e é comum encontrar pessoas que dizem estar de acordo com a igualdade da mulher e atuam desta maneira, mas recusam totalmente o título de feminista porque pensam que é um machismo ao revés, nos rotulando como "feminazis". A diversidade e riqueza do pensamento feminista atravessou o anonimato, e o estereótipo das feministas se solidificou. Isso também leva a que muitas das artistas jovens achem que as batalhas do feminismo foram ganhas e é um tema fora de moda. Oxalá fosse assim! O problema é que ficou mais difícil para elas identificar o sexismo. Não se dão conta de que, apesar da existência de grande quantidade de mulheres artistas, sua participação em exposições coletivas continua sendo menor do que 20%, e hoje ainda se escrevem dez vezes mais críticas de arte sobre artistas homens do que sobre artistas mulheres. Elas acham que não são convidadas porque não são suficientemente boas artistas.

Essa combinação de fatores, somada à comunicação e à difusão que as redes sociais facilitam, permitiu que a oficina lotasse de imediato, e tive até de abri-la em dois turnos. A maioria dos participantes são mulheres, mas há um homem inscrito de maneira permanente, e vários que vieram de curiosos. Elas se incorporaram por vários motivos. Há artistas, historiadoras, administradoras, cineastas e pesquisadoras. Várias estavam realizando tese de licenciatura, mestrado ou doutorado sobre aspectos da arte e gênero e precisavam de um espaço para trocar ideias, porque na maioria de suas instituições elas tinham conseguido que o tema fosse aceito, mas não havia especialistas para orientá-las. Outras se inscreveram porque estavam realizando obra feminista de maneira intuitiva e queriam fazê-la com conhecimento de causa, ou vieram para entender por que recusam o trabalho delas por serem feministas. A oficina é um refúgio e ponto de encontro. Tem uma estrutura, mas não um programa. Trabalhamos a partir das necessidades e interesses de cada uma das integrantes. É uma oficina permanente na qual cada uma pode participar o tempo que considere necessário. No entanto, no Facebook, temos um grupo aberto exclusivamente para aquelas que estão ou estiveram inscritas na oficina, que serve como plataforma de trabalho para as participantes ativas, mas nos mantém em contato com as outras. Como estávamos recebendo muitas solicitações de artistas de outras partes do país, que não podem frequentar a oficina, para participarem do grupo, começamos a trabalhar num *blog* aberto para todo público[13]. Há ocasiões em que artistas de outros lugares do México mandam trabalhos, nós os analisamos no grupo e lhes enviamos nossas opiniões, ou então se dá o caso de colegas de outros países que vieram compartilhar seus projetos com o grupo. Claro que é importante ir tecendo uma rede com artistas de outras latitudes, e hoje isso é factível.

---

13 Ver <http://de-generando.tumblr.com>.

A estrutura da oficina é simples. Nós nos reunimos uma vez por semana durante duas horas. Lemos textos e os discutimos. Em geral, eu seleciono os textos conforme as perguntas que surgem no grupo: Temos nós as artistas uma linguagem própria? Há crítica de arte feminista latino-americana? Em que se diferencia a arte feminista da arte *queer*? Qual é a contribuição do ciberfeminismo à arte? No entanto, muitas vezes as participantes contribuem com materiais de suas especialidades. Grande parte da discussão se encaminha para expor nossas próprias definições, para não depender da crítica e da teoria que foi produzida em outros tempos e outras latitudes. Por outro lado, ao unir-se à oficina, cada artista apresenta seu trabalho, suas obras ou seus textos, e posteriormente a cada vez que precise atualizá-los. Efetuamos diversas dinâmicas sobre como estamos acostumadas a receber críticas e discutido o que se pretende com essas sessões. Isso permitiu que as artistas, especialmente as mais jovens, se sentissem à vontade recebendo e emitindo críticas. A variedade de idades, níveis de experiência e profissões foi muito enriquecedora.

Um aspecto importante do grupo, embora não tão central como o era na FSW, é o trabalho em pequenas equipes e as várias dinâmicas que nos permitem fazer de nossa experiência pessoal matéria-prima de nossa obra e de nossa análise. Sempre acreditei que o pessoal é político, mas também que o pessoal é artístico. Essas dinâmicas também servem para estimular os vínculos de grupo e para colocar imediatamente em marcha qualquer projeto coletivo. Também acho que são muito úteis como uma forma de retroalimentação ativa quando alguma das participantes na oficina apresenta seu trabalho e quer se aprofundar no tema. Por exemplo, quando alguém está desenvolvendo um tema como imagem e identidade, podemos fazer uma dinâmica na qual compartilhamos nossas primeiras lembranças de roupas que nos foram significativas. Para mim, esse é um exemplo de educação amorosa, em que todas nos colocamos a serviço da obra para ajudá-la a alcançar seus objetivos.

Para meu deleite, ambos os grupos realizaram projetos coletivos. O primeiro foi uma apresentação do projeto *Las muertes chiquitas* [As pequenas mortes], da artista espanhola Mireia Sallarès, que entrevistou mulheres mexicanas sobre temas como a sexualidade e a violência. Com esse material, ela realizou um vídeo, uma série fotográfica, mesas-redondas e um livro de arte. Um dos grupos da oficina decidiu interpelar Mireia sobre os sentidos e criaram uma série de discos com as frases que mais lhes haviam chamado a atenção do livro de arte. O segundo se constituiu como o grupo Las Gallinas Girls (brincando com os nomes do grupo The Guerrilla Girls e Polvo de Gallina Negra), e estabeleceu que, como o projeto de Sallarès tinha se inclinado muito para a violência, para curá-la fariam para ela um ritual semelhante a uma "limpeza", que neste caso foi uma "sujeira". Esse grupo continuou trabalhando como coletivo, fazendo *stickers* e cartazes feministas e vendendo-os em feiras que também fazem "sujeiras". Em cada projeto mudavam de nome. Atualmente ambos os grupos estão realizando uma série de vídeos curtos baseados no estudo, análise, crítica ou apropriação da obra de Pola Weiss, pioneira da videoarte e da *performance* no México, que morreu há vinte anos, e cuja obra, embora seja uma figura mítica da arte mexicana, é pouco conhecida entre as artistas jovens.

No final do primeiro projeto coletivo, que foi muito divertido, eu estava inquieta, porque a maioria das participantes na oficina tem bem definido seu trabalho individual, mas como coletivo tinham realizado um projeto com soluções parecidas ao feminismo dos anos 1970 mexicanos. Se estou buscando que cada uma fortaleça sua própria voz, a última coisa que eu quero é que se forme uma escola. Coloquei minha preocupação para o grupo e fiquei tranquila quando uma das participantes mais jovens comentou que estava consciente do que tinha acontecido e que para ela era uma forma de assimilar outras ideias, de torná-las próprias. Ela me disse que era por isso mesmo que tinha se inscrito na oficina. Comprovei, mais uma vez, que a melhor maneira de aprender (até o que se supõe que já se sabe) é ensinar.

Proyecto Secundario Liliana Maresca

Ferramentas relacionais, de carinho e projeção

Entrevista por Renata Cervetto e Miguel A. López

O Proyecto Secundario Liliana Maresca (PSLM) é formado por um grupo de artistas docentes que trabalha dentro de uma escola pública, participando da comunidade educativa e do bairro com duas premissas: ação e experimentação. O trabalho está dirigido a uma população específica: os adolescentes. São dadas aulas curriculares de 1º a 6º ano, em matérias como Produção e Análise da Imagem, Imagem e Novos Meios, e Projeto e Produção em Artes Visuais, entre outros. Gerar cruzamentos entre as matérias de arte e as matérias tradicionais do currículo busca problematizar e renovar os conteúdos e os modos de aprendizagem. Nesta entrevista, três integrantes do PSLM, Lorena Bossi, Sebastián Fredman e Leandro Tartaglia, conversam sobre as dinâmicas, desafios e transformações da escola nestes quase dez anos de trabalho.

Os inícios

MIGUEL A. LÓPEZ: A ideia do PSLM remonta ao ano 2008, quando vários de vocês começam a dar forma ao projeto na Escola nº 43 do bairro de La Cava de Villa Fiorito, no estado de Buenos Aires. Em 2010, a Direção Geral de Educação do Estado de Buenos Aires aprova o projeto institucionalmente, e o PSLM começa a funcionar como uma escola de ensino médio superior com orientação em artes visuais. Quais foram os antecedentes e os passos prévios à sua formação?

Somos nós, trabalho coletivo, postais e vídeo, agosto de 2015. Cortesia dos autores.

2ª Bienal de Arte para Escolas Víctor Grippo, dia de encerramento. Escola nº 43, La Cava de Villa Fiorito, Lomas de Zamora, novembro de 2016. Cortesia dos autores.

FERRAMENTAS RELACIONAIS *239*

LORENA BOSSI: Este processo é longo e precisa de um contexto para ser entendido. Ele nasce incialmente em dois espaços, duas esferas da realidade que vão se contaminando. Uma é o campo político em nível nacional e a transformação social que isso requereu. A outra é o acaso, a sorte, o afeto da comunidade artística comprometida. Ambas esferas estão interatuando constantemente. É bom pensá-las como dois movimentos, dois deslocamentos da realidade. Em relação à primeira esfera, o campo político, poderíamos explicar brevemente o seguinte: nosso país sofre uma mudança significativa em 1997 – um dos piores anos que teve a educação pública –, através da Lei Federal de Educação e o empobrecimento de conteúdos e instituições em geral. A pouca parcela do PIB destinada à educação e os debates sobre o público e o valor do Estado atravessaram a escola. O posterior estouro social diante da crise econômica e política de 2001, em que a escola teve um forte papel de contenção, é um exemplo desse declínio geral. Os docentes que passaram por essa etapa do país sabem que foi aí onde os termômetros sociais refletiram a gravidade da situação.

Depois, com a chegada de um governo popular pelas mãos de Néstor Kirchner (2003-2007) e Cristina Fernández de Kirchner (2007-2015), deu-se lugar a uma reclamação que os trabalhadores da educação já vínhamos realizando. Quando criticamos o modelo neoliberal antes de ser implementado (muitos vão se lembrar da Tenda Branca que os professores instalaram diante do Congresso Nacional e do jejum docente em 1997)[1], impulsionou-se o pensamento de uma escola com inserção em bairros, cuja qualidade educativa, em relação aos programas, é altíssima. Entre 2007 e 2008, a Lei Federal de Educação dos anos 1990 foi invalidada e uma nova lei criada, por meio da qual o ensino médio é obrigatório, e isso foi acompanhado socialmente

---

[1] No dia 2 de abril de 1997, cinquenta professores da Confederação de Trabalhadores da Educação da República Argentina (CTERA) ergueram diante do Congresso Nacional uma Tenda Branca, que se tornaria um dos emblemas da luta dos trabalhadores contra as políticas neoliberais e o modelo de privatização do governo Carlos Menem durante os anos 1990. Os docentes acompanharam o protesto com jejum líquido e foram se somando aos poucos mais vozes à reclamação por melhorias salariais, uma Lei de Financiamento Educativo e a revogação da Lei Federal de Educação. A Tenda Branca permaneceu ali por quase três anos (33 meses), durante os quais 1.380 professores jejuaram e foi visitada por alunos de 7 mil escolas. O protesto foi se espalhando, e as "tendas brancas" foram se multiplicando em vários estados do país. Sobre isso, ver Luis Bruschtein, "Luego de 1.003 días los docentes levantaron la Carpa Blanca. Clase de fin de año en Plaza Congreso", p. 12, Buenos Aires, 31 de dezembro de 1999.

de uma implementação educativa para garantir sua continuidade. Foi aí que a sorte nos juntou com a artista Fernanda Laguna numa cátedra da Faculdade de Ciências Sociais da Universidade de Buenos Aires (UBA) para falar de nossas experiências dentro do campo artístico. Ali nos demos conta de que ambas trabalhávamos em Villa Fiorito e decidimos começar a dar oficinas extracurriculares na escola, que por essa época era chamada n° 44 de La Cava de Fiorito. Fernanda foi um motor muito importante da escola numa primeira etapa; ela foi reunindo todos os primeiros integrantes, como Mariela Scafati, Flor Cabeza, Inés Raitieri, Lola e Magdakena Jitrik, entre outros. Os projetos recém começavam; não sabíamos se isso ia durar ou não, nem até que ponto se poderia intervir na realidade. Este projeto foi mudando com o tempo, e está em contínuo processo.

Um dia, o diretor da escola daquela época, Diego Llanos, nos convocou para pensar e redigir o projeto de ensino médio orientado para artes visuais. Nós o apresentamos, e assim começou. A equipe foi sendo montada aos poucos entre a comunidade de artistas. Alguns dão seu apoio e trabalham na escola, ao passo que outros são fixos; ou seja, professores dentro do sistema. Para alguns, estar dentro do sistema levou anos; e ainda hoje é um emaranhado de trâmites burocráticos. Fez-se "entrismo", como nos anos 1970, tentando se inserir no sistema público para formar a equipe de artistas que somos hoje, e que ainda está em permanente movimento[2]. Este é um trabalho de muita vontade e resistência. Não é tocar e ir embora; é estar atuando no e a partir do próprio sistema, transformando e acumulando recursos e ferramentas dentro de uma instituição pública a que soubemos e pudemos dar uma identidade.

RENATA CERVETTO: Como surgiu o nome? Por que o associam à figura de Liliana Maresca?[3]

---

2 O "entrismo", em seu uso metafórico, alude à entrada paulatina de posições políticas progressistas dentro de uma estrutura institucional tradicionalmente conservadora ou rígida. O termo originalmente se refere a uma estratégia política usada pelo trotskismo que consiste na penetração de quadros políticos nos partidos reformistas de massas, com o fim de radicalizar suas posturas e/ou captar parte de sua militância para formar organizações revolucionárias.
3 Liliana Maresca (Avellaneda, estado de Buenos Aires, 1951 – Buenos Aires, 1994) foi uma artista argentina cujo trabalho se desenvolveu nas décadas de 1980 e de 1990, em Buenos Aires.

Leandro Tartaglia: O trabalho de Liliana Maresca aparecia com muita recorrência nas conversas que mantínhamos. O que nos interessava de sua obra eram os processos coletivos em que se combinam poesia, materiais reciclados, participação do público e autoria coletiva. E nos parecia importante nos associar a isso, porque vemos nosso trabalho como um exemplo de quando o Estado – e nós, como docentes, somos, de alguma maneira, representantes do Estado – se coloca ao lado do povo e provoca verdadeiras transformações sociais. A maioria somos docentes, mas nos desenvolvemos como artistas em vários âmbitos e produzimos paralelamente nossas obras, projetos e ações. É importante para nós recordar do contexto que permitiu que o projeto surgisse: o kircherismo, a geração dizimada que chegou ao governo central, que lutou e luta por criar e defender os direitos do conjunto da sociedade. Hoje a situação política e social é outra, mas continuamos trabalhando do nosso jeito, sustentando a solidariedade e o trabalho coletivo.

O nome Proyecto Secundario Liliana Maresca surgiu de maneira *a posteriori* no início do trabalho em grupo. A princípio nos concentramos na escrita de um texto para apresentá-lo como projeto ao Ministério da Educação para ser aprovado e, em seguida, implementado. Depois do primeiro ano, quando os outros docentes, os auxiliares e os estudantes começaram a ver que a escola de arte ressoava para fora dela, começamos a pensar num nome que não fosse consequência da associação do trabalho artístico individual de algum de nós com Villa Fiorito.

Projeto secundarista foi um trabalho realizado pela artista Valentina Liernur numa escola em 2008. Valentina veio fazer uma versão desse projeto em Fiorito; já estava no ar, pegamos e lhe acrescentamos o nome de Liliana Maresca[4]. Conseguimos assim uma denominação que representa e combina com nossas identidades, como uma tomada de posição, ao incluir o nome de uma artista contemporânea argentina chave para o desenvolvimento da arte expandida, entendida como conceitual, materialmente ampla, e em grupo.

---

4 O *Projeto secundarista* de Valentina Liernur consistiu numa série de mostras coletivas *site specific* para escolas de ensino médio. A primeira versão foi realizada no Instituto Escolar Goethe, em 2008, e a segunda no Secundário Superior nº 49 Fiorito, em 2010. Sobre isso, ver Claudio Iglesias, "Solo los chicos. El proyecto de Valentina Liernur en las escuelas", p. 12, suplemento *Radar*, Buenos Aires, 22 de junho de 2008.

MAL: A atividade educativa do PSLM é realizada coletivamente. Quantas pessoas trabalham na escola secundarista e como foi a integração de vocês com o *staff* que trabalha ali? Qual papel cumpre a comunidade do bairro dentro das dinâmicas do projeto secundarista?

LB: Somos muitos os docentes que trabalhamos na escola. É uma escola pública como qualquer outra; ou seja, os cargos têm concursos público e são ocupados. No plano pessoal, eu já trabalhava na instituição com um cargo titular desde 2006. Sob a figura do "entrismo" que comentei antes, vários colegas começaram a trabalhar ali. Logo que o projeto secundarista orientado para artes foi aprovado, inscrevemo-nos na lista oficial, e dali Leandro [Tartaglia] e Ariel [Cusnir] foram ocupando cargos. Mais tarde, Juan [Bahamonde Dupá], que trabalhava na cozinha da escola, mas era artista e futuro professor, assumiu o cargo de ajudante de arte.

É complexo compreender a relação entre os docentes e a comunidade se você nunca trabalhou numa escola. Mas é algo que se vai instalando e construindo através dos anos. O mesmo se passa com os ex-alunos e o vínculo gerado com o projeto. Agora eles se aproximam e veem que podem contribuir. Às vezes os adultos são mais difíceis, mas os professores de outras áreas em geral nos apoiam e formam parte de um crescimento e de uma identidade coletiva de uma escola de arte.

RC: Como é uma semana na escola? Quais matérias ou oficinas são desenvolvidas de maneira específica e quais tipos de metodologia são empregados na prática?

LT: Em relação ao currículo específico da orientação em artes visuais, pegamos os conteúdos oficiais e os sistematizamos pensando num projeto entre 1º e 6º ano. Como apenas alguns de nós temos título e fizemos o concurso público, e por tal motivo não cumprimos todas as horas da orientação que há na instituição, apresentamos à direção os programas que servem para que os docentes que possuem essas outras horas estejam informados do projeto em termos do currículo. Embora seja útil, não concebemos o marco curricular como mera transmissão de conteúdos, mas como uma ferramenta para ver, pensar e gerar o trabalho coletivo. Por isso entendemos que o que se produz na escola não tem que ser só para a escola, e começamos a trabalhar com os estudantes em projetos de intervenção no bairro: murais, jardins, formas de recuperação, transformando o lugar onde eles vivem. A escola é do bairro e para o bairro, em termos sociais e materiais.

LB: Contamos com uma aula-oficina de arte, que é um espaço instituído. Conseguimos esse espaço após muita luta para que os demais professores e diretores entendessem que era algo extremamente necessário para que a orientação do ensino médio em artes visuais se desenvolvesse adequadamente. Nele damos aulas com vários professores de arte; ou seja, uma aula de gravura convive com outra de escultura ou desenho, elas vão cruzando conteúdos, a meninada se levanta, pega as coisas, as usa, é uma oficina em funcionamento. Às vezes na escola se sente o contraste de como em algumas matérias "não acontece nada" e na oficina se trabalha *full-time*. A meninada quer entrar na oficina, sabe que ali se trabalha.

Educação, arte contemporânea e contexto político

MAL: O programa de formação que vocês têm desenvolvido concebe a arte contemporânea como uma experiência educativa. Segundo a própria declaração de intenções do grupo, o Projeto Secundarista Liliana Maresca se apresenta "como um projeto coletivo, móvel e flexível que propõe pensar a escola como um processo contínuo de ação transformadora das práticas artísticas e educativas". Como cruzam nessa orientação as artes visuais e as demandas pedagógicas dos currículos tradicionais? Vocês sentem que formam "artistas"?

Sebastián Friedman: Nosso ponto de partida é a compreensão da arte como uma forma de habitar nossa experiência vital no mundo; digamos que é uma forma de viver, e isso inclui todos os campos de nossa sensibilidade, nossas relações, nosso trabalho, nossa alimentação etc. A partir disso, já não é preciso uma separação para pensar as práticas, tanto as artísticas quanto as educativas. Sim, há uma prática vital inundada de processos de pensamento crítico, e, ao pensá-la assim, a arte indisciplinada, como forma de viver bem, atravessa-habita-constitui todos os processos de aprendizagem que possam ocorrer, sem importar a matéria ou a disciplina. Não formamos artistas, não formamos nada que possa ser colocado em uma categoria; participamos ativamente de um processo de expansão das sensibilidades individuais para pensar-se dentro de uma comunidade como um sempre possível.

MAL: É muito significativa essa ideia sobre o apagamento da barreira entre práticas artísticas e educativas, ao serem compreendidas como prática vital. Nos últimos anos, está acontecendo na América Latina um incremento de experiências de educação crítica que vêm das artes e procuram oferecer alternativas a certa obsolescência da academia tradicional, apostando em produzir conhecimentos e formas de aprendizagem politicamente situados. Quais experiências que combinam o artístico e o pedagógico, sejam locais ou estrangeiras, vocês consideram referências ou interlocutoras para o trabalho que fazem?

LT: Há algumas experiências locais com as quais fazemos um trabalho conjunto: Projeto Anda, Belleza y Felicidad Fiorito e Bachillerato Popular Chilavert. A dinâmica diária às vezes não permite aprofundar na busca de uma produção conjunta, mas é muito curioso porque, mesmo sem procurar, isso acontece do mesmo jeito. E isso nos põe em sintonia com esses projetos que, num ponto, buscam a mesma coisa: o empoderamento do povo.

LB: Nem todas as intervenções de sucesso num território devem ser relacionadas com a ideia de alternativo ou inovador; muitas vezes uma intervenção efetiva num contexto é tentar cumprir com o que uma instituição deve fazer. Da escola se esperam muitas coisas, e ela já é, em si mesma, um lugar apagado social e culturalmente. Hoje em dia se convive num mundo de experiências cruzadas, emaranhadas. Potencializar seu caudal de contaminação pode ser um caos ou algo criativo. Nós trabalhamos num escola pública normal, deteriorada e empobrecida como qualquer uma da região metropolitana de Buenos Aires, num contexto de precariedade socioeconômica que vem de décadas; não é um projeto *hippie*, nem uma escola Waldorf. Às vezes, içar uma bandeira num ato gera uma pertença e um enquadramento em contextos muito desmontados. Nessa situação, não se opta sempre por romper estruturas; às vezes, o melhor é montá-las, sustentá-las e, sobre a base disso, criar as condições para o diálogo entre o instituído e o instituinte de cada espaço.

Do ponto de vista pessoal, tenho dezoito anos de docência e venho da experiência de coordenar oficinas de arte em institutos de menores em regime fechado da Capital Federal (Buenos Aires), num projeto da Linha Fundadora das Mães da Praça de Maio e a Secretaria de Infância, Adolescência e Família (SeNAF). Aí dei aulas e coordenei mais de trinta docentes de arte; tive a sorte de trabalhar com Raquel Robles – escritora e militante fundadora de H.I.J.O.S. – e outras pessoas de muito valor. Nesse espaço foi onde aprendi que se partimos de sujeitos já vulneráveis, a solução não é continuar desmontando todas as estruturas. Ou seja, uma criança de escassos recursos que não teve infância e não sabe o que é viver com um mínimo de ordem – por exemplo, levantar-se, tomar café da manhã, escovar os dentes, ir à escola, ter um caderno para cuidar, adultos que a protejam, brincar etc. – a uma criança que tem toda sua vida alterada, como docente você tem que lhe dar estruturas. Com frequência, a gente não dá a importância devida a essas estruturas, porque já as tivemos e desejamos rompê-las. Acreditar que todos tivemos ou temos as mesmas oportunidades é um erro. Às vezes, é preciso escutar e se situar; sem leitura da situação política, não há intervenção possível.

Existem projetos bem-intencionados de educadores que leram e viram muita teoria que fracassam ou duram muito pouco no território, em sua grande maioria porque aterrissam sem olhar onde o fazem. Em outros casos, porque não fazem uma leitura sociocultural; muitos artistas criam projetos para si mesmos, e não para a comunidade onde se inserem, e isso dura pouco, se esgota. O triste é que não se perguntam por que não funcionou. Para que algo funcione, é importante avaliar o que fazemos.

As experiências educativas que resgato não costumam ser programáticas, e vêm de vários lados: o coletivo Pin em São Paulo, Brasil, cujos integrantes são amigos e colegas que vêm do ativismo político-artístico, como é meu caso, e que hoje sustentam práticas pedagógicas em cruzamento com a arte em territórios. A experiência de Marcos Luczkow no projeto La Estrella, na cidade de Merlo, e a de Diego Posadas e Julia Masvernat na Villa 31 de Retiro, ambas no estado de Buenos Aires, acho que são interessantes.

Às vezes, aprendo muito com gente muito jovem que começou recentemente na docência e que vem superanimada, que ainda nem tem título, mas dá aulas com vontade. Há algumas frases de pensamento de arte política que são aplicáveis em Fiorito, e que repito para mim como um mantra contra a mediocridade, como a de [Gerard] Paris-Clavel: "Aos símbolos da miséria, não acrescentemos a miséria dos símbolos".

MAL: Vivemos numa época em que a educação vem sendo fortemente privatizada. Em países como Chile ou Brasil, uma série recente de greves, mobilizações estudantis e ocupações de escola confrontaram a extrema precariedade do ensino e a redução do gasto público com a educação. O perigo é que o ensino fique preso às lógicas do lucro e da competividade. Do ponto de vista neoliberal, exige-se das escolas e universidades que sejam provedoras de profissionais úteis para o mercado. Segundo vocês, como se dá esse debate na Argentina e como lidam no PSLM com as demandas conservadoras que exigem transmitir conhecimentos pragmáticos que sirvam para uma entrada rápida no mercado de trabalho. Isso talvez seja complexo, porque muitos dos jovens que frequentam a escola têm a responsabilidade de trabalhar informalmente para ajudar suas famílias.

LB: A realidade argentina atual, com seus representantes políticos que vêm dos setores mais reacionários e neoliberais, não difere muito do resto do continente que se reconfigurou nestes últimos tempos. Essas políticas de mercantilização da educação encontram na Argentina um forte movimento de resistência estudantil e de trabalhadores da educação: uma comunidade que defende a gratuidade, as políticas educativas progressistas e de ampliação de direitos. Junto a esses movimentos, quase todos os intelectuais, as personalidades da arte, da literatura, da ciência e do pensamento apoiam políticas progressistas. Ou seja, nosso país carece de intelectuais de direita com suficiente peso e idoneidade para opor-se às lutas no plano da rua e no do debate dentro das instituições. O sistema de ensino médio, fundamental e infantil faz parte disso, com uma maior quantidade de déficits por conta dos papéis e da precariedade que sofreu ao longo destes anos.

LT: A arte é uma ferramenta de autoconhecimento e de conhecimento do outro, do bairro, da história. Queremos que os jovens da escola possam se conectar com uma ideia de projeto, de futuro, de colaboração; com um papel docente que eles também possam desempenhar. Acompanhar às vezes é melhor que ensinar. Criamos condições, espaços de discussão, produção e debate. Esses são os valores que podemos criar de maneira muito mais sólida na hora de pensar uma formação para a escola.

RC: Quais foram os principais desafios e problemas nestes anos de trabalho?

LT: Parte do trabalho é conseguir transmitir que a escola não é um espaço do outro, mas ela pertence a toda a comunidade, na qual um pai ou uma mãe contribui para sua sustentabilidade e fortalecimento, e o docente trabalha em sua condição de representante do Estado. Lamentavelmente, o sistema educacional não fomenta o sentimento dos docentes de pertencimento à escola; o que acontece com muitos docentes de qualquer matéria é que, como eles têm poucas horas por semana, o trabalho coletivo de cada instituição torna-se mais difícil de ser realizado. Há tensões e negociações o tempo todo, é parte da dinâmica que se cria dentro de uma instituição em que nem todos são seus amigos.

LB: Um desafio que continua importante é o reconhecimento e o trabalho com nossos pares docentes e não docentes. E acho que sempre vai ser; às vezes é difícil incorporar ideias novas ou romper esquemas. O não se ajustar é um déficit próprio. Há um trabalho, um exercício permanente entre empatia e coesão, que deve se dar em cada ato. Administrar e coordenar têm um pouco de cada coisa.

Efeitos, ressonâncias e socialização da escola

RC: Em 2012, formou-se a primeira turma de alunos secundaristas com o título de especialização em Artes Visuais. Após o término dos estudos, vocês continuam acompanhando os jovens?

LT: Com alguns alunos temos contato, com outros, não, seja porque se mudaram, seja porque simplesmente entenderam que terminou uma etapa de suas vidas. Acho que as ferramentas não são exclusivamente artísticas, mas relacionais, de carinho, de projeção: poder pensar o futuro de maneira mais esperançosa num contexto de vida muito duro. Nesse sentido, é difícil para nós o acompanhamento de todos os casos. Buscamos, no entanto, criar uma relação de continuidade com os alunos formados. Por exemplo, no ano passado começamos com os trâmites para criar um magistério em Artes Visuais, mais uma etapa na formação e na escolha de uma carreira e um trabalho. Tudo tem seu tempo; por isso, paciência e firmeza são as duas condições mais importantes para qualquer tipo de militância.

MAL: Em outubro e novembro de 2014, vocês organizaram a 1ª Bienal de Arte para a Escola Liliana Maresca, que teve como curadoras convidadas Almendra Vilela (filha de Liliana Maresca), a historiadora de arte Ana Longoni e a artista Carolina Golder. A bienal foi um convite a outras escolas para trabalhar a partir de obras de artistas argentinos. Como surge essa iniciativa e como avaliam a experiência?

LT: Um antecedente poderia ser 2013, quando apresentamos, na 13ª Bienal de Istambul[5], um trabalho surgido no PSLM. O convite que nos fizeram teve como condição que pelo menos dois estudantes viajassem. Temos interesse em mostrar o projeto do PSLM em outros circuitos, mas somente se isso tem alguma relação com a dinâmica diária da escola. O trabalho que decidimos realizar diante desse convite foi um mapeamento do bairro que os alunos do 6º ano fizeram. O trabalho consistiu em imaginar diferentes visualizações sobre o passado, o presente e o futuro, além de uma ação específica: nomear ruas e passagens, bem como confeccionar os cartazes e colocá-los. Viajar para levar esse trabalho foi uma experiência muito significativa para os jovens, porque eles assumiram um papel de representação de sua escola, seu curso, seu bairro, seus país.

Esse formato de bienal, como exposição coletiva acompanhada de um conceito geral, nos levou a propor às autoridades locais (diretores de escola e inspetores distritais) a possibilidade de criar uma "bienal das escolas" que articulasse e permitisse uma conversa com a história da arte contemporânea argentina. O formato que finalmente demos a essa bienal é parte do diálogo institucional interescolar sobre o qual também trabalhamos. Porque o trabalho não é apenas com os estudantes e colegas na escola, mas também com o bairro e a comunidade em geral, e, muito importante, com outras instâncias da educação pública.

RC: Diferentemente de um ensino médio normal, quais ferramentas sentem que os projetos e experimentos criativos que realizam deixam para vocês?

---

[5] A curadoria da 13ª Bienal de Istambul esteve a cargo de Fulya Erdemci. Teve como título geral *Mom, I Am a Barbarian?* [Mãe, eu sou um bárbaro?] e se concentrou na cidade e na possibilidade de entender o espaço público como um foro político.

LT: As ferramentas que criamos são materiais, mas também sociais. Por exemplo, a Bienal de Arte para Escolas indica quais artistas contemporâneos argentinos decisivos em nossa história entram no imaginário do trabalho das escolas, de arte ou não. Porque todo ensino médio tem a matéria "artes plásticas" nos três primeiros anos. No entanto, ter a oportunidade de trabalhar a partir da obra de Liliana Maresca ou Víctor Grippo não apenas oferece um exercício material, mas também de memória, de reconhecimento, de identidade. Por outro lado, a bienal, como ferramenta, permite criar vínculos entre instituições e entre docentes. Um vínculo que, em muitos casos, pela dinâmica de trabalho – estar duas horas numa escola e duas horas em outra –, se dá mais no âmbito do burocrático do que no da reflexão e dos conteúdos.

Outra estratégia que vai se consolidando com o tempo e de acordo com as possibilidades materiais é a visita permanente de artistas, escritores, músicos, que dão oficinas curtas ou dividem alguma aula com algum docente. Isso torna as aulas mais dinâmicas (não só as de arte), e os estudantes se relacionam com pessoas que não costumam ver diariamente.

MAL: No ano passado, entre setembro e novembro de 2015, vocês realizaram a exposição intitulada *Proyecto Secundario Liliana Maresca*, no Centro Cultural Haroldo Conti (ex-ESMA)[6]. Apesar de já terem apresentado antes projetos do PSLM em mostras coletivas – como na 13ª Bienal de Istambul (2013) –, o "expor" o trabalho da escola supõe outros desafios. Quais são as dificuldades que encontraram ao passar para um formato "expositivo" um projeto que é basicamente experiencial e pessoal?

LT: Utilizar o formato expositivo para socializar o trabalho do PSLM é também um exercício. Em cada atividade que realizamos fora da escola ou do bairro, procuramos criar alguma aprendizagem para os alunos, e para nós como grupo. A mostra no Centro Cultural Haroldo Conti nos serviu para editar o trabalho de vários anos, e, junto com os estudantes, passamos pelo processo de montagem e preparação das obras. Na inauguração fizemos visitas

---

6 *Escuela Superior de Mecánica de la Armada* (ESMA) é uma unidade da Marinha Argentina destinada à formação de oficiais em mecânica e engenharia de navegação. Sua antiga sede, localizada na avenida do Libertador, em Buenos Aires, foi, durante a ditadura militar (1976-1983), um centro clandestino de detenção e tortura por onde passaram mais de 5 mil pessoas, que foram presas, torturadas e assassinadas. [N.T.]

guiadas em que eles mesmos contaram sua experiência. A mostra serviu para consolidar uma ideia: cada vez que "saímos do bairro" nosso projeto não passa a uma fase apenas expositiva, mas também de reflexão. Ou seja, temos de encontrar para o projeto um para que, e isso sempre nos obriga a pensar como pode servir para os estudantes esta ou aquela experiência.

LB: Como disse Leandro, é sempre uma aprendizagem disparada para todos os lados; ela parte do professor que mostra ao estudante uma forma possível de expor algo, segundo certos saberes, preconceitos e práticas, e às vezes se pergunta também como isso mesmo pode ser alterado. É o estudante que segue o tradicional ou que o modifica, quem reflete sobre como sua obra estar ali, o realizado, adquire outros significados. Há aqueles que querem voltar à oficina e construir ou reconstruir algo que fizeram, porque, ao ver a obra exposta, surgem para eles novas inquietações e perguntas. Ou seja, esse objeto se comunica com seu criador de outra maneira, já que está filtrado pelo espaço do museu, de certa ideia de legitimação e de outros olhares. Por exemplo, Mauro quis fazer novamente seu cavalo com carro depois de vê-lo exposto numa galeria. Fez com mais vontade, levou a coisa a sério, aperfeiçoou o trabalho. Maky foi visitar a Fundación PROA, viu arte moderna, e saiu pensando que os postes de luz da rua, uma lata e umas fitas possuem uma sensibilidade especial, e de modo intuitivo alteram os percursos tradicionais; é deles que aprendemos.

Faz três anos que as paredes inutilizadas de um corredor viraram nossa sala de exposições permanente: pintamos as paredes de branco do chão ao teto. Ali expomos seus trabalhos diariamente, fazemos mostras deles ou de artistas conhecidos, ou então tudo misturado. Esse espaço é muito respeitado, ninguém quebra as obras, nem escreve em cima delas ou as tira do lugar. Os estudantes do ensino fundamental passam e perguntam por elas, os professores também, e assim o círculo cresce.

Patricia Belli

Não ensinar, aprender.
Os experimentos educativos em EspIRA

Entrevista por Miguel A. López

O trabalho artístico de Patricia Belli se caracterizou, desde a metade dos anos 1980, por traduzir preocupações tanto íntimas como sociais. Desde 2001, seu trabalho se conjuga com a criação de programas pedagógicos experimentais que se converteram em espaços de renegociação crítica da educação artística na América Latina, impulsionando formas distintas de intercâmbio e mobilidade por meio da formação de centenas de jovens de todos os países da região. Esta conversa reflete sobre as possibilidades da educação como prática transformadora, bem como sobre os desafios de gerar espaços de formação cujo ponto de partida seja a vivência pessoal e o compromisso de dialogar criticamente com o próprio contexto.

MIGUEL A. LÓPEZ: As linguagens da arte se transformaram drasticamente nos últimos vinte anos na Nicarágua, em especial com a incorporação de outros sistemas de representação que quebram as disciplinas tradicionais de pintura ou escultura. Esse processo ocorreu com muitas resistências, e acho que uma coisa decisiva para que essa transformação tenha acontecido é a presença de uma nova geração de jovens artistas educados nos programas alternativos aos da Escola de Belas Artes. Você foi o principal motor desses novos programas e experimentos educativos, que, além disso, tiveram um impacto enorme em toda a América Central. Gostaria de conversar com você sobre os efeitos de uma educação crítica do ponto de vista da arte. Em 2001, você criou o primeiro desses programas, chamado TAJo (*Taller de Arte Joven*), que ocorria em sua própria casa. Como surgiu esse programa?

Apresentação de *performances* e discussão coletiva como parte das Oficinas de Crítica. Programa Tacon, EspIRA, 2016. Fotos de Alejandro Belli.

PATRICIA BELLI: TAJo surgiu do compreender que uma nova geração de artistas não ia aparecer espontaneamente; era preciso outro andaime educativo. Isso, de fato, vim a entender dois anos antes, em julho de 1999, quando a II Bienal de Pintura Nicaraguense foi o cenário de uma batalha entre o que poderíamos chamar de os artistas contemporâneos e os pintores tradicionais. Naquela oportunidade, uma obra minha, intitulada *Vuelo difícil* [Voo difícil] (1999), foi reconhecida com o primeiro lugar dos prêmios que a Bienal entregava. A obra era uma *assemblage* de um vestido no qual estavam pendurados pequenos porta-retratos com imagens; nela estavam presentes técnicas da pintura, da escultura e da fotografia sem estritamente ser nenhuma dessas disciplinas de forma pura. Que uma peça que não se ajustava aos cânones tradicionais do que deve ser a pintura ganhasse o prêmio fez com que um segmento importante dos artistas locais tradicionais se sentisse indignado e atacasse aqueles que estavam procurando elaborar obras com outras linguagens. Para eles, a arte contemporânea que vários de nós estávamos procurando fazer era trapaça[1].

Apesar de tudo, o que foi revelador para mim é que o lado conservador desse debate esteve liderado pela Escola Nacional de Artes Plásticas e seus estudantes, de 17 ou 18 anos. Essa era a prova do desastre da educação artística no país, e se converteu no motivo principal para pensar em criar plataformas de ensino alternativo. É assim que, em 2001, inaugurei o TAJo, com a intenção de criar as condições para discutir os trabalhos dos artistas participantes, questionar coletivamente sua capacidade de contágio e sua efetividade. Partindo da premissa de que a arte produz significados que enriquecem a experiência do espectador, penetramos nesse processo. Revisávamos e interrogávamos as sensações e os significados gerados pelas obras, os sentidos propostos e as soluções formais que os construíam, discutindo a sinergia entre tudo isso.

MAL: A existência do TAJo deu lugar à criação de EspIRA (*Espacio para la Investigación y Reflexión Artística*), em 2004, que foi seu projeto educativo mais longo, ativo e talvez o mais conhecido fora da Nicarágua. Acho que naquele

---

1 Os jurados dessa edição da II Bienal, que outorgaram o prêmio a Belli, foram Celia Sredni de Bibragher (Colômbia), Jana Cazall (Espanha) e Vivian Pfeiffer (Argentina). Os artigos e opiniões sobre essa polêmica foram distribuídos como um documento anexo ao catálogo do evento. Ver *II Bienal de Pintura Nicaraguense*, Managua: Fundación Ortiz-Gurdian, 1999.

momento já era bastante claro para você que o importante era preencher um vazio existente na formação artística na Nicarágua. Como foi esse deslocamento do TAJo para o EspIRA?

PB: Enquanto o TAJo era um grupo de pessoas reunidas para falar de arte, o EspIRA foi pensado como uma associação de artistas e gestores culturais, uma organização legalmente constituída que, como tal, proporcionava um guarda-chuva jurídico para o trabalho que gostaríamos de fazer. Em suma, os objetivos amplos do TAJo e do EspIRA são os mesmos: gerar espaços de formação e aprendizagem com posições críticas em relação à realidade e comprometidas com o presente. A diferença foi que a personalidade jurídica do EspIRA facilitou a gestão de fundos, o que permitiu, durante um tempo, aprofundar e estender os alcances das oficinas. Vieram instrutores convidados de outros países, foram oferecidas mais atividades de ensino, desde aproximações teóricas e práticas até história da arte etc. Houve, sim, no aspecto metodológico, uma mudança bastante significativa, já que, no TAjo, apenas eu era a facilitadora das oficinas de crítica, realizadas em minha casa e gratuitas. No EspIRA, ao contrário, por receber financiamento e convidar vários artistas, as atividades adquiriram uma substância diversa, rica em perspectivas e dinâmicas educativas.

MAL: Quais eram os aspectos formativos específicos nos quais você queria se diferenciar radicalmente da educação da escola tradicional de Belas Artes?

PB: Destaco um aspecto importante: a aprendizagem realizada na escola tradicional na Nicarágua é técnica. Isso começou a mudar este ano, quando uma pessoa formada na EspIRA foi nomeada diretora da Escola de Belas Artes. Mas até há pouco tempo, a escola ensinava a técnica da pintura e umas aulas de história bastante limitadas. Isso fazia com que os estudantes se formassem como técnicos em pintura. A iconografia usada tinha influências surrealistas, cubistas, românticas e neoclássicas, mas pouca informação e nenhuma reflexão sobre o porquê se davam essas influências, nem o que dizer das formas atuais de criação.

Diante disso, o EspIRA concebeu um modelo bem conhecido do mundo da arte contemporânea, embora insólito no meio local: processos de aprendizagem para produzir uma arte cujo ponto de partida seja a vivência pessoal e, portanto, que esteja atenta ao meio no qual o corpo está localizado, ao contexto em que opera e com o que interage. Tínhamos interesse também em que essas formas criativas não respondessem a disciplinas – tradicionais ou atuais –, mas construíssem linguagens, articulando em liberdade as formas, as ideias e as emoções, e que fossem comunicadas.

A estratégia usada naquele momento foi simplesmente o diálogo, e isso continua vigente até hoje. Tínhamos interesse em discutir como se gera um significado em termos públicos e para que fazemos arte. Isso é o que fazemos com os trabalhos dos participantes: analisamos quais são as sensações biológicas, as percepções, as associações históricas e culturais das imagens e dos materiais, e de todos os mecanismos por meio dos quais o significado pode surgir da forma. Também nos importa questionar o gosto estabelecido, revisar a genealogia da estética, as maneiras em que se produzem as sensações do desejo e da aversão, e perguntarmo-nos pelas ideologias que estão por trás dos conceitos discutidos.

No EspIRA não são ensinadas técnicas nem disciplinas – na verdade, não se ensina nada, porque o sistema está baseado em aprender, não em ensinar. Mas, em relação às disciplinas da arte, também não estimulamos sua aprendizagem, porque são preceptivas. Para sermos mais exatos, estimulamos sua des-aprendizagem. Quando um estudante do EspIRA passou antes por um processo de aprendizagem técnico, seja de pintura, audiovisuais, teatro ou o que for, com frequência vai precisar experimentar com essa mesma linguagem para rachá-lo e reacomodá-lo na medida do que precisa expressar de maneira mais sincera.

Essa tarefa é bem difícil, porque a aprendizagem puramente técnica, habitualmente esvaziada de pensamento crítico nas escolas tradicionais, vira um espartilho que te limita e te disciplina, e muitas vezes acabamos reproduzindo inconscientemente essas mesmas restrições. Enfrentamos diariamente essa situação, e por isso enfatizamos todo o tempo aos estudantes que devem se preparar para transgredir certos usos estabelecidos, mas, principalmente, que devem ter um caráter e um posicionamento que contribuam para construir o tom da obra. As ferramentas não podem ser usadas arbitrariamente, como se fossem autônomas, porque seu gesto é parte de um todo significante. Vemos esse conjunto crítico de análise e desconstrução como parte de um exercício sinérgico.

Fazemos isso para estimular uma produção honesta que não seja derivada. Dessa mesma perspectiva, algo que não fazemos é orientar os estudantes para os paradigmas do politicamente correto, porque seria como promover outra técnica, outra fórmula. Mas os empurramos para posições éticas surgidas do questionamento de seu entorno, a partir de sua experiência pessoal, cruzadas com as discussões teóricas do tema. Às vezes esse cruzamento converge para paradigmas conhecidos, mas são pessoais, conscientes e situados.

Educação como prática transformadora

MAL: Gostaria de conversar um pouco mais sobre as dinâmicas do EspIRA. Como são o método de trabalho e os usos do tempo? Por exemplo, vocês tinham metas dentro do trabalho educativo?

PB: Uma sessão de trabalho, dependendo da oficina e do(a) instrutor(a), dura de três a quatro horas e pode girar sobre um texto teórico, a análise de uma das obras, algum período histórico, ou pode ser uma aula prática em que se fazem exercícios que desafiam a criatividade dos participantes e os obrigam a aprofundar em seus próprios interesses. Conseguimos fazer análises profundas cara a cara, porque nos esforçamos em criar espaços íntimos nos quais todos temos o direito e o compromisso de opinar com franqueza, de escutar com atenção. Essas dinâmicas são comuns a todas as oficinas do EspIRA, sejam elas teóricas, práticas, de crítica etc.

As atividades que chamamos "oficinas de crítica" são a medula no trabalho com artistas jovens. É um aprender em marcha: de arte, de relações humanas, de afetos, de percepções, ideias, alteridades. Nossa versão de como implementar uma oficina de crítica se iniciou com o TAJo, em 2001, com a ideia de que era imprescindível propiciar uma atmosfera de horizontalidade. Alguns princípios básicos são que numa oficina de crítica não há observadores: todo aquele que fala, mostra a obra; e todo aquele que mostra a obra, fala. O melhor momento de um ciclo é quando os participantes já possuem vários meses de interação e sentem total confiança para expressar todas as suas opiniões sem medo de como elas vão soar, ao mesmo tempo que a habilidade argumentativa deles é refinada. Esse é o tempo da colheita.

Do mesmo modo, nós vislumbramos no caminho os objetivos que nosso trabalho pedagógico encarna, mas, em geral, pensamos que a educação é uma oportunidade para prover espaços de elucidação e argumentação; fomentar a aprendizagem de um ofício subversivo; reformular os códigos culturais estabelecidos, incluindo os que se associam à criação artística; cultivar a emancipação mediante a pesquisa dos preconceitos que nos constroem e seduzem; convidar à reflexão, ao gozo estético e à transformação individual e coletiva; buscar a autonomia de pensamento e a igualdade de gênero, de classe e de todas aquelas maneiras reconhecidas de dominação social; e educar a sensibilidade e o discernimento para alcançar a solvência criativa como artistas e a capacidade de interpretar obras de arte como público. Essas pautas são produto de um esforço coletivo realizado em 2010 para desenhar o plano diretor da organização.

MAL: O EspIRA compartilha o desejo de ver na educação da arte a possibilidade de construir não apenas artistas, mas cidadãos críticos; ou seja, enfrentar os conflitos cotidianos através da criatividade e do compromisso. É claro que nada garante que uma educação emancipadora ocorra ou que a educação em si promova posturas críticas; em muitos casos, com essas mesmas premissas se implementam modelos autoritários de transferência de conhecimento, mas acho que a promessa de educação como prática transformadora é algo a que não podemos renunciar. Gostaria de te perguntar pela etapa escolar: qual é o papel da educação artística nesse processo?

PB: Não conheço em profundidade os programas ministeriais da educação artística no primário, mas presenciei aulas de arte nas escolas e conversei com professores. Na Nicarágua, os professores de arte da escola pública são aqueles docentes de outras matérias e disciplinas a quem são atribuídos, se eles têm certa aptidão para o desenho, as aulas de arte. Isso, evidentemente, faz com que não tenham a metodologia apropriada, nem uma compreensão dos benefícios sociais da atividade plástica e, menos ainda, um componente crítico do trabalho criativo. Para piorar, ninguém leva a sério a aula de arte, nem o Ministério, nem a escola, nem os próprios professores, de modo que vira uma representação triste do que poderia ser uma grande oportunidade para desenvolver pessoas imaginativas; finalmente, a educação artística termina sendo ali uma ficção. Com efeito, o EspIRA impulsionou um projeto chamado "Jovens criativos", que surgiu para atender a crianças e adolescentes com aptidão plástica e gráfica, por meio de oficinas focalizadas em refinar a percepção e a criatividade deles, confiando que, no futuro, uma vez diante da decisão de ser ou não artistas, pudessem escolher com conhecimento. Em "Jovens criativos", trabalha-se bastante como o próprio corpo e com a percepção dos outros. É um programa que assume o desafio de trabalhar com participantes de distintos estratos socioeconômicos e faz frente a essa mistura com exercícios plásticos (às vezes emprestados do teatro ou da ludoterapia) para aprender a olhar-se e conhecer-se, para ver as pessoas e não apenas o genótipo, a roupa, o sexo. Contribuímos, embora seja só um pouquinho, para que possam buscar a felicidade, com empatia pelos outros.

MAL: Você acha que a educação artística na Nicarágua mudou nestes anos que o EspIRA esteve tão ativo? Sente que o trabalho que vocês fizeram gerou tensões críticas a ponto de forçar a educação acadêmica tradicional a reformular seus modos de funcionamento?

PB: Sim, como você mencionava antes, a educação artística, ou seja, a Escola de Artes Plásticas, mudou bastante nestes anos. E acho que isso se deve também ao fato de que a Bienal de Arte da Nicarágua, o projeto de exposição com maiores recursos, mais visibilidade e reconhecimento do país, apresenta arte contemporânea de maneira ininterrupta há quinze anos. Nós, que somos pequenos, mas insensatos, tivemos uma presença crescente no meio e com mais agudeza na bienal; instigamos para que a educação seja pensada em outros termos. Isso colocou as peças num tabuleiro diferente, e os estudantes vão tendo mais curiosidade e menos recusa das linguagens do contemporâneo. É também interessante que o Instituto de Cultura começou a organizar concursos ou mostras que estimulam o uso de materiais não tradicionais, como uma exposição de trabalhos feitos com aros. Mas habitualmente as peças que esses concursos exibem são quase decorativas ou apresentam discursos pouco complexos. É claro que um movimento em direção ao objeto ou às linguagens não convencionais não contribuiu por si só para o enriquecimento crítico do campo. No entanto, de maneira indireta, terminam sim contribuindo, porque alguns estudantes sentem já a confiança para começar a indagar o que é que está acontecendo. Já não se intimidam diante da arte contemporânea.

MAL: Você já destacou que o importante para você era que os processos educativos surjam a partir de uma revisão da própria experiência pessoal.

Isso me lembra as premissas de uma educação artística feminista, não apenas pela maneira de colocar o pessoal como um lugar que fornece significados políticos importantes para o trabalho criativo, mas, além disso, pelo tipo de interação que propõem, em que o lugar tradicional da autoridade do professor é desestabilizado para colocar o intercâmbio horizontal como fundamental. Me lembro que a artista feminista norte-americana Judy Chicago chama de a "metodologia do círculo", ou seja, uma dinâmica educativa em que o professor é um facilitador dentro de uma estrutura em que todos participam e compartilham experiências. Há inclusive uma dimensão curativa nesse tipo de dinâmica, que nos permite enfrentar problemas que não poderíamos resolver sozinhos. Menciono o tema de uma educação feminista, porque acho que o campo da arte ainda está dominado pelas perspectivas masculinas, e eu gostaria de te perguntar: como sente que entram em jogo o gênero e a sexualidade no trabalho pedagógico que vocês realizam? É possível lutar com as próprias dinâmicas educativas contra uma estrutura patriarcal e heteronormativa que envolve também o campo da cultura?

PB: A do EspIRA é, sem dúvida, uma educação feminista. Particularmente em sua metodologia de interação e em suas dimensões curativas e emancipadoras. Estamos fazendo uso de ferramentas sensíveis – e racionais –, motivados por e para superar os traumas históricos – e os pessoais – e, reciprocamente, alimentar processos artísticos que gerem peças potencialmente transformadoras para o público. Vou te dar alguns exemplos: a baixa autoestima generalizada pela história da colonização, a abdução cultural, a pressão para se encaixar em alguns moldes emocionais baseados no catolicismo (a culpa, o drama, o sacrifício), a abnegação feminina, a ausência de história baseada nas narrativas pessoais, os mortos da guerra, os terremotos etc. Os artistas abordam esses traumas a partir de posições próprias, e com vários tons que vão desde a dor sem cinismo até a sátira mais crua. E em todo momento se discute o aspecto político do trauma... porque um terremoto é um fenômeno natural, mas é mesmo natural o modo de morrer de suas vítimas? Quem autorizou o lugar da construção, a densidade do bloco de cimento que as matou?

O método do círculo de Judy Chicago tem semelhanças importantes com nossas oficinas, como o próprio círculo que formamos para nos olharmos, a reflexão franca a partir do clima de confiança, a possibilidade de encontros entre pessoas diferentes, a busca de diferentes perspectivas, a ênfase no significado. Essas são algumas das estratégias que usamos para subverter as estruturas patriarcais que estão instaladas em nós mesmos, nas dinâmicas interpessoais, nas obras; reavaliamos constantemente a experiência pessoal, identificando-a para articular nossas perspectivas e retroalimentar os processos, tornar visível o oculto e o esquivo, gozar mutuamente em nossa humanidade, em nosso sentido de humor e em nossas perversões.

Vincular uma coisa com a outra

MAL: Gostaria de que falássemos também dos vários programas de formação que foram criados no interior do EspIRA, como o Rapaces (Residencia Académica para Artistas Centroamericanos Emergentes), desde 2007, o Tacon (Oficinas de Arte Contemporâneo), desde 2010. O programa Rapaces, por exemplo, como indica seu nome, trata-se de uma residência educativa para artistas de toda a região da América Central. Nas conversas que tive, neste último ano, com vários artistas com menos de 35 anos da região, sempre aparecia o tema de como este programa que você criou foi absolutamente fundamental em seus processos de crescimento artístico, além de promover uma mobilidade impressionante de artistas, que criou redes de intercâmbio, produção e afeto que perduram até hoje. Como foi a organização das residências acadêmicas?

PB: Foi intensa e bela, como tudo, ou quase tudo, o que o EspIRA tem feito. As Residencias Académicas para Artistas Centroamericanos Emergentes começaram em 2007, e, no início, eram enormes em número de artistas: tínhamos um mês de trabalho e havia mais de vinte artistas. Acho que isso era emocionalmente extenuante, e convinha a um nível de festa que às vezes competia com o objetivo de encontrar um espaço para se retirar e pensar. Dessa forma, em cada nova edição fomos transformando os parâmetros, reduzindo a quantidade de pessoas por convocatória, com o objetivo de conseguir uma certa dimensão de intimidade. Assim, também, o processo de seleção foi mais rigoroso, no sentido de buscar garantir a vocação dos participantes. A última, realizada no ano passado [2015], durou só nove dias e reuniu oito integrantes. Pensei então que tínhamos alcançado a medida perfeita.

Outro aspecto interessante foi a periodicidade da participação; de repente, foi importante que os participantes viessem a mais de uma residência, que houvesse uma espécie de continuação ao longo do tempo. Assim, tivemos artistas que vieram três anos consecutivos, e isso foi excelente, pelo crescimento que era possível ver neles e porque isso permitia manter um nível de discussão alto em cada nova edição. Era evidente que os artistas que vinham pela segunda ou terceira vez ao programa determinavam o ritmo das discussões e dinâmicas. Nesse sentido, os participantes de Rapaces herdaram um olhar crítico e autocrítico, desenvolveram avanços importantes em seus processos de pesquisa e, especialmente, construíram novas redes e vínculos, frutos da convivência.

MAL: Como parte de Rapaces e Tacon, vocês criaram também um programa televisivo chamado *La casa estrella* [A casa estrela], que tinha o desejo de usar os meios de comunicação de massa como espaço de divulgação e formação da arte contemporânea. Como surgiu esse programa, o que ele buscava explorar e quais efeitos teve?

PB: *La casa estrella* foi um programa de televisão que buscou aproximar a arte contemporânea de um público mais geral. Tinha dois eixos principais: por um lado, entrevistas com artistas contemporâneos, e, por outro, reportagens sobre a criatividade e a estética popular. Em cada transmissão, fazíamos introduções que tentavam vincular uma coisa com a outra: pensamento contemporâneo com expressões de criatividade popular, que não eram necessariamente plásticas, acadêmicas ou eruditas; na verdade, buscávamos assinalar as pontes a partir de espaços ou dimensões que fossem conhecidas ou reconhecíveis por uma maioria mais ampla. Estávamos tratando de expandir o andaime da arte contemporânea a um público massivo, o que poderia nos permitir deixar de pensar que às vezes continuamos falando só para nós mesmos. No entanto, esse tipo de efeitos, e esse calibre, não foram alcançados. Aprendemos, porém, exponencialmente sobre o mesmo que estávamos pesquisando. Mais uma vez ficou em nós.

MAL: Finalmente, gostaria de te perguntar sobre o papel que noções como coletividade e auto-organização cumprem no trabalho do EspIRA. Você acha que são conceitos pertinentes para pensar a educação num momento de crise global em que se privatiza o conhecimento e se promovem modelos profissionais de artistas segundo as lógicas da competitividade do mercado?

PB: Agora que estamos reavaliando a metodologia de trabalho de todos esses anos no EspIRA, percebemos que, efetivamente, os conceitos de coletividade e auto-organização, bem como a experimentação (ligada à autonomia organizativa) e a horizontalidade (ligada à coletividade), foram cruciais. Mas não foi um plano previamente estabelecido, simplesmente aconteceu assim. Por outro lado, nós não pregamos contra o mercado; ao contrário, estimulamos a pesquisa aprofundada dos interesses vistos nas obras, reavaliamos os modelos a partir do que as obras indicam, questionamos as percepções que cada um tem dessas obras, os propósitos ulteriores, e, desse modo, os paradigmas vão tropeçando. Tropeçam também as complacências em geral, o modelo mercantil, o modelo ONG, o modelo da estética contemporânea etc. E surgem outras coisas.

A educação que promovemos está direcionada a uma produção de obras arriscadas e devidamente apreciadas; mas, principalmente, orienta-se para educar a sensibilidade dos artistas, educar-nos a todos, para a vida e para o mundo no qual estamos, o que nos leva a promover a busca do bem comum. Essas considerações são indubitavelmente motivos de debate e reflexão. Não apenas para o campo da educação artística, mas da produção simbólica em geral.

Sobre os autores

Organizadores

Renata Cervetto (Buenos Aires, 1985) – É formada em História da Arte (Universidade de Buenos Aires, 2011) e no programa curatorial da Appel Arts Centre, Amsterdã (2013-2014), onde realizou a cocuradoria da mostra *Father, Can't You See I'm Burning?* [Pai, não consegue ver que estou queimando?] (2014). Neste mesmo ano obteve a primeira Fellowship Curatorial dada pela Fundação Ammodo (Países Baixos), para a qual pesquisou práticas artísticas e curatoriais em diálogo com a pedagogia. Esse trabalho prático e teórico foi compilado na série The Fellow Reader #1: *On Boycotts, Censorship and Educational Practices* [The Fellow Reader # 1: Sobre Boicotes, Censura e Práticas Educativas] (de Appel Arts Centre, 2015). Trabalhou em vários museus de Buenos Aires. Entre 2015 e 2018 coordenou a área de Educação do MALBA.

Miguel A. López (Lima, 1983) – É escritor, pesquisador e codiretor e curador-chefe de TEOR/éTica, San José, Costa Rica. Seu trabalho estuda dinâmicas colaborativas e as transformações nos modos de entender e fazer política na América Latina nas últimas décadas, assim como as rearticulações feministas da história a partir de uma perspectiva do Sul. Publicou em revistas como *Afterall, Ramona, E-flux Journal, Art in America, Art Journal, Manifesta Journal, Journal of Visual Culture* e *The Exhibitionist*. Realizou curadoria de mostras, entre elas, a *Teresa Burga. Estruturas de ar* (com Agustín Pérez Rubio) no MALBA (2015); a seção "Deus é Bicha" da 31ª Bienal de São Paulo (2014), e *Perder a forma humana. Uma imagem sísmica dos anos 80 na América Latina* (com Red Conceptualismos del Sur), no Museu Nacional Centro de Arte Reina Sofía (MNCARS), Madri (2012-2013). Editou recentemente *Caderno Sesc_ Videobrasil 11: Alianças de Corpos Vulneráveis* (2015). Em 2016, recebeu o Independent Vision Curatorial Award que o Independent Curators International (ICI), Nova York, concede a cada dois anos. É cofundador de Bisagra, um espaço independente, ativo em Lima desde 2014.

Autores

Patricia Belli (Managua, 1964) – É uma artista visual que utiliza diversos meios, com ênfase no cruzamento do mecânico com o artesanal. Os meios são o veículo para construir significados sobre o equilíbrio. Em 1999, obteve uma Bolsa Fullbright para realizar um mestrado em Belas Artes no San Franscico Art Institute, que concluiu em 2001. Neste mesmo ano, retornou à Nicarágua e fundou o *Espacio para la Investigación y Reflexión Artística* (EspIRA), uma organização para a formação sensível e intelectual de artistas. Desde 2000, Belli expõe regularmente na América Central, América do Sul, Estados Unidos e Europa. Expôs individualmente nas galerias Kiosko, em Santa Cruz de la Sierra, Bolívia; T20, em Murcia, Espanha, e The Americans Collection, em Miami, Estados Unidos, assim como no Palácio Nacional da Cultura e na Galeria Códice, em Manágua, entre outros lugares. Em 2016, foi apresentada uma revisão histórica de seu trabalho intitulada *Frágiles. Obras de Patricia Belli, 1986-2015*, organizada por Teor/éTica (San José, Costa Rica), que viajou para o Centro de Arte da Fundação Ortiz-Gurdian, em 2017.

José Luis Blondet (Caracas, 1968) – É curador de Projetos Especiais do Los Angeles County Museum of Art (LACMA), onde organiza exposições e solicita projetos de *performance* e programas públicos. Algumas dessas mostras incluem *Compass for Surveyors: 19th-Century American Landscape* [Bússola para exploradores: Paisagem americana no século XIX] (2014), *Various Small Fires* (*Working Documents*) [Pequenos incêndios] (2015) e *Liz Glynn: The Myth of Singularity* [O mito da singularidade] (2016). Anteriormente, trabalhou no Dia Center for the Arts em Nova York, no Museu de Belas Artes de Caracas e na Universidade Central da Venezuela, onde foi professor da Escola de Letras.

Tania Bruguera (Havana, 1968) – É uma artista que pesquisa as maneiras pelas quais a arte se aplica na vida política cotidiana, focalizando a transformação do afeto social pela efetividade política. Em maio de 2015, ela abriu o Instituto de Artivismo Hannah Arendt, em Havana. Atualmente Tania é a primeira artista em residência na Oficina de Assuntos Migratórios do Prefeito da cidade de Nova York. Vive e trabalha em Nova York e Havana.

Luis Camnitzer (Lübeck, 1937) – É professor emérito da State University of New York. Entre 1999 e 2006, foi curador para artistas emergentes no The Drawing Center, Nova York. Foi curador pedagógico da 6ª Bienal do Mercosul e da Fundação Iberê Camargo (Porto Alegre, Brasil) de 2007 a 2010. Foi assessor pedagógico da Coleção Patty Phelps de Cisneros até 2012. Em 2002, recebeu o Prêmio Konex Mercosul como artista, educador e teórico. Em 2011, obteve o Prêmio Frank Jewett Mather da College Art Association dos Estados Unidos e o Prêmio Gravurista Emérito da Southern Graphics Conference International. Em 2012, recebeu a Medalha Skowhegan por sua obra em instalações e trabalhos interdisciplinares, e também o Prêmio USA Ford Fellow. Desde 1964 vive e trabalha em Nova York.

Andrea Francke (Lima, 1978) – Seus projetos de longo prazo incluem: *Invisible Spaces of Parenthood*, uma colaboração com Kim Dhillon, que explora o legado do feminismo da segunda onda e suas implicações com a arte, suas infraestruturas, o trabalho e o cuidado; *Wish You'd Been Here*, uma reflexão conjunta com Eva Rowson sobre o acolhimento como uma prática artística e um método feminista; e, por fim, *FOTL*, com Ross Jardine, centrado na ideia de administração, política e governança. Francke é estudante de doutorado em Estudos Latino-americanos da University of Manchester, Inglaterra. Sua pesquisa de doutorado propõe o uso da filosofia andina para analisar e historicizar a experiência de Warike e La Araña, dois coletivos e espaços de produção artística de Lima, Peru, que estiveram ativos entre 1978 e 1989. Atualmente ela está radicada em Londres.

Valeria Galarza (Quito, 1985) – Realizou estudos de graduação em Educação e Sociologia. Cursa atualmente um mestrado em Educação. Sua ligação com a prática educativa começa no campo da educação escolar com crianças e adolescentes, com sete anos de experiência no acompanhamento em sala de aula. Participou em diversos espaços de planejamento educativo vinculados à educação formal, como o Ministério da Educação do Equador. Durante dois anos trabalhou acompanhando processos educativos de autoformação e pesquisa na Fundação Museus da Cidade de Quito, na área de Mediação Comunitária. É membro da rede Another Road Map for Art Education, que apoia projetos de pesquisa e intercâmbio sobre políticas, histórias outras e práticas alternativas de educação-arte em contextos ultralocais. Atualmente colabora como acompanhante na escola popular feminista Mujeres de Frente.

Pablo Helguera (Cidade do México, 1971) – É artista, pedagogo cultural e escritor radicado em Nova York. Seu trabalho está centrado em temas que oscilam entre a história, a pedagogia, a sociolinguística, a etnografia, a memória e o absurdo, que são tratados em formatos variados como a leitura, as estratégias de exposição em museus, as *performances* musicais e a ficção escrita. Desde 1991, trabalhou em diferentes museus de arte contemporânea, como o Guggenheim Museum de Nova York, onde foi chefe do Programa Público no Departamento de Educação, e, em 2010, foi designado curador pedagógico da 8ª Bienal do Mercosul, celebrada em 2011, em Porto Alegre (Brasil). Entre suas publicações se destacam *Endingness* (2005), *The Pablo Helguera Manual of Contemporary Art Style* (2005), *Artoons 1, 2 e 3* (2009-2010), *What in the World* (2010), *Education for Socially Engaged Art* (2011), *Art Scenes: The Social Scripts of the Art World* (2012), e *Onda corta* (2012). Atualmente é diretor de Programas Acadêmicos e para Adultos do Museum of Modern Art (MoMA), Nova York.

Max Hernández Calvo (Londres, 1969) – É curador independente, pesquisador e crítico de arte. Recebeu a Bolsa Cisneros para curadores latino-americanos entre 2005 e 2007. De 2007 a 2009, foi diretor de Educação para a Dia Art Foundation em Nova York, e de 2009 a 2011, pesquisador em temas de arte, criatividade e responsabilidade social empresarial (RSE) em cultura para a Universidade de Málaga. Em 2015, foi curador do Pavilhão do Peru, na 56ª Bienal de Veneza. Publicou diversos textos sobre arte e cultura contemporâneas no Peru, Estados Unidos e Europa. Atualmente vive em Lima e é docente-pesquisador do Departamento de Arte da Pontifícia Universidade Católica do Peru e do Mestrado em História de Arte e Curadoria da mesma instituição.

Mônica Hoff (Porto Alegre, 1979) – É artista, curadora e pesquisadora. Mestre em História, Teoria e Crítica de Arte pela Universidade Federal do Rio Grande do Sul, atualmente cursa seu doutorado em Processos Artísticos Contemporâneos na Universidade do Estado de Santa Catarina. Entre 2006 e 2014, coordenou o Programa de Educação da Bienal do Mercosul, onde também atuou como curadora de bases (*ground curator*) na 9ª edição, em 2013. Desde 2014, organiza, junto com a curadora brasileira Fernanda Albuquerque, o Laboratório de Curadoria, Arte e Educação; e desde 2015, o projeto "Encontros Entropicais", com os artistas e desenhistas Marcelo Fialho e Marco D. Julio. Em 2016, preparou a primeira edição do projeto "Escola de surf-etc.". Nos últimos anos colaborou com diversas instituições, como a Bienal de Liverpool, Coleção Cisneros, New Museum, Casa Daros, Instituto Mesa, Alumnos 47, Laagencia, NC-Arte, Masp, Escola do Olhar (Museu de Arte do Rio), Fondazione Antonio Ratti, Galeria Península (Porto Alegre), Museu Picasso (Málaga), Matadero Madrid e a Bienal de São Paulo. Coeditou as publicações *Pedagogia no campo expandido*, com Pablo Helguera, em 2011; o *Manual para curiosos* e a antologia *A nuvem*, junto com Sofía Hernández Chong Cuy, em 2013.

Cayo Honorato (Goiás, 1979) – É professor e pesquisador no Departamento de Artes Visuais (VIS) do Instituto de Artes (IdA) na Universidade de Brasília (UnB). Sua pesquisa é sobre a atuação dos públicos e a mediação cultural, no âmbito das relações entre as artes e a educação. Doutor em Educação pela Faculdade de Educação (FE) da Universidade de São Paulo (USP). Mestre em Educação, na linha de Cultura e Processos Educacionais, na Faculdade de Educação da Universidade Federal de Goiás (UFG). É especialista em Arte Contemporânea e bacharel em Artes Visuais pela Faculdade de Artes Visuais (FAV) da UFG.

Iconoclasistas (Buenos Aires, fundado em 2006) – Iconoclasistas é formado por Pablo Ares, artista, comunicador e desenhista gráfico, e Julia Risler, comunicadora, docente e pesquisadora da Universidade de Buenos Aires. Eles trabalham combinando a arte gráfica, as oficinas criativas e a pesquisa coletiva. Todas as suas produções são difundidas na *web*, através de licenças *Creative Commons*, para fomentar a socialização e estimular sua apropriação e uso derivado. Desde 2008, realizam oficinas de mapeamento coletivo com a intenção de potencializar a comunicação e incitar práticas colaborativas de resistência e transformação. O trabalho é propagado por e mediante uma rede dinâmica de afinidade e solidariedade construída sobre a base do compartilhar e estimular projetos e oficinas na América Latina e na Europa. Dessa trama política e afetiva surgiram mostras ambulantes, novos recursos lúdicos e a participação em encontros com organizações culturais e sociais. Publicaram recursos gráficos e visuais, abordando diversas problemáticas sociais, que foram impressos e difundidos em periódicos e revistas internacionais. Em 2013, foi lançado o primeiro livro deles, *Manual de mapeo colectivo. Recursos cartográficos críticos para procesos territoriales de creación colaborativa*, em que sistematizaram metodologias, recursos e dinâmicas para a organização de oficinas.

Lisette Lagnado (Kinshasa, 1961) – É crítica de arte, curadora independente e doutora em Filosofia pela Universidade de São Paulo. Entre 2014 e 2016 dirigiu a Escola de Artes Visuais do Parque Lage, no Rio de Janeiro. Foi curadora da 27ª Bienal de São Paulo, *Como viver junto* (2006); da exposição *Desvíos de la deriva*, no Museu Nacional Centro de Arte Reina Sofía (MNCARS) (Madri, 2010), e da 33ª *Panorama da Arte Brasileira* (Museu de Arte Moderna de São Paulo, 2013). Em 1993, fundou e coordenou o "Projeto Leonilson" e organizou, ao mesmo tempo, o *site* que compila os documentos escritos de Hélio Oiticica. Foi editora de revistas de arte e cultura, como *Arte em São Paulo* e *Trópico*. É coeditora, junto com Pablo Lafuente, de *Cultural Anthropophagy: The 24th Bienal de São Paulo* (1998), e *Laura Lima on_off* (Cobogó, 2014), entre outras publicações.

Michy Marxuach (Nova Orleans, 1963) – Vive e trabalha em San Juan, Porto Rico. Em 2009, cofundou Beta Local. Sua prática curatorial estabelece um foro de diálogo e camaradagem entre artistas em que os projetos são discutidos e potencializados além do espaço seletivo para o consumo de exposições. Seu trabalho nasce do interesse de expandir o campo criativo e encorajar práticas interdisciplinares que permitam repensar e redesenhar suas próprias formas e estruturas para articular respostas e inventar soluções para problemáticas atuais. Sua aposta é que a arte, a criação e o pensamento estético são essenciais para uma mudança social saudável. Em sua prática é de grande importância a reivindicação do retorno, da expansão e da ocupação do espaço das artes e dos direitos dos artistas. Entre 1999 e 2005, fundou e dirigiu M&M Projetos, um espaço alternativo dedicado a potencializar a produção de arte contemporânea em Porto Rico e sua promoção internacional.

Mônica Mayer (Cidade do México, 1954) – Artista, crítica, docente e ativista. Participou dois anos do *Feminist Studio Workshop* de Los Angeles, Califórnia. Sua obra gráfica, desenhos e *performances* são, desde os anos 1970, apresentados em espaços independentes e oficiais, nacionais e internacionais. É considerada pioneira da *performance* e precursora da arte feminista na América Latina. Em 1983, fundou com Maris Bustamante o grupo de arte feminista *Polvo de Gallina Negra*. Uma retrospectiva de seu trabalho coletivo, *Si tiene dudas... pregunte. Una exposición retro-coletiva de Mónica Maye*r, teve lugar em 2016 no Muac-Unam da Cidade do México.

Eduardo Molinari (Buenos Aires, 1961) – É artista visual, docente e pesquisador no Departamento de Artes Visuais da Universidade Nacional das Artes (UNA). Em 2001, criou o *Archivo Caminante*, arquivo visual em progresso que indaga as relações entre arte e história. Caminhar como prática estética, pesquisar com ferramentas artísticas e colaborações transdisciplinares estão no centro de seu trabalho. Desde 2010, codirige, com Azul Blaseotto, o espaço cultural independente *La Dársena_Plataforma de Pensamiento e Interación Artística*. Entre seus trabalhos mais recentes se encontram *El veneno en tu maquinaria*, mostra individual e intervenção no espaço público, Sala del Ayuntamiento e ruas de Lazkao, Guipuzcoa, País Basco, e, dentro do projeto "Tratado de Paz", convidado pelo curador Pedro G. Romero, Espaço Contemporâneo. Para o projeto "Vice-Versa", realizado na Fundação Proa (Buenos Aires, 2016), foi convidado pelos curadores Loreto Garín Guzmán e Federico Zukerfeld.

Carmen Mörsch (Kaiserslautern, 1968) – Combina sua formação artística com seu trabalho como educadora e pesquisadora. Suas áreas de interesse abarcam a educação crítica em museus e galerias, as práticas colaborativas na arte e a educação; e perspectivas pós-coloniais e teoria *queer* na educação artística. Trabalhou como educadora *freelance* entre 1993 e 2003. Em 1999, cofundou o grupo Kunstcoop©, que coordenou o programa educativo da NGBK em Berlim (New Society for Visual Arts Berlin) a partir desse ano até 2001. Desde 2003 coordena e desenvolve vários projetos em grupo de pesquisa e ação, incluindo o da Documenta 12, em 2007. De 2003 a 2008 foi professora no Departamento de Estudos Culturais da Carl von Ossietzky Universität (Oldenburg, Alemanha). Desde 2008 é chefe do Research Institute for Art Education (IAE), na Zürcher Hochschule der Künste (ZHdK, Universidade de Arte de Zürich, Suíça). De 2009 a 2012 dirigiu a pesquisa para o Programa "Kuturvermittlung", sobre mediação cultural, na Swiss Cultural Foundation Pro Helvetia.

Sofía Olascoaga (Cidade do México, 1980) – Focaliza seu trabalho na ativação de plataformas artísticas para o pensamento crítico, a atividade coletiva e a construção de conhecimento. Trabalhou de forma independente como impulsionadora do projeto "Entre utopia e desencanto", desde 2011, e foi responsável pelo Departamento Educativo do Museu de Arte Carrillo Gil (2007-2010). Foi curadora acadêmica do Museu Universitário Arte Contemporânea, Muac-Unam, Cidade do México, entre 2014 e 2015, e cocuradora da 32ª Bienal de São Paulo (2016).

Proyecto Secundario Liliana Maresca (Buenos Aires, fundado em 2008) – É um projeto de educação artística desenvolvido numa escola de ensino médio em La Cava de Fiorito, Lomas de Zamora, no estado de Buenos Aires. Surgiu no contexto da reforma educacional levada adiante pelo kirchnerismo, e para ele conflui um grupo de pessoas interessadas no trabalho territorial e na inclusão social por meio da arte. Atualmente é formado por Leandro Tartaglia, Ariel Cusnir, Lorena Bossi, Paula Domenech, Sebastián Friedman, Juan Bahamonde Dupá e Dani Zelko.

Helen Reed (Luton, 1981) – É uma artista e escritora radicada no Canadá. Graduou-se em Belas Artes na Emily Carr University of Art and Design (Vancouver), e fez um mestrado em Arte e Prática Social na Portland State University. Seu trabalho foi exibido na Prefix Institute for Contemporary Art (Toronto), The Dunlop Art Gallery (Regina), The Foreman Art Gallery (Sherbrooke), apexart (Nova York), Smack Mellon (NovaYork), Portland Art Museum, Seattle Art Museum e La Centrale Galerie Powerhouse (Montreal).

Felipe Rivas San Martín (Valdivia, 1982) – É artista visual e ativista da Dissidência Sexual. Mestre em Artes Visuais pela Universidade do Chile, desenvolve uma produção indisciplinada entre as tecnologias corporais, pictóricas, a *performance* e as interfaces virtuais ou os códigos QR (*Queer codes*). Participou em exposições nacionais e internacionais, como a Feria Arco, Madri (2015); a 10ª Bienal do Mercosul, Porto Alegre, Brasil (2015), e a mostra de pós-Internet *Unlike*, em Poitiers, França (2016). É cofundador do Coletivo Universitário de Dissidência Sexual (Cuds), do qual participa desde 2002. Durante o ano de 2009, foi editor da revista *Disidenciasexual.cl*. Em 2005, dirigiu a revista de estudos de sexos dissidentes *Torcida*. Realiza pesquisas sobre tecnologias, redes sociais, internet, performatividade, teoria *queer* e feminismos. Participou de diferentes publicações, tanto nacionais como internacionais.

Catrin Seefranz (Viena, 1971) – É uma pesquisadora baseada em Viena. Formada em Estudos Latino-americanos e Culturais, especializada em modernismos brasileiros. A partir de seu trabalho, tenta gerar uma crítica às hegemonias e colonialismos presentes no campo artístico e educativo. É parte do grupo de pesquisa transnacional *Another Roadmap, (Re)Mapping Critical Practices of Art Education*. Publicou o livro *Tupi Talking Cure*, que combina os estudos de Sigmund Freud, a psicanálise e os modernismos brasileiros. Atualmente coordena os projetos de *kültürgemma!* E *oca: migrations, minorities, arts*.

Luiz Guilherme Vergara (Niterói, 1956) – Doutor em Arte e Educação pela New York University (NYU) e professor do departamento de Arte na Universidade Federal Fluminense. Foi diretor da área de Educação (1996-2005) e diretor geral (2005-2008) do Museu de Arte Contemporânea de Niterói, onde desenvolveu diversas experiências na área de Curadoria e Educação. É cofundador do Instituto Mesa: Mediações, Encontros, Sociedade e Arte. Coordenou o Núcleo Experimental de Educação e Arte no Museu de Arte Moderna do Rio de Janeiro (MAM) entre 2010 e 2013.

María Villa (Bogotá, 1977) – É graduada e mestra em Filosofia, com ênfase em política e ética multicultural, pela Universidade Nacional da Colômbia. Em diversas entidades, desempenhou a função de editora e coordenadora editorial de publicações culturais, investigativas e pedagógicas; entre elas, a *Colección de arte contemporáneo Bolívar*, com José Roca (2013-2014), e *Antípodas de la violencia*, com Antanas Mockus. Coordenou, durante dois anos, a área de formação e pesquisa da Gerência de Artes Plásticas e Visuais do Idartes, na Galeria Santa Fé.

Em 2012, realizou o desenho pedagógico e a implementação do pavilhão educativo de ArtBO e, em 2013, o Primeiro Laboratório de Pesquisa em Mediação de Arte (Idartes), pelo qual recebeu a bolsa do New School of Public Engagement, Observatorio de Latinoamérica – OLA (2013, Nova York). Fez parte da equipe curatorial do Museu Efímero del Olvido, 15 SRA Zona Centro (2014-2015), e concebeu e organizou as estratégias pedagógicas da *Creative Time Summit*, em Estocolmo (2014). Atualmente coordena a revista de artes visuais *ERRATA#16*, para a prefeitura de Bogotá.

Agradecimentos

Os organizadores agradecem a todos os autores e a Afterall, Alejandro Belli, Gala Berger, Deborah Bruguera, Ulisses Carrilho, María Félix Lotz, José Alberto Hernández, Lucy Steeds.

Fontes Kepler e Univers | *Papel* Alta Alvura 75 g/m²
Impressão Colorsystem | *Data* Março de 2020